| 中国当代研学丛书 |

管理

超越现代西方管理思想

蒋显荣 | 著

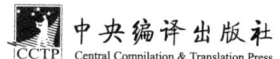

图书在版编目（CIP）数据

超越现代西方管理思想／蒋显荣著. —北京：
中央编译出版社，2020.3
ISBN 978-7-5117-3853-0

Ⅰ．①现…
Ⅱ．①蒋…
Ⅲ．①管理学—思想方法—研究—西方国家—现代
Ⅳ．① C93-091

中国版本图书馆 CIP 数据核字（2020）第 012492 号

超越现代西方管理思想

出 版 人：	葛海彦
责任编辑：	杜永明
执行编辑：	周　毅
责任印制：	刘　慧
出版发行：	中央编译出版社
地　　址：	北京西城区车公庄大街乙 5 号鸿儒大厦 B 座（100044）
电　　话：	(010) 52612345（总编室）　　(010) 52612339（编辑室）
	(010) 52612316（发行部）　　(010) 52612346（馆配部）
传　　真：	(010) 66515838
经　　销：	全国新华书店
印　　刷：	三河市华东印刷有限公司
开　　本：	710 毫米×1000 毫米　1/16
字　　数：	323 千字
印　　张：	18
版　　次：	2020 年 3 月第 1 版
印　　次：	2020 年 3 月第 1 次印刷
定　　价：	98.00 元

网　　址：www.cctphome.com　　邮　　箱：cctp@cctphome.com
新浪微博：@中央编译出版社　　微　　信：中央编译出版社（ID: cctphome）
淘宝店铺：中央编译出版社直销店(http://shop108367160.taobao.com) (010) 55626985

本社常年法律顾问：北京市吴栾赵阎律师事务所律师　闫军　梁勤
凡有印装质量问题，本社负责调换，电话：(010) 55626985

自　序

　　此书最初源自我对管理创新的反思，可以说，我用了十年的时间才完成这部书稿。2001年，我开始系统研究管理创新，发现中西管理思维差异很大。例如，在中国的大学里，教授们预设并创立管理范式，并把这个范式当作真理或者能解决问题的方法来教学生，学生学习管理的普遍原理，希望将来为组织出谋划策。如果书本管理原理是正确的，加上这些学生毕业后努力工作，我们的管理实践就能搞好，可事实上，组织很多问题就出在管理的哲学理念上。典型的管理主体能动论者，预设或者认定自己是组织行为的思想者为此而努力工作，其结果却忽视了多数人的宝贵思维，所出台的政策自然不能体现合力最佳，组织发展的速度自然不快。相反，西方管理思维中是多元的，从事管理的职业经理人从来不把自己置于权力的中心和创新的中心，他们的任务是从内外的智慧中寻找可能的最佳途径并落实为具体措施。管理阶层毕竟是组织和社会的少数，他们往往不直面最前沿的问题，故不宜作为创新的核心人群，但可以是创新思想的转化、应用阶层。故，引发这样的问题：管理创新依靠谁，是主要依靠管理阶层吗？中西思维是截然相反的答案。

　　西方的管理思维，尤其是现代西方管理思维究竟是怎样的思维？有没有统一的思维方式？能否复制并为我所用？抱着这样的想法，我断断续续研究了十年，不时在杂志上发表些文章，但不系统。在中国人民大学攻读管理哲学博士期间，我终于有时间系统研究和回答这些问题。在哲学上研究类似问题的有英国的格里斯利，他研究的是管理理论效用与真理性的关系。作为西方人，他在质疑西方管理思维的真理性，而中国人却一直假设我们有个管理的绝对真理。管理的某些成功能够证明我们已经找到了真理吗？显然，我们对自己的管理思维的假设质疑得不够，甚至根本没有质疑。

　　随着研究深入，我试图创立一个范式或管理的哲学思维的指导性范式，但我放弃了。我明白，创新思维没有范式，管理思想没有核心和绝对的正统，也没有一元的真理。管理思想是一个互补的集合，在集合内，任何一家管理思想都不是别人解决问题的良药，也没有合成的管理思维能够统一解决管理的实践问题。这些形成了一个矛盾：既然现代西方管理思想无论是在西方还是在中国都不能作为一个处方，我们为什么还要研究它？

管理实践者都会有这样的经历：有个问题很棘手，想不出办法，在别人偶然的提示下（这个提示可能不是直接针对具体问题），办法很快就找到了。我这样来描述研究现代西方管理思想的作用还远远不够。管理的哲学思维是文化习惯形成的。我们习惯于本民族的"为民造福""带领大家""长官包揽"等思维方式，结果将管理主体所想的办法当作集体意志来贯彻。在社会人时代和管理丛林化时代，管理主体中心论已经远去了，社会更凸显多元、竞争、联想、公正、激励等理念。

管理理论的多元、管理思维的多元并不意味着思想混乱，在实践中究竟要用哪个思想取决于实践环境。如果没有多元的、相互独立的、竞争的管理思想，管理者很难在问题面前激发新想法。基于这种观点，我开始仔细探究现代西方管理思想，从中我发现了七种管理思想方法值得我们留意，它们之间相互补充，并没有优劣之分。下面我把这七种管理思想的方法简单介绍如下。

在科学管理时代，西方管理思想家以科学理性方法为导向探索管理思想，科学理性方法具体表现为三个方法：效率至上的实证主义方法、基础主义方法和结构主义方法。它们各不相同，形成互补。泰罗受机械决定论的影响，以效率为实证标准，以比较、分析、归纳为实证手段获得"科学管理原理"。法约尔致力于基础主义，从实践的具体方法中抽象基础性的管理理论。韦伯欲解决经济组织自由竞争与垄断的矛盾，他领悟到了结构对于组织合理性的重要意义，提倡在经济组织中建立"官僚集权制"，形成相互制约的结构关系。

社会人时代伊始，霍桑试验推翻了运用物理学理论研究管理思想的方法，从此社会分析方法"步入正统"。梅奥从人际关系方面来研究管理，福利特则把社会分析方法上升到哲学的高度。社会系统学派理论产生的方法是系统分析，其创始人巴纳德对组织的寿命和效率特别留意，运用系统分析的方法研究组织的起源和生存，得出"组织失败的根本原因是内部关系协调的失败"的结论，进而把形成的"组织协作理论"化为操作性的方法，即领导的主要职责就是协调。圣吉继承和发扬了系统分析方法，并把系统分析方法建立在系统论、协同学、控制论的基础之上。圣吉的团队学习与组织创新理论主要是把系统论应用于管理并且做了量化，"五项修炼"是系统方法的具体化。

在多元探索时代，探索理论的方法纷繁复杂，主要有人性假设方法、文化分析方法、有限理性方法、经验主义方法。麦格雷戈的人性假设方法是运用了自然科学的假设方法，他对企业人进行预测性的假设，把人性看作是发展的，提倡管理策略根据人性变化而变化。沙因的文化分析方法是从文化的角度来研究管理的本质的。沙因受文化哲学和科学哲学的双重影响，把文化冲突理论应用到企业文化的研究之中，把科学进化的理论应用到企业文化发展研究之中，总结了企业文化发展的规律。西蒙的有限理性方法受到技术决定论、反技术决定论、复杂性思维的影响，他调和了相互对立的技术决定论和反技术决定论，在论述"人—机决策系统"的作用时更多地使用了类似复杂性方法。有限理性方法把计算机的科学程序、人的思维程序看作是有限的，因而要重视决策中的其他复杂因素，辩证地看待程序化和非程序化的统一。经验主义方法主要体现在德鲁克的著作之中，德鲁克是经验主义学派的杰出代表，他坚持认为管理思想来自经验的总结而不是从普遍原则中推导出来。实践导致经验的变化，管理理论应随着实践的发展而发展。管理理论的发展受成果（任务）所导向，管理的任务随时代而变化。

现代西方管理思想哲学方法论在管理思想的形成和应用过程中起重要的作用，对管理思想的形成起催化作用，对应用起理性具体的作用。各方法论之间相互联系和补充，每一方法论都比较务实并把自身看作是有待改进的（甚至以假说形式出现），这对我们解放思想、理论创新有借鉴作用。

本书是一部理论研究的著作，但并不意味着它只适合理论研究者阅读，广大的管理实践者也可从本书中汲取对于自己实用的管理方法。例如，德鲁克的企业技术管理思想并不为我国实践者所知晓，学习他的方法论能开拓环保、低碳、自主监控等思维。

组织兴衰与管理思想密切相关，而管理思想又与其哲学方法论紧密相连。挖掘现代西方管理思想背后的哲学方法论对于管理理论创新有重要的理论意义和现实意义。本书是研究现代西方管理思想所包含的自觉的或非自觉的哲学方法论。目的是为管理理论创新提供可借鉴的依据，为实践者提供可操作性的哲学方法。

目 录

引论　超越现代西方管理思想的意义 1

第1章　互补的科学理性与超越 5
1.1　效率至上的实证主义管理方法 5
1.1.1　实证由来 5
1.1.2　实证方法 8
1.1.3　效率至上的优化与互惠 14
1.1.4　泰罗制方法的适合范围 17
1.2　基础主义管理方法 20
1.2.1　探索基础 21
1.2.2　抽象与具体 22
1.2.3　灵活性原则 26
1.2.4　借鉴"一般管理"应注意的问题 27
1.3　结构主义管理方法 29
1.3.1　寻求结构 29
1.3.2　最佳结构 31
1.3.3　制约关系 34
1.3.4　"官僚集权制" 37
小　结 37

第2章　解决劳资矛盾的社会分析理论与超越 39
2.1　人际关系理论与超越 39

2.1.1　社会分析方法"步入正统" ································· 39
　　2.1.2　合作替代"主义" ··· 44
　　2.1.3　在批判中发展 ·· 50
2.2　协调劳资矛盾的理论与超越 ·· 55
　　2.2.1　"建设性"冲突 ·· 56
　　2.2.2　领导者角色 ··· 60
　　2.2.3　个体作用 ··· 62
2.3　产业民主的理论与超越 ·· 63
　　2.3.1　满足"权力渴望" ·· 63
　　2.3.2　把"职权"看作"职能" ···································· 67
　　2.3.3　共同控制 ··· 72
小　结 ·· 75

第3章　基于组织发展的系统理论与超越 ·································· 77
3.1　组织协作理论与超越 ·· 78
　　3.1.1　组织的起源与发展 ·· 79
　　3.1.2　组织中的个性 ·· 83
　　3.1.3　组织协作的动因 ·· 87
　　3.1.4　"领导"的"职能" ·· 92
3.2　组织发展系统思维与超越 ·· 96
　　3.2.1　理论基石 ··· 96
　　3.2.2　系统方法与企业管理 ······································ 99
　　3.2.3　系统方法的实践具体 ····································· 102
3.3　组织创新理论与超越 ··· 125
　　3.3.1　整合核心价值 ·· 125
　　3.3.2　私利不再主导 ·· 127
　　3.3.3　参与式开放与反思式开放 ································· 128
小　结 ··· 132

第4章　反映劳资关系发展的人性假设理论与超越 ························ 135
4.1　人性假设的理论根据 ··· 135
　　4.1.1　科学假说 ·· 135
　　4.1.2　预测功能 ·· 136

		4.1.3 学科根据	137
4.2	人性假设重建的现实根据		139
	4.2.1	实践基础	139
	4.2.2	个体人性的发展	141
	4.2.3	劳资关系的发展	145
4.3	基于人性假设的管理策略与超越		148
	4.3.1	"理论X"与管理策略	148
	4.3.2	"理论Y"与管理策略	150
	4.3.3	"理论Y"与领导	155
小 结			161

第5章 企业文化分析方法与超越 … 162

5.1	企业文化分析的视角		162
	5.1.1	"诊断性研究"	163
	5.1.2	企业文化分离与思考	164
5.2	企业文化分析的手段		166
	5.2.1	区分企业文化层次	166
	5.2.2	文化表象量化	170
	5.2.3	假说推测	172
5.3	企业文化的规律与超越		176
	5.3.1	初期：缔造文化	177
	5.3.2	转型期：扬弃与学习	179
	5.3.3	成熟期：阻碍与改造	185
小 结			186

第6章 有限理性决策的方法与超越 … 188

6.1	有限理性的决策		189
	6.1.1	权威决策	189
	6.1.2	引入"人—机"决策系统	196
6.2	有限理性的要素		200
	6.2.1	"事实要素"	201
	6.2.2	"价值要素"	202
	6.2.3	融合与区分	203

6.3 有限理性的原因 205
　6.3.1 理性因素 205
　6.3.2 理性限制的因素 209
　6.3.3 有限理性方法与复杂性方法 212
小　结 214

第7章　经验主义方法与超越 217
7.1 经验决定管理的"任务" 217
　7.1.1 经济关系与管理任务 218
　7.1.2 社会关系与管理任务 223
　7.1.3 管理的合法性之基础 226
7.2 经验决定管理的范式 229
　7.2.1 共有的"工具" 230
　7.2.2 创新还是探求固定的组织形式？ 232
　7.2.3 建构新范式应考虑的情况 234
7.3 "绩效之途"与超越 238
　7.3.1 对技术自觉管理 238
　7.3.2 有效决策 242
　7.3.3 合理升迁 244
　7.3.4 自我管理 247
　7.3.5 建立创新性组织 250
小　结 253

结　语 254

参考文献 258

附　录　现代管理思想名著及相关大事年表 269

后　记 274

引论　超越现代西方管理思想的意义

现代西方管理思想在产生发展和实践应用的过程中到底形成了哪些哲学方法论？研究这些问题，无疑具有重要的理论研究意义。其中，最重要的是两个方面：第一，在理论上弄清现代西方管理思想哲学方法论有哪些；第二，辩证地看待现代西方管理思想哲学方法论的借鉴作用。

西方社会对管理思想的研究分为工具主义方法和基础主义方法，前者研究具体的管理操作方法，后者研究管理基础理论，哲学方法论被归为基础主义方法之一。由于受到实用主义的影响，西方对管理思想中哲学方法论的专门研究很少，所出现的主要是一些零星的判定。如管理思想史学家克劳德和雷恩的著作包含了一定的哲学方法论，并且指出，一些管理思想家的思想具有哲学方法论。英国的格里斯利开始有意识地总结这些哲学方法论，但侧重于从总体上分析，没有联系到管理思想家的思维过程。本书结合管理思想家的基本思想和他们所提倡的实践方法，专门探讨现代西方管理思想的哲学方法论。

现代西方管理思想的哲学方法论与管理思想家的理论基础（本体论）密切相关，哲学方法论是管理思想家形成理论的根本方法，也是指导管理实践的根本方法。它们的逻辑关系是：哲学方法论催化管理思想；管理思想形成后，在方法论的引导下化为实践的具体操作方法。

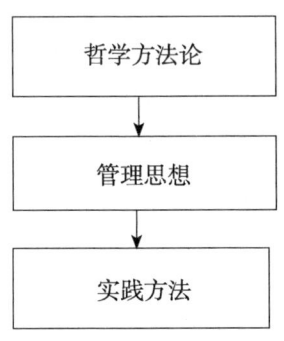

图1　本书思想脉络

一般说来，现代西方管理思想受科学理性和人文理性的指导，但这一说法有待进一步深化和具体。管理思想的具体哲学依据是什么有待挖掘，所以本书打破科学理性和人文理性两种分类方法的研究，提出七种哲学方法论，即科学理性方法、社会分析方法、系统分析方法、人性假设方法、文化分析方法、有限理性方法、经验主义方法。每一具体方法又具有时代或者内容的特点，这一特点在每章的标题中显示出来了，如科学理性的特点具有其时代的互补性（不仅包括追求自然规律的方法，还包括追求组织结构的方法），文化分析方法的特点融合了科学方法。

为了使概括具有历史逻辑性，本书重点是联系思想家的时代背景来进行研究，力图反映思想家所受影响的过程、思维过程。再现思维的过程主要根据是奠基性作品与时代的关系，如"信息浪潮下的有限理性方法"的根据是西蒙的《管理行为》《管理决策新科学》与信息浪潮的关系。

为了使理论具有实用性，本书理论联系实际分析了现代西方管理思想方法论在理论创新和实践应用方面的借鉴作用，例如书中论述韦伯官僚集权制与我国国企体制、泰罗制方法的适用性范围等。文中还把管理思想家所蕴含的哲学方法以具体的可操作性的方法反映出来，供实践者参考、借鉴。

总体说来，本书运用辩证法的观点、唯物历史观的理论去分析现代西方管理思想的方法论；研究不同时期有重大影响的管理思想和人物；研究权威著作与历史背景的关系、与其他学科的关系，然后进行理论总结和抽象；寻找管理理论的逻辑起点和发展，再寻找背后的方法论根源，找到管理理论的哲学依据。本书属于基础理论研究。对于可以借鉴的西方管理思想方法论，在必要处本书联系我国的现实进行评说，具体说来使用以下两个方法。

第一，纵横结合。这一研究方法是我在研究过程中逐步形成的。起先我围绕所研究问题一个专题（如人性假设方法）在不同思想家的著作里找线索，后来发现很难形成一个整体逻辑，继而发现任一思想家的方法论也是一个整体，就以他的整体思想为横断面来研究。后来发现方法论之间存在纵向或横向关系，关于方法论之间的纵横的关系越来越清晰。

先以奠基性作品为横断面对其哲学方法论进行分析。根据丹尼尔·雷恩的《管理思想的演变》和克劳德·小乔治的《管理思想史》，科学管理时期管理思想重要的奠基人物有：泰罗、法约尔、韦伯；社会科学时期的有福利特、梅奥、巴纳德、厄威克等（小乔治特别地把梅奥、福利特、巴纳德、谢尔登、厄威克等归为管理哲学家）；丛林化时代有圣吉、沙因、阿基里斯等。后我进一步参阅了比斯盖特·舒尔茨的《顶尖管理思想：全球伟大管理者的 14 种管理思想》、W. J. 邓肯的《伟大的管理思想：管理学奠基理论与实践》，把丛林化时代的西蒙和德鲁克分别纳入决策理论学派和经验主义理论学派的奠基人物。他们的管理思想包含或隐含了深刻的哲学方法论。这样，以奠基性作品为根据，在舒尔茨、邓肯分类的基础上，我把现代①西方管理思想具有哲学思维的理论归为以下 12 种。

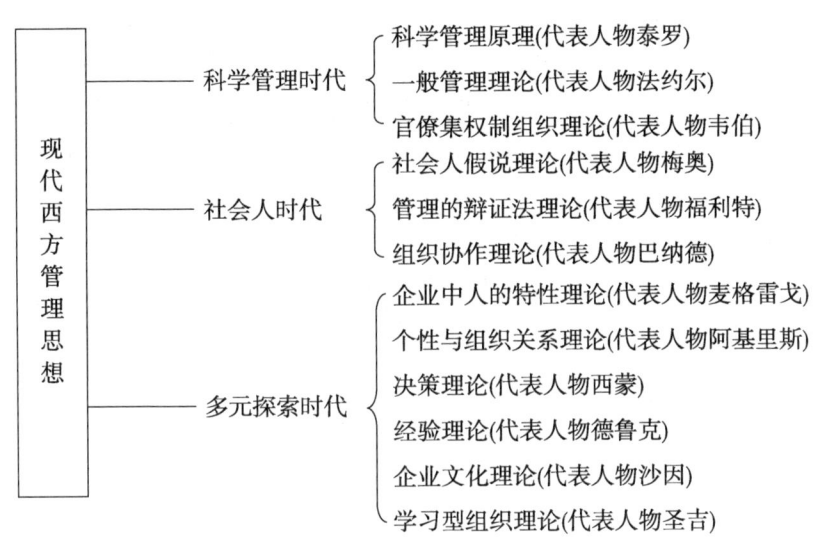

后发现，奠基性作品的方法论之间具有复杂的纵横关系。科学理性方法具有三个方面的特性（横向方面），社会分析方法具有前后的继承关系（纵向方面），系统分析方法具有发展的逻辑（纵向方面），其他的独树一帜，但与社会思潮的发展具有纵横交错的关系。于是，我把现代西方管理思想哲学方法论分为 7 种。

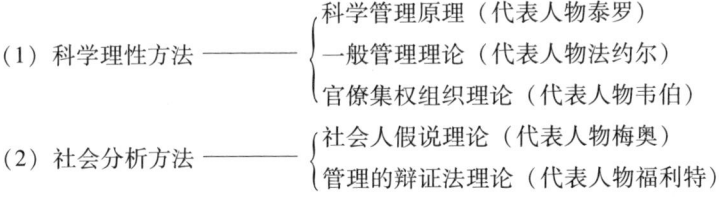

---

① 厄威克（Lyndall Urwick，1891—）在《管理备要》（孙耀君译，中国社会科学出版社 1994 年版）中认为："现代管理史通常被认为开始于本世纪（20 世纪）初美国人泰罗的著作。"

（3）系统分析方法 ——— { 组织协作理论（代表人物巴纳德）
                        学习型组织理论（代表人物圣吉）

（4）人性假设方法 ——— 企业中人的特性理论（代表人物麦格雷戈）

（5）文化分析方法 ——— 企业文化理论（代表人物沙因）

（6）有限理性方法 ——— 决策理论（代表人物西蒙）

（7）经验主义方法 ——— 经验理论（代表人物德鲁克）

第二，从管理方法中概括哲学方法。现代西方管理思想中的管理方法与管理思想是合而为一的，有的思想是以管理方法论的语言表述出来，表面上看不出其哲学方法论内涵，只要赋予高度的抽象，其哲学方法论就可理性具体。例如泰罗的管理方法是工时研究、动作研究、比较方法、效率至上，通过分析可以把其概括为效率至上的实证主义方法（哲学方法）。再如圣吉的"整合组织核心价值、私立不再主导、参与式开放与反思式开放"是管理方法，其深层次是"运用系统方法研究组织创新"（哲学方法）。

第 1 章 互补的科学理性与超越

管理的首要目标应该是确保每名员工实现最大化的成功。

——泰罗

管理，就是实现计划、组织、指挥、协调和控制。

——亨利·法约尔

经验表明，纯粹的官僚集权式行政组织——各种独裁式的官僚集权组织——从技术的角度来看是能够取得最大程度的效率的。

——马克斯·韦伯

19 世纪末 20 世纪初，科学技术有了较大的发展，但管理却相当落后，并且一般都建立在经验和主观臆断的基础之上，缺乏科学的根据。为适应生产发展的需要，在美国、法国、德国几乎同时都有科学管理运动，并形成了各自的特点。①"科学管理原理""一般管理理论"和"官僚集权制理论"是科学管理运动的杰出成果。本章研究这些理论与方法论之间的关系，发现泰罗、法约尔、韦伯都在追求提高效率的方法，但各自的方式不同，形成互补。

1.1 效率至上的实证主义管理方法

1.1.1 实证由来

科学管理起源于现代，为什么？因为在此之前，管理理论不能被实证。管理理论自从能被实证起，才被认为是科学的，故泰罗自信地把他的管理理论叫

---

① 孙耀君：《西方管理思想史》，山西经济出版社 1987 年版，第 71 页。

作"科学管理原理"。泰罗①也道出了"科学管理原理"与实证的关系：

"科学管理并不是什么大发明，也不是发现了什么惊天惊人的事。科学管理是过去曾存在的诸要素的结合，即把老的知识收集起来，加以分析、组合并归类成规律和条例，于是构成一种科学。……诸要素——不是个别要素——的结合，构成了科学管理，它可以概括如下：

科学，不是单凭经验的方法。

协调，不是不和。

合作，不是个人主义。

最高的产量，取代有限的产量。

发挥每个人最高的效率，实现最大的富裕。"②

可以看出，泰罗的"分析""组合"、归纳就是当时流行的实证方法。在《工厂管理》一文中，泰罗的"工时研究""动作研究""分配研究"都建立在分析和归纳的方法之上，这些方法成为泰罗形成管理理论的方法论。19 世纪末 20 世纪初科学技术有了较大的发展，但管理却相当落后，并且一般都建立在经验和主观臆断的基础之上，缺乏科学的根据。③ 为了使管理走向科学，泰罗借鉴了自然科学的实证方法。

不过，管理理论即使运用了实证主义的方法也难以证明其理论是科学的。因为，管理的实验是不可重复的，管理的实践都是个案，用个案去证明管理理论的正确性是没有说服力的。自从科学主导了生活，人们就相信管理中有科学；既然管理中有科学，那么管理理论是否符合科学应该有一种方法来证明。即使泰罗提出了实证方法，但与管理实践的个案不能证明普遍原理存在矛盾。怎样来解决这一矛盾呢？只有在实证方法中加一个标准，才能证明管理理论的科学性。

泰罗提出了效率标准，这就为他的"科学管理原理"找到了实证坐标，可

---

① 泰罗（Frederick Winslow Taylor，1856—1915），生于美国费城一个富裕家庭。19 岁以前上学，19 岁进入一家小机械厂当徒工，22 岁进入费城米德维尔钢铁公司，开始当技工，后来任工长、总技师。这期间，曾在史蒂文斯工学院上夜校，并获得工程学学位。28 岁时，任钢铁公司总工程师，1890 年离开这家公司，从事顾问工作。1898 年进入伯利恒钢铁公司，从事管理研究工作，后来取得了发明高速工具钢的专利。1901 年后，主要从事写作、演讲，宣传自己的管理思想，主要著作有《工厂管理》（1906）、《科学管理原理》（1911）。

② ［美］泰罗：《科学管理原理》，胡隆昶、冼子恩译，中国社会科学出版社 1984 年版，第 221 页。

③ 孙耀君：《西方管理思想史》，山西经济出版社 1987 年版，第 71 页。

以超越单个管理实践的局限性,只要在实践中被实证为效率最优,那么管理理论就是科学的。

"效率标准"不仅为实证提供了坐标体系,而且倡导了一种时代精神。这种精神可以归纳为:效率至上,争当一流工人,劳资双方共同协作。这一精神把科学管理原理与效率标准联系起来:管理之所以是科学的,就是因为它能提高效率。泰罗的科学管理不是强迫式的管理,而是在组织效率目标下的管理主体对管理客体的激励,以达到合力最佳的效果。他的这一精神符合了美国当时的经济发展精神(效率第一、自由竞争),所以得到了广泛的赞同,尤其得到厂家的欢迎。

由于阶级的对立和冲突,效率至上的理念并没有得到大多数工人的赞同,美国的一些政客不得不考虑科学管理的负面社会效应,评论家和政治家对科学管理理念有争执,泰罗并不是在一片赞扬声中去世的。尽管如此,效率至上还是被业主采纳,它符合工厂主的利益。可以说,泰罗制的后继者们把效率至上发展为效率管理观。效率专家大批出现,"他们向雇佣他们的雇主许诺他们能大大削减成本和提高效率"①。

泰罗的效率标准不仅在企业界引起反响,在社会管理中也成了主流意识。美国工业革命是在赶超英国,效率是美国追求的第一目标,效率管理观自然进入国家意识,罗斯福总统还提过"国家效率"的概念。

作为时代精神的效率标准延续了很长一段时间。泰罗的后继者们使效率主义的理念渗入了政治和企业的经营当中,形成了一种普遍接受的哲学理念。亨利·甘特继泰罗之后再度论起用经济手段提升效率,认为财富的增加是社会的趋势,一个人富裕起来并不意味着另一个人穷下去。只要劳资双方合作,就能从不对抗的状态中分配财富,生产的效率就必然能搞好。如果合作生财,冲突自然化解,因为财富是可以通过劳动得来的,总量会不断地增加,人与人之间对财富的争夺,不要着眼于现有的总量,而要从发展的总量上来分割。劳资双方合作各得其所,为了尽快地满足各自的所需,从效率入手来解决这个问题。亨利·甘特的这一思想是洛克思想的现代翻版,洛克认为财富起源于劳动,认为谁劳动就能理所当然地获得财富。

从洛克、泰罗到甘特,所论及的效率标准就蕴含了矛盾,即劳动者与自然资源所有者之间的矛盾。他们没有考虑到自然资源是区域内所有人所有的,自

---

① [美] 丹尼尔·A. 雷恩:《管理思想的演变》,李柱流等译,中国社会科学出版社 1997 年版,第 169 页。

然资源是有限的，企业开发资源获得的财富不能完全归企业所有。局限在企业范围内的效率管理观对社会是个攻击性的侵害。

1.1.2 实证方法

19 世纪末，工程力学是能被证明是科学的典范，因为这门学科已经不再单靠经验和猜测，而是建立了可以实证的普遍原理。泰罗认为，管理学应该效仿工程力学，管理的"技术"可以细化并上升为普遍的"原理要素"，这种要素，不再是少数人从管理中观察得来的"模糊抽象"，而是可以被实证和推广的理性具体。

工程力学的原理在许多学科得到推广，一时成为人们探究世界的世界观，在哲学史上被称为机械决定论。① 泰罗自然也深受时代哲学的影响，《工厂管理》一文便可见"科学管理原理"与机械决定论之间的关系。

"现代的工程学大概可以称之为一门精密科学，它年复一年地逐渐摈弃本来的凭空猜测和单靠经验办事的粗糙作法，而更牢固地建立在有确定原理的基础上。""管理这门学问注定会具有更富于技术的性质。那些现在还被认为是在精密知识领域以外的基本因素，很快都会像其它工程的基本因素那样加以标准化，制成表格，被接受和利用。管理将会像一门技术那样被研习，不再是依靠从个人接触的少数组织的有限观察中所得到的一些模糊观念，而是建立在一种被广泛承认，又明确界说和原已经确立的基本原则之上。"②

"现代工程技术所用的方法和这一类型的管理制度十分近似。如今，工程技术集中在制图室里，正如现代管理集中在计划部门一样。新式工程使用的图纸，看起来十分复杂，又浪费很大，对每项细节要做不少研究和工作，还要用成批的制图人员——他们被老式工程师讥笑为非生产者。由于同样的理由，新式管理制度要有致密的工时研究，还要有管理部门对每项操作精心作出计划，加上许多书面的指令和表面上像是官样文章的繁琐手续，这些都会使人看成是白白浪费金钱。而寻常的管理制度，其计划工作主要由工人自己在一两个工段长的帮助下进行，这就显得极其简单而经济。"③

按常规理解，泰罗写成《科学管理原理》之后，交出版社付梓，巨著就这

---

① 机械决定论在当时是进步的方法论，在今天在某种场合仍做中性意义的理解。
② [美] 泰罗：《科学管理原理》，胡隆昶、冼子恩译，中国社会科学出版社 1984 年版，第 60 页。
③ [美] 泰罗：《科学管理原理》，胡隆昶、冼子恩译，中国社会科学出版社 1984 年版，第 62 页。

样形成了。可是，19世纪末，人们并不是把管理理论看作是科学，要使一本管理著作为广大管理者所接受，还需要特殊人群的支持。泰罗的《科学管理原理》的支撑点是工程力学，只要取得工程力学界权威人士对这本书的认可，说服力就大大加强。于是，泰罗于1910年1月最先向美国机械师协会敬献其手稿"科学管理原理"。①

工程力学提倡对力进行分解和还原，再计算总体合力，把这个理论扩大和普及就成了哲学上讲的还原论。泰罗的《科学管理原理》渗透着还原论的精神实质，原理的四个方面都体现了还原论的精髓。

"第一，对工人的操作的每个动作进行科学研究，用以替代老的产品经验的办法。第二，科学地挑选工人，并进行教育培训和教育，使之成长；而在过去，则是由工人任意挑选自己的工作，并根据各自的可能进行自我培训。第三，与工人亲密协作，以保证一切工作都按已发展起来的科学原则去办。第四，资方和工人们之间在工作和职责上几乎是均分的，资方把自己比工人更胜任的那部分工作承揽下来；而在过去，几乎所有的工作和大部分职责都推到工人们身上。"②

"动作研究"是对流程的还原；"科学挑选工人"是对个体能力的还原；"协作"是对总体力的还原；"劳资分工"是对职责的还原。工人的技能，个体适合干什么工作，甚至分配都可以用还原法来研究。"上述的一切，都意味着对每个工人进行个别研究和区别对待，而在过去确实把他们圈在大集体里进行处理的。"③

泰罗的机械决定论和还原论的思维方法与其所处的时代背景有关。早期工业化的时代，需要管理帮助资本主义经济健康、快速地运作，而管理学的理论还未成熟，只能师从其他学科。由于物理学的成功和影响，管理学深受其方法论的影响。物理学方法以分解、还原为基本方法，泰罗的"科学管理原理"仿效了这一方法，把管理中的人、物、流程等看成是可以分解和还原的。

泰罗探索管理科学所运用的机械决定论和还原论代表了思维方式的革命。工业社会的发展总是同科学技术的发展密切相关，科学技术的探索方式往往移

---

① ［美］泰罗：《科学管理原理》，胡隆昶、冼子恩译，中国社会科学出版社1984年版，第153页。
② ［美］泰罗：《科学管理原理》，胡隆昶、冼子恩译，中国社会科学出版社1984年版，第170页。
③ ［美］泰罗：《科学管理原理》，胡隆昶、冼子恩译，中国社会科学出版社1984年版，第197页。

植为其他学科的思维方式。中世纪的科学家努力从柏拉图、亚里士多德、圣奥古斯丁的著作和圣经中去探索自然的法则，结果他们发现甚少；16 世纪和 17 世纪的科学家，开创了科学研究的新思维。培根、哥白尼、伽利略、牛顿等人从实验及调查的角度研究自然的必然性，开创了科学的理性时代，技术随即取得突破，成功的经验上升为方法论被移植到其他科学。《科学管理原理》就是管理学移植自然科学方法的代表作。

如果完全按照工程力学的方法创立管理科学，显得呆板和从属，也没有自己的特点。事实上，管理科学要涉及利益问题，这是它有别于自然科学的地方。完全按照工程力学的方法可以建立施工管理和流程管理的理论，却难以建立经济管理的理论。管理是涵盖生产、组织、分配等活动的过程，仅仅师从工程力学原理还不够，这时，西方管理理论在发展中形成了一种比较选择法。

比较都是在有争论的情况下进行的。工业革命创造了一种新的生产方式，也产生了新的社会矛盾。怎样组织生产，那时资本家还没有有效的理论，仍依靠旧的统治方式来维系生产。由于分配矛盾，员工磨洋工是普遍存在的现象。怎样提高雇工的积极性，有各种争论。

19 世纪末 20 世纪初，经济学代替了管理学。当时，经济学的各种理论都不受欢迎，因富人和穷人的矛盾日显突出，没有一种理论能及时解决富人和穷人之间不断恶化的矛盾，因此，"经济学在 19 世纪初博得了'沉闷科学'的诨号"[①]。尽管没有一种理论获得普遍的好评，但争论还是激烈的。争论中的理论有以下几种："斯密的自由经济学"，"马尔萨斯的人口论"，"李嘉图的工资钢铁定律"，"欧文的乌托邦理论"（即空想社会主义），"马克思和恩格斯的暴力革命理论"。[②] 下文暂介绍其中四种。

第一，亚当·斯密的经济人假说理论（货币诱因理论）。

工业革命之后，资本家最原始的管理办法就是，让工人的工资刚好维持在生活的底线，使其必须出卖劳动力。亚当·斯密（1723—1790）并不同意当时资本家对待劳工的方法。他认为，可以增加工资，用货币作诱因来激发工人工作的热情。工人获得的报酬越多，越会努力工作。资本家应该用货币作为激励的手段，而不要把工人置于生存的边缘，逼迫其为了生计而屈服于雇主。这就

---

① ［美］丹尼尔·A. 雷恩：《管理思想的演变》，李柱流等译，中国社会科学出版社 1997 年版，第 65 页。

② ［美］丹尼尔·A. 雷恩：《管理思想的演变》，李柱流等译，中国社会科学出版社 1997 年版，第 65—66 页。

是激励理论的最初原型，学者把斯密这个经济驱动理论叫作"经济人假说"。后来，资本主义经济管理基本沿袭了这一理论。工人贵族出现，并且其在资本主义社会的比例越来越高，成为现在的中产阶级，说明了这一理论的成功所在，这一点就连马克思也没有预见到。但马克思对历史规律的揭示是正确的，事实证明"经济人假说"并没有解决资本主义社会的固有矛盾，后来的管理历史也证明经济人假设的局限性，为社会人假设理论所批驳。

斯密的经济管理思想集中在《国富论》。《国富论》主要思想可以概括为：社会分工是生产力逐步提高的原因，它带来劳动效率的提高，带来城市化的发展。财产增加的方式是靠资本的流通和贸易，要发展一国的经济就要鼓励自由贸易，通过它提高生产力。国家和君主的收入是靠税收获得的，所以要对国民征收土地、贸易等各方面的税收，以此维持军队、政府机构的开支。封建社会的朝贡等级制度，在斯密的鼓动下变成了货币经济的等级制度。

历史学家阿诺德·托因对斯密的学说给予了很高的评价："对摧毁一个旧英国、建立一个新英国并促使全世界走向工业化起过最大作用的两个人就是亚当·斯密和詹姆士·瓦特。斯密促使了经济思想的革命，瓦特促使了使用蒸汽动力的革命。"①

从管理的角度来考虑，斯密的贡献在于把管理认为是生产的要素（即"生产的第四要素"）②，是提供经济效率的手段。斯密的资本增值理论与管理密切相关。斯密认为，企业家的管理不仅是一个生产力的要素，也是资本增值的手段。按斯密的理解，"生产力 = 劳动力（具体生产者）+ 土地 + 资本家的资本 + 管理"。由于斯密的角度是国家的财富，他所讲的管理多是宏观的经济管理，与具体的工厂管理有层次上的差别。他所论述的经济学也是政治经济学的宏观范畴。在《国富论》中他对宏观意义上的经济管理概念论述得比较具体：

"被看做政治家或立法家的科学的一个分支的政治经济学，提出两个不同的目标：第一个目标是为人民提供充分的收入或生计，更恰当地说，使其能为自己提供这样的收入或生计；第二个目标是，为国家或社会提供足以提供公共服务的收入。政治经济学的目标是使人民和君主都富裕起来。"③

斯密本人是个学者，不是一个能左右英国经济决策的人物，他的观点在当

---

① ［美］丹尼尔·A. 雷恩：《管理思想的演变》，李柱流等译，中国社会科学出版社1997年版，第47页。
② ［美］丹尼尔·A. 雷恩：《管理思想的演变》，李柱流等译，中国社会科学出版社1997年版，第48页。
③ ［英］亚当·斯密：《国富论》，唐日松等译，商务印书馆2007年版，第230页。

时只是个谏文。但其宏观管理思想影响了整个贵族阶级,尤其得到了新兴资产阶级的拥护。社会地位的重新划定不必依赖原来的土地,而是资本和市场。国家的上层建筑依赖的对象,由农业基础变为了工业基础。社会结构内在诸要素一下子活跃起来,管理在社会发展中作为重要的生产要素得到重视。亚当·斯密的经济管理思想应用到企业管理可以总结为一句话:"那就是:高工资使人更加勤勉。"①

第二,马尔萨斯的人口调节理论。

斯密经济人假说理论遭到了马尔萨斯(1766—1833)的攻击。马尔萨斯认为,人口按几何数字增加,而粮食按算术级数字增加,不可能靠激励的办法解决生产问题和贫穷问题。任何科学技术和管理都无法解决这个问题,因而大部分人都无法摆脱贫穷的厄运。他提出的解决办法是,"限制劳动力的补充,以及鼓励群众自我节制生育。"② 历史的发展都证明了马尔萨斯和斯密两个人的观点都具有真理的相对性,人口的危机并不是像马尔萨斯说得那样快,人口如同生物的适应性一样,具有自我调节的功能。在西方的文化背景下,人把自己看作上帝的子民,自己和儿女一样都是上帝的子民,不需要为自己延续香火。一旦物质条件相对匮乏,穷人则不愿意多生孩子,劳动力市场就此得到调整。

第三,大卫·李嘉图的"工资钢铁定律"(iron law of wages)。

李嘉图(1772—1823)修正了马尔萨斯关于人口过剩的理论,认为劳动者的生计状况能自发调节人口的过剩。

"当劳动的市场价格超过其自然价格时,劳动者的景况是繁荣和幸福的,能够得到更多生活必需品和享受品,从而可以供养健康而人丁兴旺的家庭。但当高额工资刺激人口增加,使劳动者的人数增加时,工资又会降到其自然价格上去,有时还会由于一种反作用而降到这一价格以下。"③

也就是说通过劳动价格的供求规律调节人口的多少。劳动的价格通过市场买卖有所浮动,但无论怎样浮动也不能超出其本身的自然价格很远。劳动的自然价格是什么呢?劳动的自然价格就是必须使劳动者能够共同生存,即是人类不增不减永世长存的价格。大卫·李嘉图在劳动力供求关系上,提出其规律性

---

① [美]丹尼尔·A. 雷恩:《管理思想的演变》,李柱流等译,中国社会科学出版社1997年版,第66页。

② [美]丹尼尔·A. 雷恩:《管理思想的演变》,李柱流等译,中国社会科学出版社1997年版,第65页。

③ [英]大卫·李嘉图:《政治经济学及原理赋税》,郭大力、王亚南译,商务印书馆1976年版,第78页。

的见解，即"工资钢铁定律"：从长远的观点来看，工人的工资总是趋向于稳定在某种最低的水平上，使工人刚刚能够维持生计。马克思认为资本家正是这样做的，资本家不会付给超过劳动力价格以上的工资。这些工资就是："最低的和唯一必要的工资额就使工人能够养家糊口并使工人种族不至于死绝的费用。按照斯密的意见，通常的工资就是同'普通人'即牲畜般的存在状态相适应的最低工资。"①

大卫·李嘉图提出理论基于经济规律，并不是提倡资本家应该去实行，在现实过程中，资本家分两类，一类是只给了能活下去的费用，另一类则采取了分红但为数不多。在美国，业主逐步赞同分红。

第四，马克思批判性的革命理论。

马克思、恩格斯批判继承了大卫·李嘉图的政治经济学的观点，提出了能解决矛盾的办法，就是无产阶级联合起来，进行革命，夺取政权，建立新的劳动关系。《1844年经济学哲学手稿》首先从工资问题谈起，认为"工资决定资本家和工人之间的敌对斗争，胜利总是属于资本家"②。为什么会这样？因为工人没有权力。怎样解决这个状况呢？工人必须联合起来打碎在他们身上的枷锁。马克思、恩格斯的《共产党宣言》充分表达了这个思想。"宣言"中先分析了人类阶级斗争的历史，后分析了资产阶级的历史功绩以及与人类历史上其他阶级的剥削性质并没有质的差别，最后指出"全世界无产者，联合起来"③！

从历史上看，劳动者受到剥削而处在贫穷线上并不是早期资本主义社会才有的。在此大约两千多年的历史上，劳动人民基本上都处于这种境地。"昨日入城市，归来泪满襟。遍身罗绮者，不是养蚕人！"反映了前资本主义社会，世界劳动人民的普遍境遇。工业革命似乎并没有制造贫穷，而是工人继承了贫穷。在早期的已经赋予人身自由的资本主义社会里，资本家往往联合起来，用贫困线作为威胁迫使工人走向雇工市场。为了使这个市场正常运作，有足够的人手可供挑选，"工资钢铁定律"在资本家手里运作自如。没想到，工人不同于以往历史上的劳动者，他们有理论武器作指导，时有破坏机器的行为，并时常联合起来进行斗争。当工资与物价不能成比例的时候，社会就会动荡。正是这个斗争的时代给管理理论提出了新的课题和挑战。

在泰罗《科学管理原理》出版之前，美国产业界就面临经济管理理论的选

---

① 马克思：《1844年经济学哲学手稿》，人民出版社2000年版，第7页。
② 马克思：《1844年经济学哲学手稿》，人民出版社2000年版，第7页。
③ 马克思、恩格斯：《共产党宣言》，人民出版社1997年版，第63页。

择问题。对于以上争论的四种经济管理理论,美国产业界进行了比较选择。就工厂主而言,他们不会选择马尔萨斯的人口调节理论,因为那是关于劳资平衡的社会问题,离身边的具体问题较远;业主也不会选择马克思批判性的革命理论,因为不愿意自动交出管理权。工厂主在"货币诱因理论"和"工资钢铁定律"之间进行比较选择。

可以说,"货币诱因理论"和"工资钢铁定律"就是论述工厂主该如何管理的理论。在美国工业化的过程中,最大的管理问题仍然是劳动力问题。业主认为生产效率低下,起因是工人的怠工和故意限制产量。因此,美国一些为业主考虑的经济学家想开辟一个经济驱动程序来解决这个问题。自然,18世纪斯密的"货币诱因理论"在美国找到了市场并得到了发扬。美国企业家,在实践上逐步采取了雇工参与企业分红的政策。"到1887年,已经有30多家公司采取了某种形式的利润分红。"① 可以看出,美国的业主在经济管理的比较选择中分为两派,一派仍然实施原来的"工资钢铁定律",另一派采取"货币诱因理论",后者是少数派。

1.1.3 效率至上的优化与互惠

泰罗的经济管理思想脱离不了这些争论,也脱离不了社会选择的过程。经济管理思想的争鸣过程体现了社会范围内的比较选择过程,泰罗深受其影响,随后他站到了斯密的"货币诱因理论"的阵容,并归纳出自己的理论。

泰罗在担任工长期间,其工厂已经实行了计件工资。照理,工人多劳多得,但工人并没有发挥最大的潜能,磨洋工是普遍存在的问题。泰罗认为"这是品德败坏的表现","这种罪恶比机器或工人仅仅闲置不用更为可恨"。② 泰罗说这话不是在仇视懒惰的劳工,而是痛心旧式管理体制。

泰罗把影响效率的磨洋工分为"有意磨洋工"和"本性磨洋工"。"本性磨洋工"来自人的懒惰,"人的天性使然,都想轻松随便"③;"有意磨洋工"是管理不科学所致,工人觉得多干没有意思。

"有意磨洋工"在很大程度上源自雇主用劳动总额理论指导管理的结果。管理者往往设定一个总额要全体工人来完成,如果一个人速度很快,就可能使他

---

① [美] 丹尼尔·A. 雷恩:《管理思想的演变》,李柱流等译,中国社会科学出版社1997年版,第122页。
② [美] 丹尼尔·A. 雷恩:《管理思想的演变》,李柱流等译,中国社会科学出版社1997年版,第140页。
③ [美] 泰罗:《科学管理原理》,马风才译,机械工业出版社2007年版,第10页。

的同伴失去工作,甚至因为效率高使他的工作日缩短,领到的工资就相对少。当工人们因速度快得到较高工资时,雇主们便会降低工资标准,"工资钢铁定律"又被业主搬出来了。"工人们在多次经历了当他们的收入超过一定数目就被裁减的教训之后,他们便在每一个工人应生产多少和收入多少的问题上取得了一致的意见,这不仅为了保护自身的利益,而且无疑也是为了避免遭到能力较低的工人的嘲笑。"① 看来,劳动总额理论指导下的计件工资并不科学,不能实现劳资双方的合作。

泰罗把有意磨洋工的原因总结为:"第一,绝大部分工人依然相信,如果他们用最佳速度干活,那么他们对全行业来说就是做了件极不公正的事,因为他们使一大部分人失了业";"第二,关于磨洋工的第二个原因——在现在通用的所用管理体制下所存在的雇主与雇员的关系,对故意磨洋工的人是不可能用一两句话就把问题说清楚的,这样的人不懂得这样的问题,即为什么对干各种活计应规定恰当的时间这点是符合他们利益的。而在这点上也反映雇主们的无知"。

有意磨洋工的第一个原因是工人们有同情心,速度快的人不愿意更快地干活,他们要保护弱者。这似乎让泰罗很为难,对于同情心不好指责。泰罗坚信效率是管理的第一原则,最后他提出用挑选"挑选第一流工人"的办法来解决这个问题。泰罗"挑选第一流工人"的方法,几乎分解了工人的同情心,带有社会达尔文主义的痕迹,通过挑选淘汰弱者,让速度快的工人没有同情的对象。泰罗这样做是因为,"现代科学管理中最突出的独一无二的要素看来是任务观念"②。效率始终是放在第一位的。

磨洋工的第二个原因是业主的不合理经济管理体制,即劳动总额理论。总额是厂主规定工人必须要完成的,但是,即使有计件工资下的超额,却不会在总体上给工人增加工资,或者所加超额部分的工资与工人付出的劳动不成比。泰罗认为,企业主还不懂得工厂管理与红利分配之间的关系。③

泰罗把经济管理问题聚焦在分配管理上,认为只要给工人恰当的好处,定能有高效率。高效率一方面来自机械生产流程的使用,更重要的是产生第一流

---

① [美]丹尼尔·A. 雷恩:《管理思想的演变》,李柱流等译,中国社会科学出版社1997年版,第142页。
② [美]泰罗:《科学管理原理》,胡隆昶、冼子恩译,中国社会科学出版社1984年版,第171页。
③ [美]泰罗:《科学管理原理》,胡隆昶、冼子恩译,中国社会科学出版社1984年版,第31页。

的工人去和流程保持一致。为了刺激工人去争当第一流的工人，就得解决报酬问题。解决报酬问题的方法是高工资，高产出，而不是根据生产量的增加重新设计比率来降低计件工资的比率。

"那些最成功的企业家们，当他们发现一些新机器或方法时都会立即采用这些机器和方法。当他们发现科学制定定额制度的利益时，也会逐渐采用这种科学方法。竞争也会迫使其他工业家慢慢跟上。即使全国互相竞争的同行工业家都采用这种方法，他们仍然能够按照差别工资制要求付出高工资。因为大家承认的一项事实是，只要工人的生产按比例提高，则最高工资的工人也是最便宜的；他们生产产品的成本低，使工业家能够在外国推销产品，能够支付高工资。"①

在泰罗看来，"工资钢铁定律"不能解决劳资合作问题，也不能提高效率；相反，"货币诱因理论"能解决问题。按效率分红能刺激工人生产，既能做到劳资合作，又能提高效率，这就是最好的企业管理方法。

可以看出泰罗的经济管理思想是对斯密的货币诱因理论的发扬。他从实践中对业主所实行的计件工资进行了比较，旧的计件工资虽然能激发一定的产量，但业主却根据产量的提高降低计件酬劳，造成了员工"有意磨洋工"，这是换汤不换药的"工资钢铁定律"，对于提高企业效率是有害的。劳资应该合作，不要害怕工人富裕，在满足工人富裕的过程中，"雇主的财富才能最大化"。泰罗从经济上寻找原因和方法，对于资方的管理具有实践的针对性。

当时对于磨洋工还有另一种解释，即人机矛盾的解释：机器和工人之间存在矛盾，如果每台机器的产出增加了，那么最终将导致大量工人的失业，这种理念如果进入工人的头脑里，他们势必会磨洋工。泰罗认为用科学管理的办法能解决这个问题。科学管理能达到这样的效果：既使用机器生产，又不使工人磨洋工。做到这一点的方法是雇主和雇员都达到财富最大化，这就是泰罗要提倡企业经济管理的思想。泰罗在《科学管理原理》首句写出了他的管理哲学理念："雇主与雇员的真正利益是一致的；除非实现了雇员财富的最大化，否则不可能永久地实现雇主财富的财富最大化，反之亦然；同时满足工人的高薪酬这一最大需求和雇主的低产品工时成本这一目标是可能的。"②

---

① [美] 泰罗：《科学管理原理》，胡隆昶、冼子恩译，中国社会科学出版社1984年版，第27页。

② [美] 泰罗：《科学管理原理》，马风才译，机械工业出版社2007年版，第2页。

1.1.4 泰罗制方法的适合范围

泰罗的《科学管理原理》对世界产生了深远的影响，有的方法我国曾经用过，现在该对这些方法反思。

第一，泰罗效率至上的实证主义方法只适合于企业管理研究但不适合企业之外的管理研究。

泰罗制管理方法在美国得到推广，并且冠以科学管理的名字。陆军军械部部长威廉·克罗泽将军，选出两个兵工厂试验泰罗制管理。在马萨诸州沃特顿兵工厂的工时研究时此方法可以顺利进行，但在伊利诺伊州罗克艾兰兵工厂却遇到了麻烦。因工人反对实施泰罗制，未能实施。沃特顿兵工厂对泰罗制的试验也未能完全进行，"在1911年8月沃特顿兵工厂爆发了实施泰罗制以来的第一次罢工"，"有人向国会提出，沃特顿的罢工是由于实行泰罗制使工人受到不能令人满意的对待造成的"。① 于是，众议院任命了一个特别委员会对此事进行调查。调查目的是对事不对人，更不是追究泰罗的责任，而是调查泰罗制是否可行。三人组成的调查委员会基本上是站在工会和劳工的立场上的。在召开的意见听证会上，委员会主席对泰罗的提问既深刻又充满着火药味，由此引发出一个深刻的问题：如果企业挑选第一流的工人，那些非第一流的工人是否排除在管理之外？且看听证会上的对话：

> 主席：一个人如果不是一个好工人，而造成这一事实的原因又非出于本人的责任，那么，他是否也应该像一位好工人一样地好好生活？
>
> 泰罗先生：他不能生活得像好工人那样好，否则这就意味着，世界上所有人不管是劳动还是偷懒，都有权过同样好的生活，而事实上情况肯定不会是这样的。他们的生活不会是一样好的。
>
> 主席：在科学管理制度下，你提出，作为一个工人，如果他不属于"头等"，在世界上就没有出路——如果他在某个具体行业里不是"头等"工人，难道他就应该被毁灭被赶走？
>
> 泰罗先生：主席先生，我现在准备回答你的问题，我思想中显然想到"二等"工人中有两类工人：一类是从身体条件上能够工作但却拒绝工作；另一类是在体力上和精神上都不适宜于做那份工作。这就是二等工人中的两类工人。

---

① [美] 丹尼尔·A. 雷恩：《管理思想的演变》，李柱流等译，中国社会科学出版社1997年版，第161页。

主席：那么，科学管理打算如何照顾他们那些在某一行业中的非"头等"工人呢？

泰罗先生：我不管他们。

主席：科学管理不能容纳这些人吗？

泰罗先生：对一个能唱歌但又不愿意唱歌的鸟来说，科学管理是没有任何用处的。

主席：我在这里谈的根本不是鸟的问题。

泰罗先生：能够工作又不愿意工作的人在科学管理中是得不到任何照顾的。①

泰罗的最后一句话道出了科学管理原理的局限性。当然，工业革命呈现的社会矛盾不可能由管理来全部解决。有的是政治问题，有的是社会问题。泰罗所思考的问题实质上是一个企业的效率问题，至于就整个社会而言不是泰罗所能解决的。与泰罗同时代的管理大师戴乐尔曾把只适合于业主管理的方法叫作"工厂学理管理法"。戴乐尔认为："学理管理法之根源是雇主与雇工均获最大之利益。""学理管理法之要诀：各工人均按时施教使之相互友善。不令领工者驱之太甚，亦勿任工人自由无度。故密切管理之人及共同组织，实为学理管理法之重要原素。"② 显然，"学理管理法"局限在工厂内部，局限在雇主对员工"宽大"与"慷慨"，这样才能获得双方的利益最大化。

第二，效率至上原则不适合于社会管理。

美国社会不同于中国社会，政府往往扮演一个中立角色，来审视和调查一种方法是否可行，我国往往由政府来包办一切。我国开始实行企业优化组合，下岗分流的时候，并不会引起广泛的讨论，是在实践中边做边巩固好的方法和更正错误的做法。城市最低生活保障是在下岗分流后，由政府给城市居民的津贴。从经济的角度来说，这些津贴可以理解为下岗得到的补偿，或者个人所占国家股应得的部分；从政治的角度来说，它是社会稳定的需要。在自由资本竞争的美国，政府往往不考虑个人的国家股部分，公有制成分比例很少，政府往往从局外来理解企业的社会责任，要求企业承担一定的"非一流"工人的生活问题。我国企业经营的理念，一直是"效率优先，兼顾公平"，是泰罗制管理的延续，但所造成的社会问题，即下岗工人怎么办的问题，也是困扰政府的大问

---

① ［美］丹尼尔·A. 雷恩：《管理思想的演变》，李柱流等译，中国社会科学出版社1997年版，第164页。

② ［美］戴乐尔：《适用工厂学理管理法》，穆湘玥译述，中华书局1916年版，第17页。

题。后来由政府统筹经费，并发放城市最低生活保障费，并没有把负担留给企业，这是一项创举，但同时又带来了另一个问题——农民岂不吃亏了，他们没有享受到特别优惠。为了平衡这个差距，国家对农民实行了农业生产税费免征。总之，"挑选第一流工人"引发的社会问题，不仅在美国而且在我国仍然存在，还需在实践中继续寻找解决的方法。

效率管理方针对企业组织是有效的，但对整个社会系统未必有效。如果把组织比作一个篮球队，科学管理的效率原则、挑选第一流工人原则、标准化原则是完全可以应用得上的。一个球队的球员在最佳年龄、最佳技能的条件下被选入，一旦外围有了强于他的生力军，就将面临被替换的危险，篮球巨星迈克尔·乔丹也难逃这一命运。如果把管理扩大到球队的外围，即球队的环境，这几个管理原则就显得勉强，甚至是从真理走到了谬误。球队的观众、经济基础、文化氛围是基本不能替换的，对这些因素的管理不能遵从这些原则，对这些要素的管理需要统一、和谐、幸福的管理理念。管理本身内含着管理组织内部和协调外部的两手，如果只重视一方，势必走向形而上学的定势之中。

美国管理学家斯图尔特·克雷纳在《管理百年——20世纪管理思想与实践的批判性回顾》中，就尖锐批判过科学管理思想，称"泰罗思想的第一个负面影响是，它把效率置于伦理道德之上"①。这一批评是有分量的，也说明美国人开始用大众伦理和环境伦理来审视一个时代的管理观。泰罗是个理性至上主义者，常用简单必然的管理理念处理管理中劳资双方的主体定位。他的格言是："管理的首要目标应该是确保每名员工实现最大化的成功。"效率至上、挑选一流工人、采用标准机械化程序，都是强强联合的理念。生态的辩证法不会让强强联合走得太远。因此产生的二流工人问题开始困扰美国社会：因效率的极度泛滥，无暇顾及环境的副产品；因工作空间的遥控权掌握在强者手中，其他人群的生态位怎么安置。这一问题在当时由美国众议院特别调查委员会尖锐地向泰罗提出来。泰罗在科学管理方法内当然无法回答这个问题。历史选择了泰罗的管理体制，因为它太符合一个民族追赶式的发展需求，同时，它对日本、中国的影响也是巨大的。马克思认为，在人不能得到自由和全面发展的社会里，社会的发展总是以牺牲一部分人的发展为代价。效率理念也曾一度成为美国、日本、中国等国发展阶段的经济管理理念。其间贫富差距的拉开、强强联合等措施贯穿在政策的实施过程中。任何理论都具有时空的相对性和真理的实用性，

---

① [美]斯图尔特·克雷纳：《管理百年——20世纪管理思想与实践的批判性回顾》，邱琼译，海南出版社2003年版，第14页。

美国人用效率理念跨过了工业革命以后，开始反思环境问题和社会雇工问题，渐渐放弃了效率至上的原则，对劳工的养老金问题要求雇主优先考虑，对追求效率而损害环境的企业不再姑息迁就。罗斯福的国家效率理念也退位于社会效率，政客们每次选举听到的声音不再是提高国民生产总值多少，而是保证多少人就业，保护弱势人群的利益。我国的经济管理理念也在逐步摆脱泰罗制的影响，原来的"多快好省"变成了"又好又快"，粗放型生产要素的投入，变成了集约型要素的投入。

第三，强强联合的策略也不适合于社会管理。

《科学管理原理》的适应性是相当有限的，只适合于强强联合。我国曾一度使用优化组合的理念，事实证明此理念也是在一定的范围内才成立，如果走向更大的范围就会像当年的美国一样产生社会问题。泰罗效率至上的目的是为雇主创造效益，让受雇者也得到好处。为了让两者都不吃亏，就要挑选第一流的工人，既能产生效益又能照顾雇员的好处。只有第一流的工人才能与科学作业流程相匹配，这样就遇到了工人"下岗"的问题，第二流、第三流工人的就业问题怎么办？《科学管理原理》回答不了。美国随后用了 30 年的时间才解决了这个问题，建立了失业保险制度，我国也用了 10 年的时间才建立"城市最低生活保险金"制度。

1.2 基础主义管理方法

与泰罗不同，法约尔①管理思想的哲学方法论是基础主义方法②。法约尔的"一般"管理理论不再局限在工业流程的管理上。法约尔发现，工业管理的应用范围有限，以前的管理思想形成的方法是以个人经验为根据，个人的管理经验很难理论化、普遍化，因而不适用于管理教学和推广。法约尔认为管理思想探索方法应该是去追求内在基础性的一般理论，其《工业管理和一般管理》则体

---

① 亨利·法约尔（Henri Fayol，1841—1925）出生于法国的资产阶级家庭，1860 年毕业于圣艾蒂安国立矿业学校，1860 年以采矿工程师的身份进入科芒特里－富香博公司（Commentary Fourchgmbault Ming Combine），工程师受聘时间是 1860—1886 年。工作中，他的管理才干得到认可，25 岁被任命为科芒特里煤矿的管理人员。后被提升为一组煤矿的管理者，1888 年被任命为总经理。在科芒特里公司的工作经历促成了他完成对管理的理论思考。1918 年他被聘为法国政府的管理顾问，1920 年于巴黎创立中央管理学院。

② 英国的管理思想研究者格里斯利把探究基本的假设、属性的方法叫作基础主义的方法。

现了这一方法。法约尔基础主义的方法带有辩证的性质，要求灵活性地运用管理的一般原则。

1.2.1 探索基础

法约尔认为管理理论应该是："通过一般经验尝试和检验过的原则、规律、方法和程序。"可是，这个"一般"却很难办到！有许多管理者把自己的经验总结为理论，但用于指导更多人的实践时，不是不系统就是出问题。原因是什么呢？"因为管理者的经验是局部的并且不容易向其它管理者或管理学生推广。"①

法约尔为什么把表达他管理思想的书名定为《工业管理与一般管理》？他认为"工业管理"是与泰罗的"科学管理"相通的地方，而一般管理就是他要提倡的地方。泰罗总结的是工业生产流程的管理，没有涉及流程以外的管理，很多人误解了管理的实质，总拿生产流程的管理当作组织普遍的管理，结果互相不能借鉴，从而否认了管理学的存在，否认了管理理论的共性。法约尔大声疾呼这个一般："大千世界几乎所有的领域，大的、小的、工业、商业、政治以及宗教，管理都发挥主导作用，且充当了非常重要的角色。"② 法约尔的"一般"意味着总结管理的基础、共性、原则。因法约尔概括一般性的管理理论，后来一些管理学研究者把法约尔看作现代管理理论的奠基人。

探索"一般管理理论"的现实原因是管理职能化趋势的要求。法约尔所在的时代，还没有职业化管理阶层，但法约尔已经察觉到管理走向的职能化，并认为管理人员走向职业化是企业组织活动的趋势。现在组织阶梯层次对管理和技术含量的要求体现了这一趋势。在组织的阶梯中，从底层到高层，是从对技术要求最强、对管理要求最弱，到对技术要求最弱、对管理要求最强。越到组织上层，管理的"一般"属性就越一致。从根本上说，是劳动分工导致了管理的职能化趋势："劳动分工不仅应用于技术工作上，也适用于其他一切工作，只要这些工作或多或少涉及到由多个人完成，或需要多种类型能力的，就都概莫能外。劳动分工的结果是职能专业化和权力分离。"③

法约尔自己也是从一名工程师逐步被提升为管理者，经历了对技术要求最

---

① ［美］丹尼尔·A. 雷恩：《管理思想的演变》，李柱流等译，中国社会科学出版社 1997 年版，第 239 页。
② ［法］法约尔：《工业管理与一般管理》，迟力耕译，机械工业出版社 2007 年版，第 1 页。
③ ［法］法约尔：《工业管理与一般管理》，迟力耕译，机械工业出版社 2007 年版，第 23 页。

强到最弱,以及对管理要求最弱到最强的过程。故他认为管理职能化的趋势是不可避免的,管理职能化最终将从技术职能化中分离出来,它是一体化企业获得经济效益所必需的方法。各个专业都有职能化的管理,只有协调各工种共同协作的"一般管理"才是管理的实质。

1.2.2 抽象与具体

法约尔的14项管理原则是他研究管理要素的基础。这些原则是用来指导实际工作的,其内容具有高度的抽象性,在运用时不能把它们当作死板的教条。早期的工厂管理实际上已经存在了一些管理原则,"法约尔的贡献在于把这些原则整理成理性认识"。由于目前的管理文献很多都是以法约尔的观点和术语为基础的,因而看不出法约尔的独创性,在他那个时代,法约尔的思想具有启发性,是管理发展史上的里程碑。①

对已经存在的管理原则进行概括,提炼普遍本质的过程是抽象的过程;对抽象原则规律性的阐释是理性具体的过程。哪些原则来自法约尔的首创已无从考证,但法约尔的思维方法可以通过其对管理原则的理性阐述被认识,这就是抽象与理性具体。

法约尔的抽象成果即他概括的管理14项原则,它们是:"一、劳动分工。二、权力与责任。三、纪律。四、统一指挥。五、统一领导。六、个人利益服从整体利益。七、人员的报酬。八、集中。九、等级制度。十、秩序。十一、公平。十二、人员稳定。十三、首创精神。十四、人员的团结。"②

法约尔的突出贡献在于他对原则的理性具体,他对权力、责任、公平、领导、分配等都做了理性具体化的阐释,这些阐释体现他发现理论所用的方法。法约尔对管理一般原则的理性具体可以概括为以下几个方面。

第一,区分管理的一般原则和权力的一般规则。

权力、等级制度是组织存在的必要条件,但管理"一般"等级不像政治组织那样遵照绝对的上下级关系,应注重横向交流。

法约尔对管理的贡献在于发现了管理中的权力和组织,并把这些区别于封建等级制度。在管理型组织中,等级链也是必需的,每个人都有自己的本来位

---

① [美] 丹尼尔·A. 雷恩:《管理思想的演变》,李柱流等译,中国社会科学出版社1997年版,第245页。
② [法] 法约尔:《工业管理与一般管理》,周安华等译,中国社会科学出版社1982年版,第23页。

置。他说:"人们熟悉物品秩序的规则;每件东西都有一个位置,每件东西都在它的位置上。社会秩序也同样:每个人都有一个位置,每个人都在它的位置上。"①

"等级链"当然不是法约尔发明,人类历史的政治统治都是通过等级链来完成的。权力在政治生活中当然是统治权,讲究的是下级对上级的绝对服从和忠诚。当政治没有走向科学时,政治的内容是对人性的摧残、对被统治者的武力和精神的管制。当政治走向科学时,决策民主化,围绕一个发展目标,走向那个目标的方法就有科学和不科学之分。最能有效地达到目标的过程被认为是科学的。

法约尔在管理"一般"理论上的突破是,在承认权力等级的基础上,寻找到信息交流的最佳方案。法约尔发现,对等级制度加以科学的改造,就能变为"一般"的管理方法,而不是原来的统治方法。法约尔的创新在于提倡从基层到高层的传输过程中,同平台的管理阶层的交流、反馈,从而把"等级链"建成一个保证实施管理的结构。

第二,"一般"管理包括优化组合。

泰罗提倡企业要挑选第一流的工人,法约尔只是换了一种说法:"淘汰没有工作能力的人。"管理的目标是追求最佳效率,因而要求合力最佳,让最佳人选进入工作岗位,这也是"一般"管理的要求。在"管理的原则要素"这一章中,法约尔明确提出了这一思想。

"为了使领导所在单位处于良好的状态,领导应该淘汰或建议淘汰那些不管什么原因而造成没有能力很好完成自己工作的人。这是重要的,常常又是艰巨的不可推卸的职责。例如,对一个地位高、受尊敬、受爱戴的老服务员来说,他做过许多工作,但他的工作能力不知不觉地减弱了,以致影响到企业的发展,这种人就应该淘汰。那么谁来当淘汰这种人的裁决者呢?谁来确定执行的确切日期呢?只有领导人才能承担这种工作,但是他却没有任何原则,任何规章可为他的职责作辩护。——领导是整体利益的裁决者与负责者,只有整体利益迫使他及时地执行这项措施。职责已确定,领导应该灵活地、勇敢地完成这项任务。这项工作不是任何人都能做到的。"②

---

① [法] 法约尔:《工业管理与一般管理》,周安华等译,中国社会科学出版社1982年版,第40页。

② [法] 法约尔:《工业管理与一般管理》,周安华等译,中国社会科学出版社1982年版,第109页。

只不过他很幸运，"淘汰没有工作能力的人"这一思想没有遭到有组织的工人的反对。而同时代的泰罗因提出"挑选第一流的工人"却遭到工会的反对和参议院的调查。

第三，"一般"管理应贯彻"公平"管理理念。

法约尔认为："在对待员工时，应该重视他们希望得到公平和平等的愿望，这些是应该在对待员工时重视的问题。为了尽量满足员工的需要，不要忽略任何原则，不要丢弃整体利益，企业领导应该经常尽己所能，努力使公平感深入各级人员的心中。"① 企业管理仅有公道是不够的，公道体现在契约关系中，而公平体现在给予员工机会的均等和契约外关系的公道行为。进而他解释道："为什么说公平而不说公道？公道是实现已订立的协定。但这些协定不能什么都预测到，要经常地说明它，补充其不足之处。为了鼓励其所属人员能全心全意和无限忠诚地执行他的职责，应该慈善地对待他。公平就是由慈善与公道产生的。公平不排斥刚毅，也不排斥严格。做事公平要求有理智、有经验并有善良的性格。在对待所属人员时，应该特别注意他们希望公平、希望平等的这些愿望。为了给予这些要求以最大的满足，同时又不忽视任何原则、不忘掉总体利益，企业领导应经常把自己最大能力发挥出来，努力使公平感深入各级人员。"②

第四，"一般"管理包括领导以身作则和服从整体利益。

法约尔解释说，个人利益服从整体利益的关键在于领导做好榜样。个人利益服从整体利益这条原则是说："在一个企业里，一个人或一些人的利益不能置于企业利益之上，一个家庭的利益应先于其一个成员的利益，国家利益应高于一个公民或一些公民的利益。似乎不必再以这条原则提醒人们了。然而无知、贪婪、自私、懒惰、懦弱以及人类的一切冲动总是使人为了个人利益而忘掉整体利益。这是一场要持久进行的斗争。现在在我们面前有两种不同范畴但却同样重要的利益，要尽力把它们处理好，这是政府方面最大的难题之一。成功的办法是：（1）领导人的坚定性和好的榜样；（2）尽可能签定公平的协定；（3）认真的监督。"③

第五，领导者除了达到道德层次的要求外，还应具备能力层次的"一般品

---

① ［法］法约尔：《工业管理与一般管理》，迟力耕译，机械工业出版社2007年版，第39页。
② ［法］法约尔：《工业管理与一般管理》，周安华等译，中国社会科学出版社1982年版，第41页。
③ ［法］法约尔：《工业管理与一般管理》，周安华等译，中国社会科学出版社1982年版，第29页。

格"。

所有的管理人员都应该具有下列的品质和能力：

1. 身体条件：健康，精力充沛，谈吐清楚。
2. 智力条件：具有理解和学习的能力、判断能力、精神饱满和适用能力。
3. 精神条件：有干劲，坚定不移，愿意承担责任，主动，忠诚，刚毅，有尊严。
4. 全面教育：一般地熟悉不完全属于所执行的任何职能的问题。
5. 特别的知识：任何职能所特有的知识、技术的职能、商业的职能、财政的职能、管理的职能，等等。
6. 经验：从本质工作中获得的知识。这就是把个人从工作中获得的教训加以整理。①

对管理人员"一般品格"的要求是法约尔理想化模式，似乎带有法国资产阶级优越感，普通人难以达到这些条件。任何领导者都有能力缺陷，追求全才是不可能办到的。只要各种人才在组织中互补，以合作的方式就能弥补个人能力的不足。

第六，"一般"管理仅仅是共性的管理方法，不应包括分配方法。

泰罗明确提出计件工资，要求业主拿出一定比例的利润，或以分红的形式分发给第一流的工人，以刺激生产。而法约尔则反对工人分红，认为分红混淆了资方与劳方的区别。显然，法约尔是站在资产阶级的立场来讨论企业的分配问题。他说："工人——让工人参与分红的想法非常诱人，似乎是从这里应该得到劳资的协调。但这种分红的实际可行的办法还没有找到。在大企业里，至今工人参加分红总是遇到执行上的不可克服的困难。首先，我们注意到分红不能存在于那些事业单位（国家机关、宗教团体、慈善事业、科学学会），也不可能存在于经济亏损的企业。因此就排除了一大批企业进行工人分红。剩下来，在经济繁荣的企业里，调解和谐企业和雇主的利益的愿望以法国煤矿与冶金企业最为强烈。然而在这些企业里我没有见到过明确地实行工人分红。我们可以断定：工人分红非常难以实现，甚至不可能。事实上也很困难。总之，分红是一

---

① ［美］丹尼尔・A. 雷恩：《管理思想的演变》，李柱流等译，中国社会科学出版社1997年版，第239页。

种酬报的方法，在某种情况下可以得到良好的结果，但不是普遍的解决办法。"①

1.2.3 灵活性原则

管理的一般原则虽然是基础性的原则，但实践者运用这些原则指导实践却要根据情况作出调整。法约尔对一般管理原则的适用范围和原则的灵活性做了解释："管理职能只是作为社会组织的手段和工具。其他职能涉及原料和机器，而管理职能只是对人起作用。社会组织的健康和正常活动取决于某些条件，人们将这些条件不加区别地称之为原则、规律和规则。我更喜欢用原则这个词，但应使它摆脱死板的概念。在管理方面，没有什么死板和绝对的东西，这里全部是尺度问题。我们在同样的条件下，几乎从不两次使用同一原则，因为应当注意到各种可变的条件，同样也应注意到人的不同和注意许多其它可变的因素。

因此，原则是灵活的，是可以适应于一切需要的，问题在于懂得使用它。这是一门很难掌握的艺术，它要求智慧、经验、判断和注意尺度。由机制和经验合成的掌握尺度的能力是一个管理人的主要才能之一。管理的原理可以有很多，并无限度。所有的加强社会组织或便利其发挥作用的管理规章和程序都属于原则，至少只要经验证明其够得上这个高度评价时，它就属于原则。事物状态的变化可以引起规章的变化，因为后者是由前者决定的。"②

可以分析出，法约尔把原理原则的各个方面看作是相互联系的。因"劳动分工"才会引发管理的"一般原则"。要使分工产生整体效益，必须有"权力与责任""纪律""统一指挥""集中""等级制度""秩序"。要使整体利益最优，必须使个体的需要得到相对"公平"的满足，必须考虑"个体利益与整体利益""人员的稳定""首创精神"和"人员团结问题"。这14个方面最能体现法约尔的创新的是"统一指挥""等级制度"和"首创精神"。其他方面他也赋予了新的内涵。

法约尔"管理的一般原则"不再局限在生产流程的效率管理上，涉及组织从生产到分配的各个方面。法约尔的"管理的一般原则"实质上是指管理所涉及的范围，它不是一个特殊的生产范围，而是包括生产在内的组织系统范围。

---

① ［法］法约尔：《工业管理与一般管理》，周安华等译，中国社会科学出版社1982年版，第35页。
② ［法］法约尔：《工业管理与一般管理》，周安华等译，中国社会科学出版社1982年版，第23页。

法约尔在"管理的一般原则"的基础上提出了"管理的职能",即"管理的要素"。"管理的一般原则"和"管理的职能"之间的区别是:前者涉及管理的范围和要求,后者涉及工作的内容。法约尔对"管理职能"(管理的要素)的解释是:

"管理,就是实行计划、组织、指挥、协调和控制;

计划,就是实行探索未来、制定行动计划;

组织,就是建立企业的物质和社会的双重结构;

指挥,就是使成员发挥作用;

协调,就是连接、联合、调和所有的活动及力量;

控制,就是注意是否一切都按已制订的规章和下达的命令进行。

因此可以理解,管理既不是一种独有的特权,也不是企业经理或企业领导人的个人责任。它同别的基本职能一样,是一种分配于领导人与整个组织成员之间的职能。很重要的一点,是不要把管理同领导混淆起来。领导,就是寻求从企业拥有的所有资源中获得尽可能大的利益,引导企业达到它的目标,就是保证六项基本职能的顺利完成。"①

现代管理学的理论,基本上沿袭了法约尔的"一般管理"理论。对于"管理的一般原则"的阐释,一派按照科学理性来阐释,一派按照艺术原则来阐释。前一派认为管理是一种科学,后一派认为管理是一种艺术。无论是哪一派,都在继续追求这种"一般"的共性,把这种共性当作一般的管理原理。两派对管理职能("要素")的认识基本趋于一致,都认为管理是实行计划、组织、指挥、协调和控制。但对怎样实施计划、组织,则争论不一。

1.2.4 借鉴"一般管理"应注意的问题

法约尔的"一般管理"思想在当时并没有多大的影响力。雷恩是这样来评价法约尔的著作在当时被人忽视的情况:"一个人活着的时候,历史很难对他的贡献作出全面的估量。在为一些人撰写墓志铭时,考虑的不够、不成熟,不能全面地肯定他们,后来又增加一些对他们的评价。"事实上也是如此,法约尔死后,他的著作才具有影响力。法约尔在晚年(1918年退休,1925年逝世)成立了一个行政管理研究中心,旨在推广"法约尔主义"。在他逝世前不久,这个中心同法国"泰罗主义"研究中心合并,成立了法国组织全国委员会。从名字上

---

① [法]法约尔:《工业管理与一般管理》,周安华等译,中国社会科学出版社1982年版,第5页。

看是研究组织的中心。法约尔的思想对我国管理实践有一定的影响,我们应对此有所反思。

第一,注意管理人员的知识结构合理性。

法约尔的"一般管理"承认技术专家在提高效率中的作用,但这一作用不能滥用到"一般管理"上来。有技术水平不等于有管理水平。在组织的整体性上,管理水平比技术水平更重要。局限在生产流程的速度管理不一定适合于企业系统。在今天人们也未必理解法约尔这一思想。如人们头脑中的"外行不能领导内行"这一观点,就是忽视了管理的一般适用性。对于具体操作,是这样,只有内行懂门道,外行的瞎指挥是毫无道理的。对于系统管理却不是这样。管理要协调多种"内行",不仅仅是一个行业的"内行"。因此,一般性的管理超越了行业和分工的限制。1908年法约尔为冶金工业协会准备了一篇论文,明显表达了"一般管理"的作用。他认为,在企业活动中的"一般管理"没有被完全理解,人们往往倾向听信于技术专家的意见;而技术专家的意见有可能因缺乏管理的知识和程序而在实践中行不通。"对于一个企业而言,一个管理能力不错而技术平庸的人一般要比一个技术出色而管理能力平庸的领导人要有价值得多。"① 法约尔这一思想,40年之后才被美国人理解,现在才被我国认同。在某些方面我国还在犯技术专家治国、治省、治厂的错误,而缺乏"一般管理"的方法。

事物都是辩证的,技术专家可以成为管理者,但认为只有技术专家才可以成为管理者却犯了形而上学的错误。管理的智慧是在实践中诞生的,是在解决问题的众多头脑中脱颖而出的,可能产生于技术人员、财务人员、内勤人员的头脑,也可能产生于领导者的头脑。

第二,法约尔对领导者应具备的"一般品格"的分析可能导致重文凭的形式主义。

即使领导者具备"一般品格",有学历也具有一定的经验,但也不能证明他会管理。从我国已有的实践事例上看,历史曾把很多拥有文凭却缺乏管理水平、不适合在领导岗位上的人推上了领导岗位。这些人按照机械程序办事,给下属造成了一些伤害。只有战争管理和球队管理不认这些形式规则,合适者居其位。

第三,慎用能者管理的思想。

法约尔具有明显的能者居管理之位的思想。(可能与他本人是能者,又属于

---

① [美]丹尼尔·A. 雷恩:《管理思想的演变》,李柱流等译,中国社会科学出版社1997年版,第237页。

统治阶级这一阶级属性有关）。能者管理在工商企业当中是普遍的信条，具有广泛的适应性。但是，在社会管理中能者管理未必行得通。社会不排斥非能者，凡能者和非能者都要有生存的空间和管理权力。在法约尔之后，美国人对能者管理的思想进行了广泛的研究。他们讨论了诸如领导人实行权力的法律手段是什么，领导人能否根据能力挑选出来，以及多数授权和少数授权的合法性问题。齐诺克和罗尔斯广泛讨论了授权问题。罗尔斯赞成多数人授权，而齐诺克明显反对多数人的授权，认为它同历史上的少数人的授权一样是不科学的。齐诺克实质上继承了法约尔的能者管理思想。理论尽管有争论，美国在社会管理中已经抛弃了能者统治的思想。美国人宁愿找个智商中上的人当总统，这样既可以防止社会知识的分化，又可以制约能者当总统。在我国能者管理的思想有一定的市场，这一思想需要接受新的检验。

1.3 结构主义管理方法

克劳德·小乔治在《管理思想史》中甚至都没有写韦伯的管理思想，雷恩的《管理思想的演变》论及韦伯的官僚集权制思想，粗略提了下韦伯组织理论对巴纳德组织研究产生的影响，但也没有论及这一理论的后来发展。西方的管理思想重点思考的是可实证的能以效率来衡量的管理，如企业管理。其实韦伯考虑的是社会效率，其《社会和经济组织理论》不仅论述了一般社会组织结构，还论述了经济组织结构。其理论针对包括经济组织在内的社会组织。泰罗、法约尔的科学理性可以直接与实证、抽象联系起来，韦伯其实也是科学理性，不过对科学理性的追求方式不同，他是用结构主义①的思维方法来解决企业管理问题。

1.3.1 寻求结构

韦伯②对经济组织的研究有两个理由：一个是受"新教伦理"的精神支撑，

---

① 英国学者格里斯利在《管理学方法论批判——管理理论效用与真实性哲学探讨》（刘庆林译，北京：人民邮电出版社2006年版）对管理思想的结构主义做了简单介绍。结构主义从解释学发展，认为社会事件是通过潜在的结构在起作用，识别了这些结构，自然就能认识现象和本质。

② 马克斯·韦伯（Max Weber，1864—1920）与泰罗和法约尔生活在同一个时期，出生在德国一个有着广泛社会和政治联系的富裕家庭。韦伯是一位学识广博的学者，在社会学、宗教、经济学和政治学方面都有很深的造诣。

想用一种理性引导经济组织；另一个是因对美国与德国经济组织的比较研究，引发建立"官僚集权制"的想法。据雷恩介绍，韦伯于1904年应邀参加了在美国圣路易斯召开的信仰社会学的一个会议，有机会实地考察美国的资本主义。他看到的美国与德国的经济有所不同，美国的制造业和通讯、交通结成了网络，得到了一体化的发展。大型企业依托交通、通讯而发展，交通、通讯依靠企业来供血。在德国大规模的企业仅仅限于化工、冶金和机械制造的联合上，并且形成了垄断的局面，政府似乎还没有意识到垄断的危害。美国虽然也形成了垄断，但政府干预严重，美国曾一度形成反托拉斯法，鼓励竞争而反对垄断。韦伯把看到的这种自由竞争的精神比作新教伦理下的资本主义精神的主旋律。①

继而韦伯围绕着经济组织的矛盾思考一系列的问题：大型企业是否需要垄断性的卡特尔？在资本主义社会里，是否可以形成大型组织并遵照市场竞争的规律来经营？这些大型组织能否理性而系统地运行？② 说得更为具体点，就是这些大型组织如何走出对资源和市场的垄断为社会做贡献？这些问题也是我们国家目前所要考虑的问题。

韦伯找到的答案是官僚集权。意思是通过设立官职或者职位来进行管理，不是通过个人或者世袭来进行管理。③ 韦伯受到了美国和托拉斯组织的互动影响。美国对垄断有着深刻的仇恨，因为清教徒背弃英国来到美国的精神支柱之一就是反皇权的垄断，延伸到经济领域就是反经济的垄断，这一精神一直延伸到今天，微软公司也曾被起诉，欲被裁为两截，培养一个对手来与其竞争。美国的篮球联赛不会让一个球队永远赢，最厉害的球队没有选新秀的优先权。这就是美国新教伦理的精神。韦伯当年看到的美国新教伦理精神，激发了他对德国管理模式的思考。当时德国的情况与美国不一样，德国的卡特尔不用担心政府的干预，由于垄断，他们根本没有竞争对手。这使韦伯很不安，他从社会发展的理性出发，思考这样的问题：在以市场导向为基础的资本主义社会里，是否需要卡特尔垄断组织，如果允许它存在，能否用一种机制来约束它，让它以竞争者的身份而不是以垄断者的身份出现。对于经济组织来说，可以制约其垄断行为，对于教会、政府，是否也可以用一种机制来制约其行为？经济集团的

---

① ［美］丹尼尔·A. 雷恩：《管理思想的演变》，李柱流等译，中国社会科学出版社1997年版，第254页。

② ［美］丹尼尔·A. 雷恩：《管理思想的演变》，李柱流等译，中国社会科学出版社1997年版，第254页。

③ ［美］丹尼尔·A. 雷恩：《管理思想的演变》，李柱流等译，中国社会科学出版社1997年版，第255页。

垄断引发了韦伯对组织问题的深入思考,他想设计一个合理的经济体制来使经济组织健康地运行。韦伯设计了权力和组织活动之间的关系,运作这些关系就可以实现组织的目标。

1.3.2 最佳结构

韦伯发现,任何一种组织都是靠行使某种权力才得以达到组织目标。权力能消除混乱,带来秩序。韦伯认为,在人类历史上有三种被社会接受的权力种类,也可以叫作三种合法的纯粹的形式(pure types of legitimate authority)。之所以"合法",因为它们在一定历史时期被社会所广泛接受,具有权力建构的基础。① 这三种是:

(1)合理性基础上的权力,诸如依照法律来发布命令或者依靠权力地位来发布命令;

(2)传统形式的权力,依靠古老的传统的习俗来行使的权力;

(3)魅力型(charismatic)权力,以尊严、英雄主义品格、信仰为基础行使权力。②

第一种相当于省长、厂长行使权力,权力建立在法律的基础之上;第二种相当于族长、酋长行使权力,权力建立在传统的习俗基础之上;第三种相当于主持、教头、会长、偶像行使权力,权力建立在宗教和崇拜基础之上。如果用这种理论回视中国封建社会的话,合理性权力居首,传统习俗权力次之,魅力型权力再次之。

之所以叫"纯粹的形式"(或理想类型),韦伯的解释是:"在历史上没有任何一个真正以'纯粹'的形式出现过,这当然像平常一样,并不影响以尽可能纯粹的形式来确定概念。"③ 雷恩对韦伯"纯粹的形式"之意也做了解释:"在实践中出现的,可能是各种组织形式的联合或混合物,但韦伯想确定一种形式的特性是出于理论分析的目的,这一模型可以使小规模的企业向大规模专业

---

① 韦伯对"合法性"的解释可以归为两点:第一,某一权力模式体现了一定时期生产方式,满足了被统治者的经济和其他要求;第二,合法建立在人们信仰的基础上,认为某种权力模式是合法的。(参见[德]马克斯·韦伯:《经济与社会》(上册),林荣远译,商务印书馆1997年版,第238—240页)

② Max Weber. *The Theory of Social and Economic Organization*. tr. by A. M. Henderson and Talcott Parsons. Oxford: Oxford University, 1947. p. 328.

③ 马克斯·韦伯:《经济与社会》(上册),林荣远译,商务印书馆1997年版,第242页。

化管理过渡。"① 这一"过渡"就是在经济组织中引进官僚集权制。

合理性的权力，依赖法律所建立起来的等级制度来维系，是上级对下级行使权力。这种权力存在于企业、政府机关、军事单位等。这种权力的"合法性"依靠职位的等级来规定，由职务决定了权力的等级和服从关系。传统形式的权力靠信仰、崇拜来维系，它来源于早期的神职权力。在亚洲的一些政教合一国家，传统性的权力超过了合理性的权力。魅力性的权力，靠个人的魅力来维系，在我国居于重要地位。个人往往因为具有魅力、威信被正式组织考察后被委以重任。在一定的程度上，有威信有魅力的人对合理性权力职位的人构成重大威胁。

在上述三种的纯粹权力的形式中，韦伯认为，只有合理性权力既合法又合理，它是建构当前和未来组织形式的理论根据。因为：

"（1）它为管理的连续性提供了基础；

（2）它是合理的，担任管理职务的人是按照他能完成任务的能力来挑选的；

（3）领导人具有行使权力的法律手段；

（4）所有的权力都有明确的规定，而且是按照完成组织任务所必需的职能加以仔细划分的。

对比之下，传统形式的权力不那么有效，因为领导人不是根据能力来挑选的，而且这种组织还维护过去的传统。同样，魅力型权力太感情用事和太不合理了，因为它回避规章和程序。"②

有了理论根据，下一步该是建构最佳的组织结构。韦伯的"官僚集权制"（科层制）就是他要倡导的最佳组织结构。韦伯设立的"官僚集权制"（科层制）是这样的一番情形：

（1）实行管理分工，明确规定每个管理人员的权力和责任，并把权力和职责岗位化和合法化；

（2）各种公职或者职位按照权力等级组织起来，形成一个指挥链条；

（3）根据正式考核或者训练、教育或获得的技术资格来挑选组织中所有的成员；

（4）所有的公职人员都是任命的，不需要选举；但公共关系负责人通过选

---

① ［美］丹尼尔·A. 雷恩：《管理思想的演变》，李柱流等译，中国社会科学出版社1997年版，第255页。

② ［美］丹尼尔·A. 雷恩：《管理思想的演变》，李柱流等译，中国社会科学出版社1997年版，第256页。

举产生；

（5）行政人员领取固定的薪金，他们是专制的公职人员；

（6）行政人员不是他所辖的那个企业的所有者；

（7）行政人员要遵守有关他的官方职责的规定、纪律和约束。这些规则不应以个人情感而改变，而应适于所有的情况。①

可以看出韦伯和泰罗在科学理性上具有相似之处，他们两个都认为管理意味着在知识基础上行使控制。② 管理应建立在科学的基础之上，不是靠人的主观臆断。泰罗设立科学管理的三条规则，韦伯则构想出"官僚集权"组织理论。

从现实的根据来说，韦伯提出"官僚集权制"组织理论，目的是为了制约经济组织的垄断，免得这些组织对整个社会造成危害。他明显摆脱了柏拉图的"理想国"和马基雅维利君主权力论的影响，走向了现实的官僚管理制度的研究。在韦伯所提倡的合法性统治的官僚制里，"官员们"已经不再是封建等级意义上的君臣关系；"官员"合法性的基础是知识和能力，而不是拥有财产的依据。官员们的情况应该是这样：

1. 个人是自由的，仅仅在事务上服从官职的义务；

2. 处于固定的等级制度之中；

3. 拥有固定的职务权限；

4. 根据契约受命，即（原则上）建立在自由选择之上；

5. 根据专业业务任职资格任命——在最合理的情况下，通过考试获得的、通过证书确认的专业业务资格；

6. 采用固定的货币薪金支付报酬，大多数有权领取退休金。诚然，在某些情况下（尤其在私营企业里）组织方面有权解聘，不过官员方面也总是有权辞职的；薪金首先依照官价的等级分级，同时也根据职位的责任，此外，还根据身份地位的原则；

7. 把他们的职务视为唯一的主要的职业；

8. 可看清自己的前程：职务升迁根据年资或政绩，或者两者兼而有之，取决于上司的评价；

---

① Max Weber, *The Theory of Social and Economic Organization*. tr. by A. M. Henderson and Talcott Parsons, Oxford: Oxford University, 1947. pp: 329—333. （参考［美］丹尼尔·A. 雷恩：《管理思想的演变》，李柱流等译，中国社会科学出版社1997年版，第257页）

② ［美］丹尼尔·A. 雷恩：《管理思想的演变》，李柱流等译，中国社会科学出版社1997年版，第256页。

9. 工作中完全同'行政管理物资'分开，个人不得把职位占为己有；

10. 接受严格的、统一的职务和纪律监督。①

如果行政人员在企业工作，薪金来自何处？它是来自政府还是所工作的企业？韦伯著作未曾明说，韦伯的侧重点在于论述经济组织与官僚集权制的融合，毕竟设计的是一种纯粹的形式，可能忽略了工资来源的论述。这一问题对我国来说却是很重要，如果企业公职人员的薪金来自企业，有可能站在企业立场工作，其社会公职属性可能被侵蚀掉，如果来自政府，则形成较强的制约关系。不论工资的来源，韦伯在经济组织设立官僚集权制"行政管理班子"的思想是明确的，在论述官僚集权制中官员们的情况的时候，就提到了企业官员与业主的关系［见上文"官僚集权"解释中的（6），见下文官员们情况（6）］。韦伯说："这种制度（指'借助官僚体制的行政管理班子进行的统治'），在赢利经济的企业里，或者在慈善机构或者任何其它追随个人的思想目的或者物质目的的企事业里，以及在政治的或者僧侣统治的团体里，都同样可以应用，而且在历史上（或多或少明显地接近这个类型）也是可资证明的。"②

1.3.3 制约关系

韦伯的社会管理思想反映了德国工业革命的进程。德国步英国之后，工业化的进程迅速。但也存在问题，工业发展的方向受到了德国家族体制的限制。即使经济组织趋向一体化，却形成了家族垄断。英国先前曾有过这种情况，斯密的办法是从经济体制内寻找办法，提倡自由竞争和贸易。他以为有了竞争，家族制的垄断就不攻自破。韦伯则从体制的制约方面来解决问题。他认为只要形成制约体制，经济组织的垄断就会消除，自由竞争才能得到保护。雷恩对韦伯这一方法有过分析："马克斯·韦伯试图摆脱传统的和神授的领导和组织，他试图为权力建立一个合理合法的基础，以及为挑选人员和进行各种活动作出秩序的安排。"③ 从纯技术观点来看，建立官僚集权式的制约关系是能够防止经济组织的垄断，并且官僚集权式组织是能够取得最大效益的。撇开制约垄断和整体效率目的，从社会转型和进化的角度，建立"官僚集权制"的制约关系也是必要的。当人从农业社会转向工业社会以后，原有的散漫习气在组织中仍然存

---

① 马克斯·韦伯：《经济与社会》（上册），林荣远译，商务印书馆1997年版，第246页。
② 马克斯·韦伯：《经济与社会》（上册），林荣远译，商务印书馆1997年版，第246页。
③ ［美］丹尼尔·A. 雷恩：《管理思想的演变》，李柱流等译，中国社会科学出版社1997年版，第259页。

在，对人进行必要的控制是合理的手段。

韦伯认为，使组织结构合理性的主要手段是建立体制上的制约关系。韦伯和斯密的目的相同，都是制约垄断和提高整体效率。斯密用的是纯经济方法，韦伯是经济与政治相结合的方法。① 韦伯认为这两者结合才能效果最佳。

"任何合理的政策，在手段上都利用经济的取向，而且任何政策都可以服务于经济的目的。同样地，虽然在理论上不是任何经济，但是我们的现代经济，在我们的现代条件下，需要通过国家的法律强制来保证支配权。也就是说，通过可能采用暴力的威胁以期获得和贯彻对形式上合法的支配权的保证。然而，这种由暴力保护的经济不是暴力。在稳定性、精确性、可靠性等方面，它比其他组织形式显得优越。"②

德国处在一个由家庭企业解体朝大企业崛起的关键时期，韦伯作为一个敏锐的思想家提出了国家干预经济的思想。有人把它比作德国的亚当·斯密。③亚当·斯密认为，社会分工是生产力逐步提高的原因，分工带来劳动效率的提高，分工带来城市化的发展。财产增加的方式是靠资本的流通和贸易，及土地的自然产物。要发展一国的财富就要鼓励自由贸易，通过它提高生产力。自由贸易的思想符合资本主义精神，韦伯十分欣赏这一点，怎么样也不能让经济垄断组织来破坏自由贸易。韦伯发现，在新的经济组织中出现了类似旧传统的封建垄断，对此他提出政治控制。以技术能力和知识能力的官僚集权来取代老式的家族基础上的垄断，改变权力的结构形式，实现资本主义发展的宏伟蓝图。

韦伯认为，合理的结构能够让富者有信心，但能抑制富者更富。韦伯提倡在经济体制中引进"官僚集权制"的目的在于抑制德国的经济垄断。因为企业中的"行政人员不是他所辖的那个企业的所有者"，行政人员就可能站在社会多数人的立场来协调业主和社会的经济利润。这样，富人垄断资源和价格的现象就可以避免。但是，"官僚集权制"必须控制在一定的幅度，否则会让想发财的人没有动力。韦伯也担心采用官僚集权体系抑制企业垄断，会让一心想发财的野心家止步。对此他也有疑惑：一想到有那么一天，这个世界除了那些致力于成为大人物的小人物，想要别人一无所有，就让人不寒而栗。……而这种官僚

---

① [美]丹尼尔·A.雷恩：《管理思想的演变》，李柱流等译，中国社会科学出版社1997年版，第258页。
② [德]马克斯·韦伯：《经济与社会》（上册），林荣远译，商务印书馆1997年版，第86页。
③ [美]丹尼尔·A.雷恩：《管理思想的演变》，李柱流等译，中国社会科学出版社1997年版，第258页。

集权的情绪足以让一个人绝望。① 不过韦伯的目标不是让所有人都满意，他的阶级倾向仍然是资产阶级立场，只是不想让富者成为垄断寡头。在有差别的社会里让官僚集权组织朝系统化、理性化的方向发展。

从深层次分析，韦伯研究经济与社会所用的哲学方法与结构主义思维是基本一致的。从时间上分析，结构主义的理论形态在20世纪60年代才被莱维－施特劳斯等哲学家系统总结。但结构主义思维早就出现了，韦伯的管理理论的方法论就是早期结构主义思维形式之一。严格地说，结构主义还不是一个哲学流派，它是一个研究方法。这种方法，也被广泛应用于语言学、社会学、历史学和文学理论等不同的领域。结构主义提出了一系列有新含义的概念，这些概念包括结构、秩序、系统、关系、整体、记号、模型、无意识结构等。② 结构主义认为关系由一定的结构所决定，关系决定要素，关系对于要素来说有优先的重要性。结构就是一种创造，把要素按照一定的规则排列组合形成新的关系。对事物新的关系的建立就是建立一个新的结构，建立新结构就是建立新秩序。科学探究的目的就是寻找要素之间的内在结构。从这个意义上说，结构主义方法就是科学理性方法。

韦伯不自觉地领悟到了结构对于组织合理性的重要意义。合理的结构既是生态平衡的基础，也是社会理性发展的基础。在自然界，植物和食草动物是对立的二元，这两者之间并不构成稳定的结构，必须有一个中介食肉动物。如果没有食肉动物，食草动物和植物之间不构成稳定的生态平衡，一段时间植物在一定区域被消耗殆尽，接下来是食草动物的大量饿死，要等下一轮植被的出现，才能有食草动物数量的回升。许多物种在这种不稳定的结构中将会被淘汰。但有了食肉动物的第三元，形成了稳定的三元结构，使生态平衡处于一种稳定的状态。韦伯的"官僚集权制"实质上提倡的是经济体制的三元制约结构。企业和顾客是对立的二元关系，这两者如果没有第三元的参与，其后果也是难以控制的。企业和顾客关系的第三元就是政府。在韦伯那里就是经济组织中"科层制"官员。政府、企业、顾客形成稳定的社会经营三元结构，便由此演化出生产动态的辩证法。虽然韦伯的著作里没有用"结构主义"等词来论证其哲学方法论。但"官僚集权体制"确实体现了企业、社会、政府的相互制约的结构主义思维。韦伯是早期"三元结构"理论的天才萌芽。虽然企业没有实行行政组

---

① ［美］丹尼尔·A. 雷恩：《管理思想的演变》，李柱流等译，中国社会科学出版社1997年版，第258页。
② 杨伍栓：《管理哲学新论》，北京大学出版社2003年版，第30页。

织的官僚集权制（科层制），但三元结构，各国政府都自觉或不自觉地认可和运用了。

1.3.4 "官僚集权制"

韦伯在经济组织中实行"官僚集权制"的想法至今也没有实现，因而被认为是理想模式，但通过考试选拔公务员、公职人员必须具有技术资格的理论却被社会所认可。当然这些并不是韦伯所发明的，英国资产阶级革命已经有了这个先驱。英国资产阶级革命以后，地方行政首脑经过选举产生，但不是终生的。公务员经过考核和任命，是终生的。韦伯的创新在于，他把英国模式和经济组织的存在问题联系起来，发明官僚集权的关系模式。韦伯很乐观地看待了这一体系，认为官僚集权组织体现了理想的行政管理体系。

经验表明，纯粹的官僚集权式行政组织——各种独裁式的官僚集权组织——从技术的角度来看是能够取得最大程度的效率的。从这种意义上讲，这种组织对人进行必要的控制是必要的，也是合理的。在目标性、稳定性、纪律性和可靠性等方面，它比任何其他形式都要优越。它使组织负责人及相关人能对组织的结果作出十分精确的估计。归根结底，这种组织在效率和范围上都比其他组织优越，而且能正式运用于各种行政管理的任务。①

小　结

泰罗的"科学管理原理"受机械论（还原论）、比较方法论的影响，把效率建立在实证的基础之上。泰罗用机械主义的方法解决作业流程问题，用比较的方法来解决经济管理中企业挑选工人和激励工人的问题。总之，泰罗的方法体现了分析归纳、效率至上、可实证的原则。

法约尔发现个别经验不可取，但通行的原则是可以贯通的，故他留意的是"一般"的管理问题。他对管理实践中的方法进行抽象和理性具体，形成一般性的基础性的管理理论。在实践中他提倡运用基础性的理论要注意整体性和灵活性。

韦伯的方法扩展了科学理性的内涵，对管理思想的探索除了实证和抽象之

---

① Max Weber. *The Theory of Social and Economic Organization*. tr. by A. M. Henderson and Talcott Parsons. Oxford：Oxford University，1947. p. 337.

外，还可以追求一种合理的组织结构来实现效率。韦伯追求的是社会效率，探索的是经济组织之间的结构关系。他以解决经济组织的矛盾为出发点，研究并论证合理性权力（官僚集权制）对组织结构的重要性，认为维护组织合理性的方法是建立组织的制约关系，市场、企业和官僚集权体制是保证组织健康运行的制约性结构。

现代西方管理思想科学理性方法源自泰罗、法约尔、韦伯的研究方法，在随后的行为科学阶段，这一方法被辩证地否定，在管理思想的丛林化时代融入决策、系统等学派之中，没有作为一个独立的方法论被提出来。科学理性方法具有一定的现实意义，但借鉴科学理性方法应根据我国的实际情况。

第 2 章　解决劳资矛盾的社会分析理论与超越

一个社会在谋求技术的进展之外还要获得每一个有效的参与和合作。

——梅奥

最优秀的领导者知道如何使他的追随者感受到自己的权力，而不仅仅是承认他的权力。

——福利特

学科发展往往有惊人的相似，在批判谬误中发展真理。管理思想在经历了"经济人假说"之后，一个霍桑试验对"经济人假说"提出了质疑，开创了新的管理思维的时代，雷恩把它称之为"社会人时代"。理论总是不完善的，这是真理之路。"科学管理原理"在争论中被业主接受，其运作不到 15 年，梅奥等人从霍桑试验中意外发现了科学方法解释不了的人的行为。继而对管理研究的自然科学方法进行反思，反对科学技术决定论和纯经济手段，提出运用社会分析方法研究企业管理，福利特把社会分析方法进一步理性具体。

2.1　人际关系理论与超越

霍桑试验用物理学方法寻找提高工作效率的手段，结果事与愿违，发现物理因素对工作的影响微乎其微，对工作效率影响最大的是组织和个体的关系。霍桑试验是管理史上第一次方法论试验，其结果带来了管理思想和方法论的革命。

2.1.1　社会分析方法"步入正统"

1924 年美国国家科学院工业照明委员会，欲用自然科学研究的办法帮助企业提高工作效率，决定在西方电气公司的霍桑工厂进行科学研究（即霍桑试验

Hawthprne Experiment），最初是想弄清楚照明度对工作效率的影响以及弄清楚什么样的工作环境是试验工人的最优环境。这个试验的理论前提是来自工业心理学的环境假设：适宜的环境因素能提高效率。历时八年的霍桑试验的结果与原初设计的愿望大相径庭："产量的上下浮动与照明度没有直接的关系"①，产量与企业的非正式组织、士气有直接的关系。

试验的结果虽然与研究设计相反，但结果却具有重要意义，它开启了管理思想研究方法的革命之门，管理思想中机械决定论被辩证地否定，社会分析方法被管理学正视。

现代西方管理思想社会分析方法的出现与霍桑试验所发现的"测不准原理"直接相关。生产效率受各种因素影响，撇开社会因素和其他自然因素单独测量照明强度对工作的影响是测不准的。"测不准原理"作为方法论被管理理论界所接受，并进一步推论出单独考虑社会关系的某一要素也是测不准的。

科学之路往往是偶然中发现必然，必然中体现偶然。管理思想方法论的过程亦是如此。霍桑试验本来从纯技术线路出发，预计能找到提高效率的技术答案，结果以"测不准原理"和放弃技术决定论的思维而结尾。

"测不准原理"是量子力学的一个基本原理，由德国物理学家海森伯于1927年提出。海森伯的测不准原理得到了波尔的支持，波尔把"测不准"定位在微观粒子的波粒二象性，提出著名的互补原理。波粒二象性在单一的实验场景下，互相不能成为参照系，否则是测不准的。波粒二象性虽然矛盾，却是描写基本粒子状态不可缺少的互补现象。

科学研究受物理决定论和还原论的影响至深，在研究某些现象时，往往把要素还原成简单的要素，试图找到必然的联系。这在大部分自然科学中，尤其在描写宏观现象时往往是成功的，也解释了部分的社会科学。但是，社会科学之中，同一概念的内部本身就是互补的关系，不可能用单一的思维来理解其内在的必然性。比如生产和消费，单一要素的理解都是不全面的、形而上学的，互补性、制约性、转化性的理解才能反映其辩证的关系。霍桑实验从技术决定的模式出发，失望之后，转向心理学的研究，发现人的社会性因素是影响效率的关键因素，自然因素和经济因素是不确定的，测不准的。

雷恩认为，霍桑试验的结果是暗示着号召人们掌握一种综合性的管理技能。"这些技能包括：第一，理解人类行为的诊断能力；第二，对工人进行咨询，激

---

① ［美］丹尼尔·A. 雷恩：《管理思想的演变》，李柱流等译，中国社会科学出版社1997年版，第309页。

励、引导和信息交流的人际关系技能。要处理好霍桑工厂所发现的行为，单只有技术方面的技能是不够的。"① "单有技术方面是不够的"这句话，总结了梅奥②对自然科学方法的看法。

梅奥发现并认为自然科学方法应用于管理研究并不适合。1933年他总结了试验小组的研究成果，出版了《工业文明的人的问题》，1945年出版了《工业文明的社会问题》，抛弃了单纯研究物质要素投入和程序计算的办法，提倡从人的社会性方面来研究生产管理。他明确具有如下方法论思想。

第一，反对科学技术决定论。

自然科学的成就使得其研究方法被社会科学、管理科学所效仿。但是，只有在狭小的空间里，这种追求技术精确性的方法才起作用。片面追求技术的作用，蒙蔽了人们洞察人性的视线，助长了追求技术的负面作用。梅奥对自然科学方法的局限性有过这样的分析：

"当我们从已有成就的科学——化学、物理、生理学——转到没有成就的科学——社会学、心理学、政治学——我们无法不感觉到后者并没有使学生得到任何足以直接有助于他们处理人事的能力。既然现在这些学生将要成为未来的行政人员，所以这种失败是很严重的缺点。化学家和物理学家是完全精通他们所研究的物质的，他们每天熟练地运用这些物质。经济学和心理学不能说完全不讲技能，但是他们所传授的技能看来至少有一部分是他们听命于物理科学的愿望，而不是出于对他们所研究的整个对象具有用一种彻底的和艰苦的认识去开始的决心。真的，有一张报纸引用一位有名的心理学家的话说，他说他对于人的认识及不上任何饭店里的主任服务员。如果真是如此——事实大概并不如此——这可以说是一种不称职的耻辱的招供。但是我有一位同事对此所作的说明是中肯的，他说，在处理人事的能力的领域里，那些实行它的主人——实际的行政人员——和那些谈论它的人之间存在很大的鸿沟。美国发展出一系列成功的对处理技术的能力的测验这一事实并没有减轻心理学的任务。在它狭隘的限度里，这是有用的，并且也确是很好。但是一般的结果是集中注意了技术问题，而蒙蔽了我们看到的人和人合作问题——处理人事能力的重要性。这样的

---

① [美] 丹尼尔·A. 雷恩：《管理思想的演变》，李柱流等译，中国社会科学出版社1997年版，第323页。
② 乔治·埃尔顿·梅奥（George Elton Mayo, 1880—1949），美籍澳大利亚人，1899年在阿德莱大学取得逻辑学和哲学硕士学位，此后还研究过医学，成为一名研究精神病理学的副研究员。这一经验为他从事工业管理研究打下了基础。

盲目愚昧无疑地助长了灾祸的到来。"①

　　科技征服虽然在人与自然的关系中显示了威力，并能打造一个时代帝国。但对于管理和社会生活却不能套用。梅奥从对科技理性的反思中认识到人文理性的重要。在《工业文明的社会问题》的第一章（进步的黯淡面），他尖锐地批判了"技术的黯淡面"，提出了从社会方面来研究管理。他说："维多利亚时代的人物对于他们的进步是有自信的——相信他们的进步是对人类是真实的和有益的。十九世纪九十年代里出版了一本题为《十九世纪》的小册子，这是一本学校里的读本；它骄傲地叙述在这一世界里人类征服环境的成就，它暗示人类终于正在成为自己命运的主人。而五十年以后，为我们带来的结果却具有希腊悲剧的一切特点，其规模之大实为前所未有。人类被象征的成就所激起的狂妄——热情——招致了群神的愤怒。善意的用心，崇高的计划，在三十年中沦为一场混乱；华丽的建筑，毁灭成一片瓦砾。这一切都是人自己做出来的；本来可以给人带来完美的科学上的进步，它所获致的却主要是毁灭、荒芜和悲剧。在当代的人们中已有人看到正是这个进步也有着它的反面，它那黯淡的一面。艺术家的抗议很多，但大部分人没有理会。其中最有力的陈述见于威尔斯先生的《新马基亚维里》一书。"②

　　梅奥的目的是说明：工业革命由科学带来，但进步面临徘徊，进步的"黯淡面"阻碍了企业的发展，进而阻碍了社会的发展。这些"黯淡面"主要是社会的原因，并不是技术进步的副作用。这些"黯淡面"导致"不愉快的人在数目上增加了。没有直接的或真实的社会责任，自己的问题自己解决，一个人成为不愉快和放不下的私人顾虑的俘虏"③。而且，"当各式各样的团体组织形成以后，它们并不热望全心全意地同其他团体合作，相反地，他们的态度常常是戒备和敌视。就是在这个道路上一个社会沉入一种血液停滞的状态里——那些压力团体和有权集团的混乱斗争，如凯逊所说的，是进入灾难的前驱"④。如果人类自己不能认识自己，不能认识组织和个体之间的关系，片面追求技术也解决不了效率问题。

　　第二，之所以用自然科学方法研究管理，是因为人们认为社会科学总以"总体和完整"的姿态出现而缺乏与分析的必要关联，撇开分析和还原的总体性

---

① ［美］梅奥：《工业文明的社会问题》，费孝通译，商务印书馆1964年版，第34页。
② ［美］梅奥：《工业文明的社会问题》，费孝通译，商务印书馆1964年版，第17页。
③ ［美］梅奥：《工业文明的社会问题》，费孝通译，商务印书馆1964年版，第21页。
④ ［美］梅奥：《工业文明的社会问题》，费孝通译，商务印书馆1964年版，第22页。

研究也是"测不准"的。只要社会科学保持整体性的同时，学习自然科学的分析和还原的方法，就会"有用的"。

"现在我毫不怀疑社会科学——经济学、心理学、社会学——正在进行的很多工作总有一天会感觉有用的，但是就目前来说，各项研究工作之间彼此似乎并不相关，也没有任何共同的纲领和命题。我想这个原因是，这些学科想同希腊智慧的女神一样，一出场就是全身被披着全副盔甲，避免必经的幼年和生长的时期。无疑地，就是这种企图使它们忽略了从简单的处理人事的能力一步一步地发展起来。"①

梅奥虽然批判自然科学方法论，实质上也受到了自然科学方法论的影响。他认为，管理科学不要研究那些大理论，应该像自然科学那样，从分解、还原入手，去研究人际关系。"社会研究应当对那种可以称作人和人的往来进行仔细的观察开始。"② 追求大而全的理论还不如从细节开始。在方法上，梅奥没有彻底抛弃自然科学方法，但在研究对象上，他明确定位在人性、组织和个体关系上。

第三，管理应朝人性化方面发展。

梅奥以管理者和研究者的身份采取了一种谈话式的方式而不是指导式的方式和员工交谈，这产生了奇特的效果："怕有权的人，在自由交谈后，感到被重视，在工作中表现极大的积极性；交谈后，工人觉得自己的工作条件已有所改善（虽然事实上并无变化）；工资报酬也改善了（其实工资标准仍是一样的）。"③ 梅奥认为，这种方式实质上是通过交谈让员工"泄泄气"，员工就觉得条件改善了。人性化的管理是在心理上和行动上关心员工，而不是仅仅局限在生产的技术性管理。梅奥把员工的诉苦整理起来，发现诉苦虽然针对工作，但大多与工作无关。

"例如，一个被访谈的工人诉说他所工作的部门中的噪音、温度和烟尘。进一步考察表明，他真正关心的是这样的事实，他的兄弟不久前死于肺炎而他担心自己的健康也受到损害。在另一个例子中，有关工资率过低的诉苦被考察出来不是这个事实，而是由于这个工人要为他妻子支付医药费而担心"。④

---

① ［美］梅奥：《工业文明的社会问题》，费孝通译，商务印书馆1964年版，第36页。
② ［美］梅奥：《工业文明的社会问题》，费孝通译，商务印书馆1964年版，第36页。
③ ［美］丹尼尔·A. 雷恩：《管理思想的演变》，李柱流等译，中国社会科学出版社1997年版，第316页。
④ ［美］丹尼尔·A. 雷恩：《管理思想的演变》，李柱流等译，中国社会科学出版社1997年版，第316页。

梅奥提倡人性化管理方法是：管理者应该多听少说，切不可对员工进行道德说教，在交流中让工人的悲观情绪得到释放。即使在工资、劳动强度不变的情况下，使用人性化管理方法亦能提高效率。

第四，重视非正式组织的作用。

到底是什么原因导致了非正式组织对员工行为的影响？梅奥认为直接的原因是：工人小组里面形成了行业默契的行规，个人的工作不要做得太多，否则就成了工厂管理当局拔高工作量的"害人精"；个人的工作也不要做得太少，否则被工厂和同伴视为懒鬼。工人中形成了这样的一个非正式组织，组织的成员采用了一些有趣的团队内部纪律措施，如嘲笑、讽刺和"给一下子"。"给一下子"就是给"害人精"和懒鬼肩上用力拍一下。显然，非正式组织对工人起着两种作用：（1）它保护其成员免于遭受内部成员不当行为的伤害，如生产冒尖或生产落后；（2）它保护其成员免受管理当局的不当干预，如提高产量标准，降低工资率，或组织他们活动。①

梅奥研究了非正式组织的作用，是研究方法的革命，但未就非正式组织作用的深层次原因进行剖析。非正式组织的作用与文化有关。如果把定额发配给中国企业的员工，有能力"快手"会尽量地往前赶，很少有意识去顾及后面的同伴，也会很荣耀地去领先进的奖金。中国的企业文化是树立先进的榜样，人人以先进为榜样，追赶先进。美国的企业文化虽然也提倡先进，但却包含"伤害意识"。美国企业的个体之间要保持一定的距离，但也要步调基本一致。员工不想成为告密者，也不想成为失业者。

2.1.2 合作替代"主义"

梅奥在访谈计划中深深感到，企业效率的提高主要来自组织间的沟通，而不是组织间的利益或权力的对抗、争夺。就整个社会而言，工业文明引发的社会问题集中在劳资矛盾上。合作和斗争是解决这对矛盾的一般方法，斗争以"主义"为指导，合作以利益为导向，应该放弃"主义"，走向合作。

梅奥写《工业文明的社会问题》的目的就是想在整个社会范围内解决劳资矛盾。他认为，既然企业的效率依赖劳资的沟通，那国家范围的管理亦同理。可是，政客们却不知道这个道理，他们只知道"代议制"的代表性，却不知道整个社会的阶层都需要沟通。梅奥批评道："代议政体在一个许多不同的社会团

---

① ［美］丹尼尔·A.雷恩：《管理思想的演变》，李柱流等译，中国社会科学出版社1997年版，第320页。

体在物质生活标准上表现着极端差别的社会里,并不是令人满意地为社会公众的福利服务。"①

代议政体的政客们把阶层集团利益看作是敌视和仇恨的,不懂得怎样去沟通,导致了民主国家的政治领袖和工业领袖对行政方法"极端无知"。梅奥的意思是他们不懂得团体之间的沟通,只知道为他所代表的团体去争夺利益。

因此,梅奥提出用改良的办法来解决社会矛盾。既然企业劳资矛盾可以通过沟通解决,那么社会劳资矛盾可以通过改良现有的制度解决。尽管资本主义代议制存在不合理,但是它"比君主政体以至共产主义等其他一切政体来得优越。所有其他的政体都是中古式的和僵硬的——权威集中,不论称之为王国或法律——反之,民主政体却大体上非常接近人类和社会发展的规范"②。

怎样改良代议制呢?就是运用企业管理的社会人假设的理论,用劳资沟通的理论,用合作的理论可以做到。参与、合作是企业管理和社会管理的很好方法。任何管理不必像以往那样让一个人做出决定,让一个人做决定是忽视别人的存在,是物理学的方法,是机械的决定方式。梅奥认为,物理的必然的方法有时很管用,但"一个社会在谋求技术的进展之外还要获得每一个有效的参与和合作"③。

梅奥把其研究企业管理的成果应用到社会管理来,得出结论:把管理层和劳工的合作扩大到国家的范围一样是合适的;有效的合作是20世纪中叶所面临的问题,没有什么主义能帮助我们解决这个问题;把工业现场得到的方法运用到社会管理只需要一个"现行的按语"即可。

相比泰罗梅奥把管理的范围扩大了,放眼于整个资本主义社会。他满怀激情写下《工业文明中的社会问题》,得到了资本主义的认可,他的改良方法引起了广泛的关注。

梅奥的改良主张,使人很容易联想到他的阶级立场。为了消除误会,梅奥自我表白其观点是中性的,是置身于"主义"之外的。他把在霍桑试验中的观点汇集起来给美国哈佛大学行政学院教授W. 唐内姆博士写了一封信,后这封信作为《工业文明的社会问题》导言出版。梅奥在这封信里道出了他的写作目的和他本人的立场:

"没有这样一种最终集中在顶上的权力;从理论上说,权威的中心按照形势

---

① [美] 梅奥:《工业文明的社会问题》,费孝通译,商务印书馆1964年版,第8页。
② [美] 梅奥:《工业文明的社会问题》,费孝通译,商务印书馆1964年版,第8页。
③ [美] 梅奥:《工业文明的社会问题》,费孝通译,商务印书馆1964年版,第11页。

的要求从一个地方转移到另一个地方。民主政体比君主政体以至共产主义等其他一切政体来的优越。""民主政体非常接近人类和社会发展的规范。"

"从历史说,伟大的民主国家所探求的是明智的控制,而不是权威,因为一个社会必须在谋求技术上的进展之外还要获得每一个人有效的参与和合作。这样,有效的合作是我们在二十世纪中叶所面对的问题。没有什么主义能够帮助我们解决这个问题,我们在这个完全被忽视的什么是自发参与的决定要素的问题上,必须满足于回到耐心的踏实的工作。民主制度的定期选举只不过是使一个社会把控制的中心按照智慧和理解所指示的方向而转移的一个原始的和粗糙的办法。在这件事上,我们的政治领袖和科学领袖使我们感到失望;我们必须重新再试。"①

梅奥反对集权的独裁体制,不满意斯大林的模式,也没有颂扬美国模式,对于民主选举也不看好。他看好他的合作模式,因为合作模式兼顾了劳资两者的利益。在今天,阶级立场的讨论离我们远了,在梅奥时代,即便在美国也不能绕开。对于讨论梅奥的阶级立场似乎与管理方法论无关,其实它们有着必然的联系。阶级立场是方法论的起点,如果相信斗争和夺权才能解决问题,他就会去想斗争的办法。如果认为合作能解决问题,他就会去想合作的办法。梅奥相信后者。

为《工业文明的社会问题》作序的 W. 唐内姆承认劳资的对立,认为梅奥站在工人的立场上为工人找到了一条合作之路。工人应该用梅奥的参与和合作方法,不必遵照斯大林同志的方法去搞阶级斗争。W. 唐内姆说:"有了稳定的就业,就有可能使工业(有如我们国家生活大部分时期中的小市镇)好像维持生计的办法一样,也可以成为一种在社会方面的令人满意的生活方法。这种看法似乎同现存的介乎劳工和行政管理之间的战斗以及困扰着我们的日益增长的仇恨和成见有着很大的距离。然而,除非我们能在这个错综复杂的工业文明里重新恢复我们日常生活中由于存在着个人的差别而须具备的近于互相了解的能力,除非我们能学会怎样使我们的文明适应于不断的变化,我们在自己国内的事物中都会无法维持必要的稳定,也就无法成为国际间和平的有效力量。当然,我们国内当前的情况并不能使斯大林先生得到一种印象,暗示我们将成为对海外和平的一个持久的力量,很少迹象可以表示我们已经解决了一个具有适应力的文明问题,足以应付不断的技术的和社会的变动。"②

---

① [美] 梅奥:《工业文明的社会问题》,费孝通译,商务印书馆 1964 年版,第 11 页。
② [美] 梅奥:《工业文明的社会问题》,费孝通译,商务印书馆 1964 年版,第 4 页。

费孝通在翻译梅奥《工业文明的社会问题》一书译者的话中，以马克思主义阶级分析的方法分析了梅奥的阶级立场和用意：

"梅奥之所以受到美国垄断资本的重视，洛氏基金之所以给他提供大量的研究经费，主要是由于他为资产阶级献了一条阴险的计策：原来那种对工人的压榨手段，已遭到工人阶级日益强烈的反抗；必须利用人的关系来麻痹工人的阶级意识，瓦解他们的革命斗争，借以维护资产阶级的统治。为此，梅奥通过在工厂里的实验，设计下一套具体的措施，如关于劳资关系、人事控制、劳动组织、劳动报酬、社会福利事业等方面的措施；除此以外，梅奥还摘取了资产阶级心理学、社会学、人类学和经济学新的学说形成一套理论。由于他这一套新的手法，曾在欺骗和蒙蔽工人阶级上起了局部作用，竟被垄断资产阶级视为他们的续命汤，而加以宣扬和推广；在第二次世界大战以后，人的关系的理论和具体措施在美、法、意、西德、日本等国大为流行。但是，我们读了这一本书就很容易看出，这一套手法和说法，丝毫没有改变资本对劳动的剥削关系，绝对不可能解决他们之间根本的阶级矛盾，因而也就无法根本解决资本主义生产方式下的效率问题。垄断资产阶级指望用这些通过人事关系来破坏工人阶级的觉悟和团结的卑鄙手法，来挽回他们的灭亡，是足以暴露他们已经黔驴技穷了。"①

费孝通认为，梅奥改良方法的深层次原因是梅奥的阶级属性所致。"他为资产阶级献了一条阴险的计策：原来那种对工人的压榨手段，已经遭到工人阶级日益强烈的反抗；必须用人的关系来麻痹工人的阶级意识，瓦解他们的革命斗争，借以维护资产阶级的统治。"② 费孝通翻译《工业文明中的社会问题》的时候是1964年，正是中国提倡阶级分析的时候，评价可能有点过头。

从对《工业文明的社会问题》一书的分析来看，梅奥本人更注重的是管理的科学方法，阶级的观念在他的头脑里是比较淡化的。尽管梅奥站在资产阶级立场上，为业主想出了调和、改良的策略，他还是提倡注重劳工的利益与情感。梅奥"参与与合作"的方法考虑的是提高效率的科学性而不是仅仅让资产阶级利益最大化。

社会人时代以前的管理学家都认为，工业文明导致劳资分化，自发的合作

---

① ［美］梅奥：《工业文明的社会问题》，费孝通译，商务印书馆1964年版，第2页，"译者的话"。
② ［美］梅奥：《工业文明的社会问题》，费孝通译，商务印书馆1964年版，第1页，"译者的话"。

是不可能的。梅奥在霍桑试验中发现，合作是企业的灵魂，是提高效率的最佳方法。为在社会范围内推广这一方法，梅奥陈述了如下理由。

第一，不合作造成的恶果可以预见。

大的方面看，只崇尚技术方法，舍弃合作方法，会造成国家和民族的危难。19世纪80年代以来，工业化的国家里，普遍灌输了科学力量的自豪感，暗示了人类终于成为自己命运的主人。确实，这些国家制造了先进的机械，尤其是军用武器。接下来是两次世界大战的惨剧。在梅奥看来，这是合作的问题，尤其是国家之间的合作问题人类还未曾意识到。为了给读者当头一棒，《工业文明的社会问题》开始从人类的灾难谈起："如果我们的处理人事的能力能够一步一步地赶得上处理技术的能力，不会发生又一次的欧洲战争：这是我一再提出的论点。"①

第二，合作方法有"社会病理学"根据。

梅奥把社会分析与精神病理学结合起来，广泛研究学校、工厂的管理人员、学生、工人的"病态心理"。由于技术异化、环境异化，总有部分人在所生存的、成长的经历中受到人性的压抑，表现为学习跟不上、工作满是牢骚。只要管理者用合作的方法跟这些人沟通，这些问题是可以"谈掉的"。他的两个简单的例子对现代管理有启迪作用。

一个例子是："有些学生不能集中精力在功课上，在个别谈话中时常发现他心里有一种恐惧，怕被老师叫到站起来。假如发生这种情形时，他认为教员和班上的同学都在有意为难他，等他闹出笑话而依次取笑。他心里既然已经有了这种不愉快的成见，结果正好符合他的辛酸的预料而又加强了他的成见。这种学生至少大约百分之五十对技术型的功课都能很好完成，如果排斥了他的成见，可以上进取个好学位。"②

另一个例子是：一个很称职的管理员，从西部工厂提升到东部的工厂担任总管理员。由于碰到了20世纪30年代的工业衰退，因行业萎缩，他又降回到了管理员的职务，跟原来的职务相同。由于不能认识到客观原因，"他虐待工人，工人也十分嫌恶他，他变得对东部不满，样样不如西部好，他并不把地位的降低归罪于环境或工业衰退，而认为是有人在同他捣鬼，懊悔自己不该到东部来"③。

---

① ［美］梅奥：《工业文明的社会问题》，费孝通译，商务印书馆1964年版，第37页。
② ［美］梅奥：《工业文明的社会问题》，费孝通译，商务印书馆1964年版，第42页。
③ ［美］梅奥：《工业文明的社会问题》，费孝通译，商务印书馆1964年版，第43页。

在工业化的进程中类似两个例子的问题是普遍的，有太多的变数在人生的轨迹之中。对于普遍存在的心理怨恨的病态，以前人类的管理还没有找到"合作"方法，不知道很多人有技术异化的疾病，不懂得用"谈掉"的方法。人在心理困境中往往需要被救赎，寄希望于挑得起激情和希望的领袖，典型的例子是："这些情境类似促使德国人把希特勒捧起作为救世时的欧洲情况。"①

如果要根除工业文明带来的病态心理，一种办法是放弃工业进程，回复到人的自然状态之中。但这种方法已经不可能了，工业文明早已改变了自然主义赖以立足的假定——依靠自然的提供。如果没有交通网、互联网，人类将产生的病态更多，社会问题更复杂。人化自然已经成为工业文明赖以存在的社会物质生活条件。既然如此，不如开启工业文明时代的管理科学的大门。梅奥的方法简单深刻，就是劳资沟通和合作。

第三，合作方法具有试验根据。

劳资合作方法之所以是科学的，因为它诞生于试验。工业化的最高成就是自然科学，自然科学之所以是科学，因为它建立在试验的基础之上。自然科学的方法是基于实验而不是摘录亚里士多德说过什么，也不在乎柏拉图、霍布斯当时怎么想。劳资合作方法就是基于霍桑试验中的访谈实践。

以前的管理学之所以不科学，因为它是从经济理论中分离出来的，可经济学在工业文明的冲击下，已经变得与实践"慢性分离"。梅奥开始怀疑经济理论的可信性，认为它并不建立在科学的基础之上。科学是建立在实验的基础之上，而经济学往往不是。"科学是现场开始，而在实验室里有效地发展起来。在现场人们用简单的逻辑去考查复杂的事实；在实验室里，从现场发展而来的技能建议把复杂的事实的某一方面孤立起来了而加以分别的研究，有了成就，它就可以在发展中形成高度复杂的逻辑。"②

管理学的理论来自访谈的实验是形成管理知识的一条有用的途径，但不是唯一途径。即使是实验得来的管理思想，虽具有科学性，但并不就是真理。这一点，梅奥显然没有认识到。他对理论的思辨显然没有达到黑格尔和马克思的高度，甚至还不及庄子的高度。真理辩证法表明：真理是具体的又是全面的，真理在历史的过程中在一定的条件下向错误转化。有的理论虽然没有直接的实验基础，不见得就不科学。《国富论》《政治经济学及赋税原理》在今天的资本主义经济中仍有起作用的方面。

---

① ［美］梅奥：《工业文明的社会问题》，费孝通译，商务印书馆1964年版，第44页。
② ［美］梅奥：《工业文明的社会问题》，费孝通译，商务印书馆1964年版，第48页。

2.1.3 在批判中发展

梅奥对企业管理的社会分析方法是在批判旧理论的基础上发展起来的。梅奥《工业文明的社会问题》一书的逻辑线索非常清楚,先从进步的"黯淡面"过渡到否定经济人假设,即书中的"乌合之众的假定",然后回到现实的解决方法,即"合作"。社会人假说是合作的理论基础。

梅奥认为亚当·斯密和大卫·李嘉图所建构的经济理论,人性假设是这样的:

(一) 自然组织是一群没有组织的个人所组成的;

(二) 每个人按照自我保存和自我利益的打算而行动;

(三) 每个人,尽他的能力所及,为这个目的进行逻辑思考。①

梅奥这一分析有他的根据,在李嘉图的时代和其经济理论联系较紧密的是卢梭的思想。卢梭契约论把自然状态下的人看成是孤立和自私的,从自然状态进入社会状态,就要限制自然的欲望。由谁来作出牺牲呢?都不愿意,只能用契约的形式。但是作为报酬,人将得到契约合作的各种利益,进入契约的人得到的利益比自然人会更大。斯密用经济手段提高效率的方法带有卢梭思想的痕迹,甚至泰罗的科学管理观里,提倡老板和雇员都能得到好处,也渗透着卢梭的契约思想。但梅奥十分不满意经济人假说,他指责道:"经济理论在它涉及人的因素这一方面是非常不够的,简直是荒谬的。人类竟被它不切当地描写成为一群个人,每个人都被自私的利益所驱使着,每个人都为了争取稀少的生活资料在同其他的人斗争。由于感到了这样一种理论完全歪曲了人类的常态,这使我们要退回去研究一下具体的人类的情况。要形成一个理论来代替现在流行的经济的抽象概念,必须先具备从实际事态的经验中得来的知识,对复杂的人的关系有亲密的了解。"②

梅奥认为,在经济人假说的引导下,人的行为被扭曲。业主和员工总是盘算着自己利益的最大化,忽视了组织和个体的合作。"一个工业家可以很容易地假设物质因素和技术因素的压倒重要性,而忽略或轻视工人们积极的和自发的参加这种努力的需要。但是事实却是,工业组织越庞大,就越是不仅要依赖技术上的前进,而且,也要依赖这个团体每一个最小的成员自发地在人和人的关

---

① [美]梅奥:《工业文明的社会问题》,费孝通译,商务印书馆1964年版,第54页。
② [美]梅奥:《工业文明的社会问题》,费孝通译,商务印书馆1964年版,第71页。

系上进行合作。"①

霍桑试验展现的是另一幅情景，员工个体之间有合作关系。单个有能力的工人并不是一味地追求经济利益最大化，而是合作对抗管理者的定额。这给梅奥很大的震惊，看来个人追求经济利益最大化的假定是不成立的。通过试验，梅奥基本上否定了经济人假设，即文中所称的"乌合之众的假定"。梅奥认为："十九世纪经济学理论的主要假定已经不再站得住了。甚至在一百年前，可能还容易相信个人利益的追求是经济组织的基础的这一原则根本上是切合的和恰当的。但是，虽然仍有一些经济学家和政治学家唱着这个假定，很明白的，经济和政治的实践现在已经建立在极其不同的人类概念上了。理论与实践的脱离可能是，至少一部分是，现在政治——经济的讨论里流行着混乱的源泉。当大学里的经济理论家仍在假定个人利益足够成为发展理论和经济见识的基础时，行政人员由于他们处理人事的实际经验，他的行动却建立在相反的，但是是从经验里得出来的假定上。这就不仅在公众的认识里，也在经济学家自己的著作里，引起无穷的混乱。实践的经济学家的立足点站得很稳，但是苦于缺乏现场经验和不易同经济理论相联系。"②

尽管经济理论的逻辑结构很完美，可是经济理论与现实逐步"离异"，在现实中却找不到它的试验场地。当经济理论背离了实践基础时，最能引起人们的思维混乱。"经济人假定"就是典型的理想性理论。虽然很有根据地说明了从自然状态向社会状态转变的人性本质，但是工业试验中却不是那么回事。

最早的经济理论来自重农经济，这在中外历史上都是如此。中国的封建官僚曾经长时期打击经济贸易，认为贸易是剥削，不是财富的增值行为，而且易于造成社会不稳定。西方亦是如此认为，直到亚当·斯密在《国富论》充分论述了分工和交换是生产效率的必备手段之后，加上一大批资产阶级的拥护者，以自由贸易为中心的重商经济才正式走向合法化。在梅奥看来，西方经济从重农经济到重商经济的转变过程中，尽管具有历史功绩，但逐步"离异"了人的本性部分，把人看作只是追逐利益的个人。这与他在试验中看到的工人合作团结的情形不一样。他终于发现了某种关系在起作用。

经济人假设时代，哲学的普遍场景是："生物学被僵化的达尔文主义所支

---

① ［美］梅奥：《工业文明的社会问题》，费孝通译，商务印书馆1964年版，第127页。
② ［美］梅奥：《工业文明的社会问题》，费孝通译，商务印书馆1964年版，第50页。

配,哲学被各种形式的实证主义和理性主义所左右,而科学则被决定论所主导。"① 虽然科学取得辉煌的成就,人们的世界观仍没有摆脱神决定论的思维方式,只不过是由神决定论变成了经济决定论罢了。随着经济问题的深化、人的问题的逐步暴露,一批思想家开始思索人的本质问题。马斯洛从心理问题出发进行研究,马克思从历史观出发进行研究,梅奥从管理问题出发进行研究。他们几乎得到统一结论:人不是抽象的个体,而是具体的个体。

梅奥发现在工业社会,个人的动机不是追求自己的利益最大化。企业存在非正式组织的行规,行规和社会利益在左右个人的行为。在接线板接线工作室试验阶段(1931—1932),管理者用各种经济手段瓦解工人,想形成"快手"对"慢手"的压力,以提高效率,结果都被非正式组织的集体意识所挡住。工人团队自己理解工作效率、工作进度、体力支出和精神压力,并有自己的一套行规。这样,主宰管理活动的"内参数"不尽是管理者,而是扩大到了被管理阶层。有了霍桑试验的基础,梅奥认为应该建构社会人假定。他强调他的理论的实验来源,是想证明其科学性和真理性。梅奥社会人假定的主要内容有以下几个方面:

第一,企业工人是"社会人"。原来的管理者把工人当作物质要素的投入和生物学意义上的人使用,用单纯的力学流程来计算生产的成本。现在认识到人是社会性质的人,对经济追求不是社会人的唯一动力,人们之间还有社会交往、社会地位比较、角色换位思考等方面的制约和考虑。他们有社会阶层归属的需要,有心理方面的需要。这些方面对生产效率的影响更大。

第二,企业的"非正式组织"对生产效率有很大的影响。企业的"非正式组织"是指在同一个环境中具有相同背景和相同心理趋向的人群。他们对目标和行为具有自己的理解和控制,对企业下达的目标有自己的合理性标准。当企业用纯经济手段刺激个体提高产量时,非正式组织对管理当局的经济手段会进行有限度的抵制,不一定响应企业的号召。

第三,新型的企业领导应该是通过提高工人的满足度,提高工人的士气来提高效率。梅奥在继电器装配室的试验和接线板接线工作室的训练观察到了一个结果:当工人的士气上升的时候,其他因素的改变都没有对生产效率的提高产生很大的影响。士气存在于工人的成果被认可和肯定上,要认可和肯定工人的工作业绩,就要倾听下属的意见,了解他们内在的想法。这样,企业或者社会正式组织就会把社会的需求和个人的需求的平衡点找到,使社会需求、资方

---

① [美]亚佰拉罕·马斯洛:《动机与人格》,许金声等译,中国人民大学出版社 2007 年版,序言。

需求和个人需求在生产发展过程中都得到较好的满足。这样，整个工业文明社会的矛盾和冲突都可以得到解决。

最后，梅奥又回到了人类管理的大问题上来，发出了"爱国主义是不够的，我们对人必须没有仇恨或怨气"① 的感慨。提倡人类应该从管理试验中学会相处，打破狭隘的国家概念，加强沟通和合作。获得这个管理方法可以分三步走，第一步，就是耐心地发展第一手知识，即经验得来的知识；第二步，是行政人员运用这些知识；第三步，发展管理的"逻辑含义"，形成普遍接受的世界观。

梅奥的"三步走"简直近乎理想实验，从来就没有一个示范性的国家关系的经验来供人类学习。霍桑试验算是找到了企业管理的实验场地，可国家间关系的研究不可能随意地找到像工厂那样的实验场地。国家间的关系只存在历史研究、利益研究、文明研究等，而不存在实验研究。

亨廷顿就是从文明研究中得到了他认为国家冲突的根源。"20 世纪 80 年代以来，随着共产主义世界的崩溃，冷战的国际体系成为历史。在后冷战的世界中，人民之间最重要的区别不是意识形态的、政治的或经济的，而是文化的区别。"② "在这个世界里，最普遍、最重要的和危险的冲突不是社会阶级之间、富人和穷人之间，或其他以经济来划分的集团之间的冲突，而是属于不同文化实体的人民之间的冲突。"③ 为什么国家冲突不是经济原因呢？因为"穷国缺乏向富国挑战的政治团结力、经济实力和军事能力"④。

亨廷顿的观点与马克思的观点是对立的。马克思认为国家间最根本的冲突来自经济矛盾，文化冲突只是由经济矛盾决定和派生的。细分析起来，马克思和亨廷顿揭示了国家冲突多种联系的某些方面，马克思抓住了本质的方面，亨廷顿抓住了文化性的方面。

在人类管理问题上，梅奥与亨廷顿的思想是一致的，都倾向于合作与融合。梅奥的方法就是霍桑试验得来的"沟通与合作"。用企业管理的方法来处理国家间的关系似乎太理想化了。纯管理技术（沟通与合作）解决国家间的冲突只能在一定范围、一定时间内起作用。

---

① ［美］梅奥：《工业文明的社会问题》，费孝通译，商务印书馆 1964 年版，第 123 页。
② ［美］塞缪尔·亨廷顿：《文明的冲突与世界秩序的重建》，周琪、刘绯、张立平、王圆译，新华出版社 2002 年版，第 6 页。
③ ［美］塞缪尔·亨廷顿：《文明的冲突与世界秩序的重建》，周琪、刘绯、张立平、王圆译，新华出版社 2002 年版，第 7 页。
④ ［美］塞缪尔·亨廷顿：《文明的冲突与世界秩序的重建》，周琪、刘绯、张立平、王圆译，新华出版社 2002 年版，第 13 页。

梅奥社会人假说的目的是为了管理方法——"合作",不仅是企业内部劳资的合作,还是社会成员每一个人的参与和合作。社会合作是全面性的,社会组织越是庞大,就越依赖技术的进步,且更加依赖"每一个最小成员自发地在人与人的关系上进行合作"。

梅奥不仅以试验来论证合作的科学性,还从哲学方面论证合作的合理性。辩证唯物主义认为,矛盾解决的基本形式有三种:矛盾一方克服另一方;矛盾双方同归于尽;矛盾双方相互融合。与此十分类似,梅奥认为解决劳资矛盾有四种方法:

(1) 一方自动退让;
(2) 斗争以及一方战胜另一方;
(3) 妥协;
(4) 结合。①

如果不考虑效率,任何一种处理方法就是合理的。如果把管理作为科学引入解决矛盾的方法之中,只有"结合"才是科学的、合理的。管理之所以成为科学,因为它的方法能提高效率。管理的方法都是为了实现组织目标而设立的。工业文明之后,这个目标被定格在组织的效率上。为了实现这个目标,劳资双方的"一方退让""一方战胜另一方"都不可取。奴隶主和地主的方法就是这样,结果没有效率,他们得到的只是现有农产品,没有创造出更多的物质产品。在工业社会,梅奥认为管理主客体的关系应向合作性、制约性的方向发展,故第一种和第二种方法不可取。"妥协"方法也不可取,"妥协"是一时延长解决矛盾的时间,对效率、对目标的实现是无益的。"结合"就是要找到一种合作的方式,主要依靠管理主体来运用这种方法,因为管理层是矛盾的主要方面。这要求管理者树立新的权威和权力观,用"共享权力"来代替统治的权力。统治权力观把工作流程两极理解为发命令者和接受命令者。"共享权力"观崇尚的是经验权威和知识权威,而不是职务权威。管理职务只是工作的任务者,如同工人是某一程序的任务者而已。

梅奥认为,以前的行政管理的方法是注重员工的物质有效供给。只要工资到位,便可以要求工人按照业主、工头的意愿办事,很少注意到"自发合作"。"缺勤、转业、投机、罢工等问题"表示管理方"不知道怎样去获得自发的合

---

① [美]梅奥:《工业文明的社会问题》,费孝通译,商务印书馆1964年版,第336页(在这里,梅奥引述的是福利特的思想)。

作"。"合作"不仅仅是给出公平的酬劳,而是要创造一种环境,让员工自发参与。如果只是酬劳出于经济需求方面的本质,并且认为给予相当公平的酬劳之后,就可以驱使雇员毫无保留和不顾及同伴的作业来贡献自己的力量,那么就会导致一种极端。雇员要么如同机器一样多投入多产出,要么悲天悯人消极怠工。管理界未曾意识到这种情况,以为经济诱因能决定一切,以为重赏之下必有勇夫,以为用经济手段激励一个人能带动一大片。梅奥劝告管理者:

> 任何团体,不论在哪一种文化水平上,一定得面对和明白说出两个永远存在和反复出现的行政管理上的问题。它必须使它的团体成员:
> (1) 在物质的和经济的需要上得到满足。
> (2) 整个组织的自发合作得到保持。①

梅奥批评管理者只注意了经济手段,而忽视了"自发合作"的手段。在物质极度缺乏的年代,可能经济手段是最有效的,并且掩盖了其他手段的重要性。当工业革命完成后,极度贫困问题似乎已经解决。工人已经不再是"饥饿的工人","饥饿的工人是最好的工人"这套方法已经行不通了。因此,"现在情况是缓和了,继续合作的前途却并不乐观"。越是这样,越要注意组织和个体的合作,这才是解决管理矛盾的最佳方法。

2.2 协调劳资矛盾的理论与超越

梅奥开启了现代西方管理思想社会分析方法的先河,福利特②则把这一方法进一步理性具体化,从社会矛盾的角度分析企业存在的劳资矛盾,其"建设性"冲突理论是她解决矛盾的理论前提,具体到劳资双方应采取什么样的方法来对待劳资矛盾,福利特也进行了理性分析。

---

① [美] 梅奥:《工业文明的社会问题》,费孝通译,商务印书馆1964年版,第24页。
② 玛丽·帕克·福利特(Mary P. Follett,1868—1933),美国管理学家和政治哲学家,在塞耶学院接受了她的早期教育,后在哈佛大学的安内克斯(后叫拉德克利夫学院)学院继续其学业,随后到英国剑桥的纽罕姆学院深造。福利特在哲学和政治学方面受过训练,对职业指导、成人教育和正在兴起的社会心理学感兴趣。她应该属于科学管理时代的人物,但思想却是超越了科学管理时代,其思想先于霍桑试验,是两个时代的联系环节。

2.2.1 "建设性"冲突

劳资关系是企业统一体的基本关系,劳资矛盾是企业问题的关键,解决劳资矛盾的方法至关重要。福利特在分析劳资矛盾的基础上,提出解决劳资矛盾的最佳方法。她的推理过程可以分解为以下几个方面。

第一,斗争是解决劳资矛盾的方法之一。

劳资双方的关系要么以团结为主,要么以斗争为主。斗争在极端的情况下也是可取的。

"斗争不存在任何不雅的称呼,足以改变资方和劳方关系的本质。在工厂资方和劳方经纬分明,当管理层试图模糊双方的界限时,工会自会保持界限。管理层促进雇主和雇员之间团结的措施被工会指责为阶级背叛。例如,W. Z. 福斯特和极端激进派攻击巴尔的摩河俄亥俄铁路计划是阶级通敌。我常听说有人诚挚的努力,致力于建立管理层和工人的亲密关系,英国工党的积极分子曾公开发表此观点。但有些人更喜欢产业关系以斗争的形式出现,不愿意让工厂形成一个整体。工会读到这些,可能会认为我对工会不好,但我认为我要向劳工展示永久繁荣的唯一方式。"①

福利特认为,一旦劳方和资方的"门派"形成,就需要对它进行考察,看双方的意愿是斗争还是整合,看劳方针对剥削程度是期望反抗还是把剥削看作功能整体的一部分,如果劳方放弃斗争,才考虑是否能做到融合。②

第二,企业劳资协商是可能的。

经过自己的调查,福利特认为工人并不是严格的一派,有分歧,如同管理层也有分歧一样。在与管理层进行谈判或者协商的过程中,有的工人站在管理者这一方,但会被嘲笑为"想当领班"。发生分歧的现象是件值得研究的事情,说明"情境被共性化,这很好"③,把劳资双方的会议看作协商而不是斗争,"确实让人欢欣鼓舞"。她列举了一些劳工进会场后态度改变的心态,如"当我第一次进委员会时,我觉得我去那儿是向管理层提出批评,但后来我意识到合作也意味着接受管理层的批评,现在我乐意接受批评";"在会议委员会中,我

---

① [美] 玛丽·福利特:《福利特论管理》,吴晓波、郭京京等译,机械工业出版社 2007 年版,第 3 页。
② [美] 玛丽·福利特:《福利特论管理》,吴晓波、郭京京等译,机械工业出版社 2007 年版,第 5 页。
③ [美] 玛丽·福利特:《福利特论管理》,吴晓波、郭京京等译,机械工业出版社 2007 年版,第 6 页。

觉得自己是双方的中间人"。这些迹象说明劳资协商是可能的。斗争和协商会导致两种不同的结果，一种是破坏，一种是稳定的团结。稳定团结是企业发展的基础。

第三，企业劳资对抗是因为资方独裁。

福利特认为，企业是否稳定团结的主要责任在于劳工，但是引起劳资对抗却是管理方。管理方"不把工人看作具有责任心、积极性的个体"，因而专横而独揽大权。福利特认为应该把责权"分派给委员会、部门主管、领班"，这样才能让责任分级贯通，这样才能消除矛盾，企业很大一部分成功都取决于此。

企业是否和谐取决于劳方，而导致矛盾却归结于资方，怎不矛盾？福利特引入"群体责任"来阐述她的见解。以前的企业管理重视的是个体责任，没有让个体去感受群体责任。很久以来，个体责任被当作企业管理的基本原理，人们以为只要做好分内的事就可以把企业搞上去，忽视个体之间的关系，忽视部门之间的关系。这些关系不是责任分割就能解决得了的。缺乏整体意义上的责任分割，就连开会都要分出你是站在"劳方"还是站在制定制度的"资方"立场上，那样的管理会失败的。"只有让员工感觉到他是集体的一分子，他才会提高工作质量，节约时间和原材料的浪费，这不是因为黄金法则，而是因为他们现在拥有和你们一致的利益。"① 员工感觉到他与组织的利益是一致的时候，他自然会"谨用原料，减少无聊运动与闲聊时间，会帮助新手，留意滚轧机上的物品是否到达末端"。

第四，个体有过失，整个组织都有责任。

由个体责任向集体责任过渡，意味着员工与组织绑在了一块。对于一个员工的过失，整个集体（组织）都有责任。福利特举了一个例子：一名卡车司机驾驶员工作时间喝醉了，掉下卡车摔死了。他的妻子对雇主赔偿不满，起诉并赢得了官司，得到最高法院的支持。② 该案正说明了一个团体的责任。按照个体责任，死者因自己喝酒负全权责任；按照团体责任，"雇主和员工在一起共事，他们一起承担风险，承担企业的压力，分享利益。同时，他们还承担彼此的过失"。法律都采用了群体责任，企业为何还羞羞答答不敢名正言顺用这个理论去管理？福利特用这个例子，是为了说明反过来也成立：团体承担个体责任，

---

① ［美］玛丽·福利特：《福利特论管理》，吴晓波、郭京京等译，机械工业出版社2007年版，第10页。

② ［美］玛丽·福利特：《福利特论管理》，吴晓波、郭京京等译，机械工业出版社2007年版，第11页。

那么个体同样要承担团体的责任。员工的"义务、责任、忠诚"应该是一个职能性的整体，而不是单个人的事情。

从"群体责任"的角度，"忠诚"变成了员工之间、老板和员工之间的相互承诺。这一承诺的基础是互惠互利。公司往往以业主对公平的理解来实施互惠互利而不知道"企业的行动标准、控制、责任、忠诚"要共同制定，这样"公平的感觉才被体会出来"。

第五，把矛盾看作是中性的，把冲突看作是建设性的。

如果把组织的矛盾从政治学、经济学、社会学、伦理学的角度撇开，上升为纯哲学的高度，那么组织内部的冲突（矛盾）就是中性的。福利特希望大家把冲突看成"不好不坏的，不带任何道德上先入为主的判断去考虑，不要把它看作斗争，而是把它看作观点或利益异化的表现"①。冲突往往是组织内部差异相互作用的结果。有雇主与雇员的差异，有管理者之间的差异，有董事会成员之间的差异，等等。冲突与事物的多样性紧密相连，事物的多样性表现了事物内部的差异性。多样性是事物本身具有的基本特征，想要消除事物的多样性是不可能的。如果消除了多样性，强行使事物保持单一的绝对性，该事物的发展就会停滞，因为它失去了内在的冲突，没有了发展的动力。冲突与事物共存，无须特意地把它转化为对抗，把它视为一个正常的过程。这个过程靠差异来维系着，"社会上有价值的差异竞放光彩，从而丰富了关联方"②。

既然冲突与差异是不能避免的，那么我们应该对其加以利用，让它们起作用的规律为管理服务。管理者对待冲突，如同机械师对待摩擦一样。机械师总在消除摩擦带来的阻力，同时他也在利用摩擦，利用摩擦组织物体的运动。

第六，"整合"是处理企业矛盾的最佳办法。

对于劳资冲突，"处理冲突的方式主要有三种：控制、妥协以及整合。显然，控制是一方战胜了另一方，这是处理冲突最容易的方式，但其效果是短暂的，长期来看并不成功，正如我们从战后发展的事情中所看到的。

处理的第二种方式是妥协，我们对此了解比较多，因为它是我们解决大部分分歧的方式。每一方为了和平退让一点，或者准确地讲，为了让冲突妨碍的活动继续进行。妥协是工会策略的基础。

---

① ［美］玛丽·福利特：《福利特论管理》，吴晓波、郭京京等译，机械工业出版社2007年版，第20页。

② ［美］玛丽·福利特：《福利特论管理》，吴晓波、郭京京等译，机械工业出版社2007年版，第21页。

第三种办法，即将双方的要求整合起来。这意味着我们要找到另一种办法，它满足了双方的要求，不需要任何一方做出牺牲。"①

显然，整合是最好的一种处理方法。"不仅能解决分歧，而且能设计出一种更好的方法。"这种方法就是："有效地利用摩擦，从而达成某些目的。"妥协只是放弃某些欲望，结果冲突还是反复以其他方式出现。而整合却能消除这个阶段的冲突，让其在更高的阶段上以另一种促进组织发展的方式出现。冲突是组织的本质，当我们去解决某种问题时，不是去了解冲突有多少，而是了解冲突是什么，怎样处理。我们不希望保持原来的冲突，而是解决原来的冲突，将事物推向新的阶段，诞生了新的冲突。新冲突的诞生意味着有了解决旧冲突的发明和创造。当然，整合可能是处理冲突的最好的方式，却不是唯一的方式。之所以提倡这种方式，因为它适合目前企业管理中解决问题的方式。

为什么"整合"是处理劳资矛盾的最佳方法？因为"逃避和压制不能解决问题"；因为"整合"能"使差异公开化"；因为"整合"能"分解差异的要素"；因为"整合"具有"循环行为"的好处。

"整合"理论如同一场国际象棋比赛规则。原始的规则不能指导人们走哪一步棋最好，而象棋高手却能对各种组合进行可能性的预测。任何一招都没有固定性的套路，而是一种循环反应。同理，员工对老板作出反应，是前面反应的结果、后续反应的开始。每一步循环反应中都有一种融合的基础，"循环行为作为整合的基础，赋予了我们探索建设性冲突的钥匙"②。

"整合"虽有现实可能的基础，但也存在一些障碍。人们习惯于控制的方式，这是"整合"的第一个障碍。一些人看来，"整合"缺少征服的快感。一些人乐意征服别人的意见，另一些人乐于被征服或反抗。第二个障碍是人们习惯于调解。大多数工厂设立了申诉委员会，"这是一项错误"。矛盾专家并不能真正解决问题。字面上对抗性的因素并不代表员工的本来意图，柔软的话语也可能掩盖了员工对抗的意图。应该让矛盾爆发出来，显出对立性的因素，而不回避矛盾。第三个障碍是，目前缺乏实践基础。这也无关紧要，只要管理者把企业作为"整合的统一体的文章"来做，在工作中就会找到建设性的方法，就会找到管理的正面价值。

---

① [美]玛丽·福利特：《福利特论管理》，吴晓波、郭京京等译，机械工业出版社2007年版，第21—22页。
② [美]玛丽·福利特：《福利特论管理》，吴晓波、郭京京等译，机械工业出版社2007年版，第21—22页。

2.2.2 领导者角色

福利特从角色融合的角度分析了管理者的角色定位。领班的地位是介乎管理层与非管理层之间，工人可能把他看作管理层，管理层可能把他看作员工。这个相互融合的角色，引发了福利特的思考。福利特认为管理者和被管理者角色的融合是一种趋势，这种趋势体现"管理是相互渗透的，管理者与被管理者之间的区别正在慢慢减弱"①。管理正走向一条融合之路，资方和劳方之间没有严格的分界线，在不同行业之间这条分界线会有不同程度的打破。当知识的普及程度得到加强，即使是煤矿工人也在一定程度上具备了管理知识。所以，不是所有的管理工作都由资方或资方代表来完成，工人有时也能进行管理。"如果工人接到一项任务，并且得到允许，自行决定如何完成，他们就是在管理。"②事实上，如果工人不做些管理，企业将很难运转下去。

员工能否也能是管理者这一问题涉及对员工是否具有管理能力的判断。有两种判断方式：一种是不确定的判断，要看员工是否是全才式的，要看他是否具有相关的知识和技能，他的知识能否应用于"柜台、储藏室、卡车递送等"；还有一种确定的判断，就是认为"每个人或多或少具备一些管理能力，他们都应获得机会，在工作中实践自己所有的能力，我们应该意识到这一点。如果管理层具备主动性、创造性的想象力、组织执行能力的话，那么许多工人也并不缺少这些素质"③。

福利特提倡第二种对能力判断的思维。她认为，如果对员工进行分析，并让他们知道在合适的场合做管理工作，这样他们的工作动力将会大大加强，"从而又助于最佳产出"。她举了一例：一名工人参加了许多次会议委员会，自豪而骄傲地说："在委员会的时候，我和每个人都是平等的；当然，回去工作时，我只是一名工人，但当我在委员会的时候我和总经理是平等的。"怎样让员工一直感受到这一点呢？方法之一就是对每个员工的工作进行分析，让他意识到自己和总经理一样，需要在一定时间内做些管理工作。

西方企业管理曾有这样的思维：民主应受到一定程度的限制，不应该让工

---

① [美] 玛丽·福利特：《福利特论管理》，吴晓波、郭京京等译，机械工业出版社2007年版，第12页。

② [美] 玛丽·福利特：《福利特论管理》，吴晓波、郭京京等译，机械工业出版社2007年版，第12页。

③ [美] 玛丽·福利特：《福利特论管理》，吴晓波、郭京京等译，机械工业出版社2007年版，第13页。

人对不了解的事情进行投票。只要把工人组织起来总结经验，把工人的经验添加到专家的经验之中就可以了。这显然践踏了工人的管理权，就连专家也很难判别工人的经验在哪些方面能起正面作用。专家往往受利益的驱动主观篡改工人的经验，得出有损大众、与客观事实不一致的结论。在政治的投票中，往往个体选民不了解真相凭情感和较少的经验作出了判断，但就大众整体而言这仍然是理性的。对于产业组织而言，让工人参与管理越多，就越有创新而务实的管理思想。

现在有很多工厂都奖励提建议的工人，说明工厂已经意识到工人有管理能力。"然而，这种意识并不十分普遍。"例如，英国的邮电工人对下降的服务工作提了很多次意见却没有引起重视；再如，"在德贝郡的一个矿工群体，一个工人站起来说道：每个人都曾反复提出过建议，但被告知我们拿工资是为了工作，而非思考"。① 在管理层看来，工人提出建议是向他们的权力挑战。可事实并非如此，工人提出建议和要求并不是仅仅为了利益上的权力，"而是感受到了自身的管理能力"②。

就像企业的规划和实施之间不存在严格的界限，劳方和资方之间也不存在绝对的界限，"管理者和被管理者之间的划分是无形的"，管理者和被管理者的划分是象征意义的。管理是全过程的参与，仅计划参与不能说明参与者进行了管理，因为他不是纯粹的制定者与监督者；相反对命令的实施方案进行判断、修正也不能说他没有进行管理。管理是全过程的参与，是平等的对话与尊重。"对员工在管理上的作用不应含混不清、模棱两可；它们的范畴应直接而严格地界定。"③ 管理职能的开放性与流动性将直接影响到生产的增长，还会间接影响到政策的制定。虽然不能预见到开放性管理职能对组织政策的影响程度，但可以乐观地看到它的远景。"也许自由竞争的时代下，资本主义所有制都会在一定程度上被改变。"④

---

① ［美］玛丽·福利特：《福利特论管理》，吴晓波、郭京京等译，机械工业出版社2007年版，第13页。
② ［美］玛丽·福利特：《福利特论管理》，吴晓波、郭京京等译，机械工业出版社2007年版，第14页。
③ ［美］玛丽·福利特：《福利特论管理》，吴晓波、郭京京等译，机械工业出版社2007年版，第14页。
④ ［美］玛丽·福利特：《福利特论管理》，吴晓波、郭京京等译，机械工业出版社2007年版，第15页。

2.2.3 个体作用

福利特对企业个体作用的分析使用的是无差别对待的办法。这一办法与他无差别对待劳资角色的思维是一致的。但福利特对个体分析的落脚点是企业的"群体创造力"。

福利特认为，企业发展依靠的是群体创造力而不是精英创造力。群体创造力依靠的是企业内外的每一位员工，而不是特别的精英人物。只要不去区分劳资角色，只要走出产业界系统的狭隘思维，把外围系统统一起来考虑，企业发展的动力也就不愁找不到来源。企业系统内外都是很好的发展创新的源泉，所依靠的是"群体创造性"。许多思想家对于高度分化的社会痛心疾首，并把分化比喻为"退化的标志"。这些思想家"回顾以往充满创造力的时代，找到了达·芬奇和但丁；而当看今天的时候，他们既没有看到达·芬奇也没有看到但丁。从而对现代文明的贫瘠表示悲痛"[1]。

福利特认为，这些人犯了一个致命的错误，总把创造性与某个特殊的个体联系起来。我们正处在一个充满个体创造力时代的开端，由于更多的个体都参加到产业链条和社会链条中来，由于知识的普及，为更多的个体创造力开辟了条件。众多的个体组成了"群体创造力"，它不再属于某个特殊的个体，而是属于整个系统的所有个体，企业的创新也许还来源于企业之外的某个个体的思想。

政治领域中的民主已经内含了"群体创造性"，很少有人体会到这"鼓舞人心的东西"。"长久以来，人们就在争取民主，但还没掌握它最本质和根本的理念。"[2] 福利特所指的理念就是个体对社会管理的贡献以群体创造性的方式体现出来。民主意味着社会管理不再依赖少数顶尖聪明的人，这些人毕竟是少数，其创造力是极其有限的，况且谁也不能保证他的主意是最好的，谁也不能保证他不贪污和坑害社会大多数。少数人往往不在社会问题的最前沿，不符合离问题最近的人是最能想出解决办法的人这一原理。人们根据民主的经验得到的好处为什么不能应用于企业的管理和技术创新呢？福利特认为可以借用过来，"群体创造性"对社会管理的正面作用可以应用于企业组织之中。

---

[1] [美] 玛丽·福利特：《福利特论管理》，吴晓波、郭京京等译，机械工业出版社 2007 年版，第 18 页。

[2] [美] 玛丽·福利特：《福利特论管理》，吴晓波、郭京京等译，机械工业出版社 2007 年版，第 19 页。

2.3　产业民主的理论与超越

福利特认为政治民主的方法也可以借鉴到企业管理中来，只要方法得当效果将极其显著。福利特在一项调查中询问工人一个问题："你需要在忠于工会和忠于工厂之间做出选择，你会选择哪一个？"答案总是工会。工人之所以这样回答，有三点理由：（1）"我对工会宣过誓"；（2）"工会与我存在持久的联系，工厂则没有"；（3）"工会拥有一定的权力，劳资协议会没有"。① 看来员工依赖工会，与工会有一定的权力的关系很大。工会的权力可以为员工谋得工资方面的实惠。企业劳资双方最紧迫的问题是讨价还价中的工资是否反映了它的价值。讨价还价渗透着一定的权力关系。权力大小与在讨价还价中的地位密切相关。福利特认为，讨价还价是劳资双方摩擦的方式，这种方式不是商品价格、劳动力价格的唯一决定方式，管理层还可运用整合原理，运用"民主方法"满足员工权力的"渴望"，使双方的问题得到解决。

2.3.1　满足"权力渴望"

先得弄清这样的问题：渴望权力是一个贪婪而肆无忌惮的愿望还是人性中出自本能的渴求？权力是人追求的最高目标吗？权力是影响力、领导力还是武力？我们都喜欢权力，是希望利用它满足需要还是喜欢拥有它的感觉？② 权力甚至被人当作生意在经营，随处能发现人们在满足对权力的欲望；有的人想保护他所得到的东西，在争取权力；有些人在积累足够的财富之后仍然在为获得权力而奋斗。

心理学对此有两种不同的解释。一种认为对权力的渴求是本能，是每个人所固有的。另一种认为，对权力渴求不是本能，而是实现目的的手段。美国心理学家弗劳德·亨利·奥尔波特在《社会心理学》③ 中赞同了前者的观点。据他的结论：人们在心里倾向于让他人产生反应，这种倾向源自婴儿时期养成的习惯，以及儿童时期为了满足愿望对父母对保姆进行使唤，长大成人后虽能自

---

① ［美］玛丽·福利特：《福利特论管理》，吴晓波、郭京京等译，机械工业出版社2007年版，第52页。
② ［美］玛丽·福利特：《福利特论管理》，吴晓波、郭京京等译，机械工业出版社2007年版，第53页。
③ 波士顿：Houghtou-Mifflin 出版公司，1924.

给自足，使唤的习惯依然存在并通过权力形式扩大，人们仅仅是为了控制而去控制，并不是为了去实现某个目标。①无论是前者还是后者的观点都没有强有力的实验证据来支持各自的学说。

还有一些法学伦理家对权力的渴望的解释又是另一番情景。他们撇开了个体的差异，谈论普遍意义，认为人们维持权力平衡的愿望十分迫切。当接受某人的恩惠以后，自然受到了某人权力的束缚，于是会以某种方式回报所受的恩惠，重新恢复权力关系的平衡。

可以追问这样一些问题：一些人对企业管理很感兴趣，他们的追求是为了获得管理权吗？管理层常常希望缺席管理的资产所有者在企业中的资产不占主导地位，这背后的动机是什么？

看来，从高层到员工都有对权力的欲望，然而大多数人都无法得到权力，这也不用悲观，一些心理学家认为，还有另一条途径来满足权力的欲望，这就是通过交谈使对方产生反应，从而感受到自己的权力。交谈者总无意识地试图让自己的观点和经历给他人留下印象，在这一刻感受到权力的支配欲。

从相互影响的角度，权力也并不总是来自强者的控制，也可能来自弱者的支配。福利特解释道："控制可以定义为实施权力，以及针对具体目标采取措施；职权可以定义为限制的控制。权力与优势也不仅仅是同义的；有时我们通过自身的劣势获得对情境的控制权。在去年夏天的伦敦会议上，德国最大的权力来自于它经济疲软的劣势。因为它的经济疲软，使它在同盟国中获得了讨价还价的权力。我们都知道家庭中的残疾人有权指示健康的家人，有时做法还很冷酷。"②

尽管权力意味着凌驾与支配，从发展的角度看，具有支配性的奴隶主式"凌驾权力"仍然可以得到改善。在工业社会，管理层的任务"不是学会配置权力；而是如何形成权力；——真正权力只能逐步产生，它会从独裁掌握者手中溜走；因为真正的权力不是强制性的控制，而是共同作用的控制。强制性权力会给大家带来不满，共同作用的权力则丰富和提升了每个人的灵魂"③。福利特提醒人们要重视"平等权力"的作用和应用范围。"在商店或工厂，资方的权力

---

① ［美］玛丽·福利特：《福利特论管理》，吴晓波、郭京京等译，机械工业出版社2007年版，第53页。
② ［美］玛丽·福利特：《福利特论管理》，吴晓波、郭京京等译，机械工业出版社2007年版，第56页。
③ ［美］玛丽·福利特：《福利特论管理》，吴晓波、郭京京等译，机械工业出版社2007年版，第57页。

不应高于工人，或者工人的权力不应高于资方。工会想努力得到凌驾的权力，雇主对此的抵制是正确的。"① 为了准确地理解平等权力与凌驾权力的区分，她举的一个简单的关系是："对于一个奴隶，你的权力在他之上，对于一名仆人，你的权力和他一样。"②

福利特表达的意思是，地位可以不平等，但权力应该平等。自从解除奴隶制之后，权力已经从"凌驾权力"向"平等权力"过渡。在这个过程之中，很少有人意识到这种过渡，故她要大力宣传。许多精英人物，如改革者、理论鼓动家，都喜欢强迫别人去达成一个目标，并认为是理所当然的，这些都是追求凌驾权力的表现。虽然在一定的历史上有进步的意义，却不符合工业体系的发展。福利特认为："整合是减少凌驾权力的方式。"既然争取权力是为了满足需要，需要又可以根据双方的要求得到整合，那么权力在整合双方需要的过程中也能被整合。

怎样整合呢？通过"循环行为"，"循环行为能产生合理的权力"，"循环行为是整合的基础"。如果企业以如下方式进行权力循环影响，那么它在进行权力整合：

"当一名合作管理者影响你时，你也可影响他；工人有机会影响你，你也可以影响他；人们一直在进行互动的影响，那么平等的权力就可以建立。""一旦控制超过整合，我们可以看到它会引发灾难性的后果，俄国的独裁统治，因为它还没有学会整合。"③

福利特对俄国的评论，带有她的阶级情感与国家情感。这一例子不影响她对整合的深入研究。她认为独裁者和投机者往往是靠对公众隐瞒事实，担心公布信息会让权力流落到其他人手里。虽然目前还不能摆脱凌驾的权力，但是可以通过以下方式逐步减少凌驾的权力："（1）整合；（2）意识到一切都应顺应情境的规律；（3）让我们的企业日益成为一个职能整体。在职能整体中，每个人都拥有自己的职能，它应该准确地对应于他的能力，并且，他要具备对应的职权并承担责任。"④

---

① ［美］玛丽·福利特：《福利特论管理》，吴晓波、郭京京等译，机械工业出版社 2007 年版，第 57 页。
② ［美］玛丽·福利特：《福利特论管理》，吴晓波、郭京京等译，机械工业出版社 2007 年版，第 57 页。
③ ［美］玛丽·福利特：《福利特论管理》，吴晓波、郭京京等译，机械工业出版社 2007 年版，第 60 页。
④ ［美］玛丽·福利特：《福利特论管理》，吴晓波、郭京京等译，机械工业出版社 2007 年版，第 61 页。

权力关系涉及管理层内部以及劳资双方的权力关系，后者的问题更为关键，它涉及一切管理的假定和出发点。工业社会初期，雇主受到原来封建地主对农奴支配体制的影响，根本没有意识到应该让雇工们也参与管理，常常带有天经地义的心理倾向："这些人想经营我的企业，他们的厚颜无耻让人憎恶。"工业革命的中后期，雇主们也没有充分了解员工对权力的要求。对于员工想参与控制，应该怎样去认识？福利特认为应该反思这样的一些问题：

1. 这是一种对权力本能的渴求吗？
2. 它是取得更高工资、更短工时和更好工作环境的手段吗？
3. 它是工艺者的本能，从而也是实现目标的手段吗？
4. 它是出于现代机器工业对众多本能的湮灭吗？所有这些本能聚在一起产生了对权力的迫切需要吗？
5. 工人希望当作人来看待，而非一只手看待，以往是否存在远多于此的诉求需求需要我们去认识？
6. 在多大的程度上，它是出于一种自卑的情结？
7. 它会提高地位吗？
8. 在多大程度上，它是对官僚作风的反应，还是对其的滥用？
9. 工人想积累权力，以便在劳方与资方的斗争中使用吗？
10. 工人想得到无须负责任的权力吗？得到权力又不负责任这两者可能吗？
11. 自我表达和自我决策是人类最基本的渴求吗？工人心中的这种动力是他追求权力的主要原因吗？①

再回到现实来考虑，工人们对谁是他们的老板这样的问题的回答是不肯定的。经理还是工会主席？各有说辞。看来权力不是法律界定下或者管理关系下的授予，"真正的权力就是实力"。福利特认为："授予工人的权力也许只是一种空泛的姿态。"权力关系不仅仅反映工人从资方或者管理层那里得到的控制关系，而且反映员工实际上有多大的影响力。

通常认为，大规模的产业发展限制了个人对管理权的要求。因为依靠技术决定下的企业组织，思维已经是单向度的，人也是单向度的。福利特并不同意这种观点，认为这种结论是前后矛盾的。既然在以前的个体生产时代，个体的

---

① [美]玛丽·福利特：《福利特论管理》，吴晓波、郭京京等译，机械工业出版社2007年版，第56页。

本能的权力能够在生产中得以体现,那么团体生产中,个体的本能亦不能因为团体式的生产流程而放弃。如果要求下属服从于科学的技术流程,要求员工对"团体生产及团体组织不能有任何想法",那么对员工的授权存在必要的理由吗?

劳资双方讨价还价的结果取决于双方力量的对比。资方的地位是历史形成的,其权力包括聘用和解雇权,劳方自然处于被动地位。虽然员工的背后有工会支持,随着工会权力的增强,工会权力获得立法的认可,尽管如此,劳方和资方存在一定程度的不平等,一些组织理论家预测现代组织的发展趋向于消除这种不平等。福利特认为"这不是解决问题的秘方"。办法应该是"实现职能的统一"。厂方应该允许员工这个"门派","不是为了公平的斗争,甚至不是为了斗争,而是为了整体"①。厂方应该允许工人实力的存在,"不是为了让他们成为工厂强有力的对抗部分,而是希望通过有意识的统一,使他们能够成为工厂一个强有力的组成部分,从而增强组织的实力"②。不要把冲突看成坏的事情,把它看成中性的、有益于组织发展的推动力。

对权力的整合应从组织发展的需要角度来理解。组织的各派最终走向是"权力共在"(power-with),而不是"平等的权力"(equal power)。"平等的权力"意味着给双方提供公平斗争的条件,"权力共在是形成一种合作的权力,是一项目标,也是一项统一,在允许各种差异的同时,消除了对抗"。

福利特认为,获得"权力共在"的方式应该是集体谈判,"目前很有必要"。"如果没有它,工资和工作条件会降到最低水平。"谈判以建设性的方式进行,进行必要的会议磋商。"会议不是战争性的交锋,而是必要的活动,它存在于职能统一的进程中。"群体谈判是企业走向合作的一种方式,它决定着一致性的价值。但是要了解它的辩证性质,这种形式不是时常发生,当需要解决问题时,它的价值性就体现出来。

2.3.2 把"职权"看作"职能"

在研究企业民主问题时,福利特并没有搬运政治上的"职权"模式,她做了方法上的改进,把企业组织的权力模式称为"职能"模式,认为企业的民主比政治组织的民主更具有平等性。

---

① [美]玛丽·福利特:《福利特论管理》,吴晓波、郭京京等译,机械工业出版社2007年版,第68页。
② [美]玛丽·福利特:《福利特论管理》,吴晓波、郭京京等译,机械工业出版社2007年版,第68页。

企业职权与社会其他组织的职权的区别在于，企业职权是职能性的。也就是权力的实施与职能的过程相统一。没有职能，空洞的头衔和无意义的程序是没有用的。权力的欲望和实现程度都通过工作职能体现出来，每一个员工都有一定的职能，因而都能行使一定程度的权力。"职权应和他的职能或任务相匹配。"

"如果职权源于职能，那么职位的层次性就无足轻重了。"精通此理的企业主管常常会对下属说："只有得到你的允许我才能做这些事情。"决策似乎倒过来了，这并不奇怪。总经理有总经理的职权，卡车司机有卡车司机的职权，调度有调度的职权，不能因职权的大小而改变职能的程序。

福利特否定了政治学意义上把"职权"看作是命令和统治。从管理学意义上，"职权"是"职能"的延伸。从这个角度出发，"总经理"一词应重新考量，它不应属于职权这个概念。总经理的职能不是包容一切的，要分授一部分权力给经理，因此，总经理的职权也应该因职能的减少而降低。

回顾企业发展的历史，一家企业很小的时候，总经理拥有很多职责，随着公司的成长，很多职责被移交给别人，但人们还是很自然地认为这些被转移出去的职责还是属于总经理的。如果总经理仍然从形式上把关，把持着职能上的审批程序，既浪费时间又有损于效率。福利特认为，失去职能的权力没有必要还坚持着。"如果我们追踪一次指挥的所有因素，可以发现指挥的形成远不是一个人的经验——除非负责人纯粹专断行使了职权。"① 命令的形成是一个职能交叉的链条，不是职权等级的链条。"负责制定命令的人不是我们要考虑的重要问题"，考虑的重点只能是协调的过程。"合理的职权来自于协调，而非协调来自于职权。"

职能的协调和作用产生合乎情理的命令，这一命令的形成不是意味着所有人都参加进去进行民主表决。"如果民主意味着所有人都参与，那么我不相信民主。我们想要的是组织、各部分相互关联、有机活动的共同作用。"②

福利特认为，很多部门喜欢单枪匹马地干，部门之间还有许多不明确的地方。当经理们内部不和时，会引发总经理的很多事务。他必须知道如何整合这些分歧，并持续推动初期整合的发展。总经理的角色不是一个裁判员或者仲裁

---

① ［美］玛丽·福利特：《福利特论管理》，吴晓波、郭京京等译，机械工业出版社2007年版，第73页。

② ［美］玛丽·福利特：《福利特论管理》，吴晓波、郭京京等译，机械工业出版社2007年版，第80页。

者。他把不同的意见和经验结合起来，整合成最佳的方案。

　　一些人认为，如果总经理不扮演仲裁者的角色，部门主管就会通过讨价还价来解决问题。福利特却认为，总经理虽然在职能上部分具备了仲裁者的职能，但他"不是作为一个旁观者来进行裁判，他必须扮演批评者、判断者并且是一个积极的参与者的角色"①。

　　总经理该干些什么事呢？"总经理的主要工作是协调。"围绕着组织的近期和长远目标对组织各要素进行协调。他应该看出组织短期目标与长期目标的关系；应该看出组织成员的建议与公司目标之间的联系；他应该总结阶段性的成果，让员工明白离目标还有多远的距离以及未来努力的方向；他需要让同事明白，奋斗目标不是他个人的目标，而是大家的目标，它产生于全体的期望和活动。总之，"最优秀的领导并不要求别人为他服务，而是为共同目标服务；最优秀的领导没有追随者，而是与大家一起奋斗"②。在这样的理念下的组织，领导不会常常在发号施令，而是致力于组织的有效建议；专家和下属的创新对领导力产生反响；职能部门之间是合作的态度而不是服从的态度。只有这样理解总经理的职责，组织营运才能达到最好的效果。福利特所讲的总经理实质上已经不局限于企业层面的总经理，其内容适合所有的领导者。

　　领导者的另一职责是明确组织目标，引导公司成为目标中的统一体（integrated unity）。这要求领导者具备两个条件。一个条件是，领导者能"理解每一个人在目标中的位置"。组织中每个单位都在不断地适应和改变整体，重视每一个单位的创新力，"使它融入到整体的演化当中"。福利特认为，这是领导者应该具备的思维条件。不要自己太自负，以为自己能想出所有的创新措施，而放弃了组织成员的这个大头思想库。另一个条件是，领导者应具备较高的观察能力，具备"最精致和最敏锐的感知力、想象力与洞察力，以及勇气与信仰"③。总经理的工作并不轻松，他总是在判断各种信息、各种创新点是否可用。这的确相当困难，在复杂的组织系统中，领导者需要具备必要的智慧与经验。运用这些智慧与经验对未来的远景进行判断。对组织远景的判断并不是靠专业助手的逻辑推断与事实根据，有时候商业预测是根据未来的不确定的因素作出的判

---

① ［美］玛丽·福利特：《福利特论管理》，吴晓波、郭京京等译，机械工业出版社2007年版，第104页。
② ［美］玛丽·福利特：《福利特论管理》，吴晓波、郭京京等译，机械工业出版社2007年版，第105页。
③ ［美］玛丽·福利特：《福利特论管理》，吴晓波、郭京京等译，机械工业出版社2007年版，第106页。

断,并不是简单的逻辑推理程序所能解决的。预测目标就成了总经理的必然职责了。但这种预测亦不能脱离组织内部的成员的思维,它以组织成员集体思维为基础,整合各种因素的预测。因此,总经理的三大职责是:"协调、定义目标以及预测。"① 但主要职责是"协调","最优秀的领导者知道如何使他的追随者感受到自己的权力,而不仅仅是承认他的权力"②。

把"职权"看作"职能",要防止另一个极端,即事事都已被统治者认同为标准。一般认为,领导好不好,有没有领导力的标准是"被统治者的认同"。若以此为标准,过去的领导比现代的领导更有影响力,过去的领导就是那种能说服他人认同的人。现在,说服作为影响力在人际关系中有所下降,人们更认同个体的价值,不再说服别人认同和跟随。

"逐渐地,领导者被视为这样一个人,他有能力给群体带来活力,懂得如何激励创新,使每个人都知道自己的任务。"③

福利特认为,对"领导"观念的改变还体现对权力的理解上。什么是权力?远古时代类似于动物般的武力、首领的威望,如"武器的力量,君权神授的力量","发展到19世纪为多数派的力量"。"今天我们把权力理解为一个群体的组合能力。"组织中的一些人被认为是领导者,但是他不再是那种施加个人影响说服别人跟随的人,而是把不同的意愿联合起来,成为群体内在动力的人。"他必须知道创造群体的力量而不是个人的力量。"④

"领导者将被视为这样一个人,他能够组织并且在很大程度上有效地利用群众的经验,以此全面发挥群体的力量。通过组织的经验,将经验化为力量,而这也是经验的价值所在,即能转化为力量。"⑤

历史越是远古,人们越是追求权力,"人一旦品尝过权力的滋味,就不会毫无矛盾地交出它",可是当今的商业组织并不显示这种趋势,对总经理的职位追求的欲望有所降低。组织系统不再是一种独裁型的机构,也不意味着只有领导

---

① [美] 玛丽·福利特:《福利特论管理》,吴晓波、郭京京等译,机械工业出版社2007年版,第107页。
② [美] 玛丽·福利特:《福利特论管理》,吴晓波、郭京京等译,机械工业出版社2007年版,第126页。
③ [美] 玛丽·福利特:《福利特论管理》,吴晓波、郭京京等译,机械工业出版社2007年版,第95页。
④ [美] 玛丽·福利特:《福利特论管理》,吴晓波、郭京京等译,机械工业出版社2007年版,第95页。
⑤ [美] 玛丽·福利特:《福利特论管理》,吴晓波、郭京京等译,机械工业出版社2007年版,第102页。

才能体现自己的人生价值。构成组织的基础既不是平等也不是独裁，而是"职能统一体"（functional unity）。组织内执掌职能事务的人成为组织活动真正的领导者，因所有权的关系居于董事位置的人，只要没有职能还不能理解为领导者。

在西方的民主进程中，"制约与平衡"是防止滥用权力的良方，并认为是保护民权的基石。当把权力以民主或以指派的形式授予一些官员时，同时设立制约机制（如韦伯"官僚集权制"），领导者总是受到团体或其他个体的牵制。由于牵制，其他领导人也参与到管理中来。福利特把这种关系看作"不是为了制约领导，而是鼓励多重领导"①。它是一种职能关系。

领导是一种职能关系，体现一种团队的合力。这种观念的改变还能体现在工会领导人的人格的变化上。早期的工会领导人都是一些强势性格的人。"他们能与雇主进行最猛烈的斗争，可以组合创立最佳的防护，但是比起几年前，这种情况出现的更少了。我注意到，去年夏天的英国就是如此。一些领导人仍然保持着强势，但是其他许多人，尤其是工会代表们，会运用他们创造性的能力、解决问题的能力而不是斗争的能力在工会中通过升职而获得权力。"②

在"职能"模式上，管理者要负起自己的职责范围内的事，不能一味地迁就绝对的民主，不能搬运政治民主的投票形式，因为在企业管理中，"被统治者的认同并非民主的恰当表现"。

在决策上，统治者为了让被统治者认同，往往允许被统治者对方案进行表决，以充分体现民意。福利特认为，这样的认同并不是民主的恰当表现。这是"单一的认同，是空洞的认同，单一的投票只是形式而不是有实质意义的认同（agreement）"③。当前许多政治家正在鼓吹这一点，提倡单一的投票形式。当然，"拥有被统治者认同比没有好，在那些落后的国家中，这正是要推广的，因为我们把它视为第一步"④。但是，仅仅承认这是第一步是不够的，只有参与进去的认同才是"社会关系合理的基础"。

当代商务环境下出现了逆向认同，不是被统治者去认同统治者的决策，而是统治者去认同被统治者的决策报告。福利特对这种倾向给予了认可，认为是

---

① ［美］玛丽·福利特：《福利特论管理》，吴晓波、郭京京等译，机械工业出版社2007年版，第97页。
② ［美］玛丽·福利特：《福利特论管理》，吴晓波、郭京京等译，机械工业出版社2007年版，第98页。
③ ［美］玛丽·福利特：《福利特论管理》，吴晓波、郭京京等译，机械工业出版社2007年版，第202页。
④ ［美］玛丽·福利特：《福利特论管理》，吴晓波、郭京京等译，机械工业出版社2007年版，第202页。

"对被统治者认同理论的一个冲击"。这意味着普通职员制定计划上报部门主管以获得认同,部门主管制定计划并上报给总裁以获得认同。总裁的大部分时间花在认同员工的想法上,这样创新点不再局限在中上层范围。

真正的民主体现在参与。"参与的两大基石是——理解与合作。合作的重中之重是它的执行应该是自下至上,而非从上至下",所以,"认同与参与的本质区别之一在于,认同不是过程的组成部分,它是过程结束之后的行为。而参与不仅仅是过程的组成部分,在过程之初就得以运用"。① 参与是全线组织的工程,是自下而上全线贯穿的合作。

之所以要珍视"参与",因为"全体职工的管理能力是社会财富尚未开启的源泉"。这种源泉光靠形式上的民主,简单的是与否的投票是不能开发的。要超越形式上的认同,在思想上要有"整合的意愿",发挥所有人的能力并使它们融合在一起,在行动上进行相互的合作与整合,这就是合作。

2.3.3 共同控制

在政治的"职权"模式中,被管理者授权给管理者,然后反过来接受管理,福利特认为这一方法用到企业管理中应该改为共同管理。

在资本主义的经济体制中,一些工会组织后来演变为职工代表制。人们对职工代表制有很多的认识和评价,福利特对以下评价进行了理性的反思。

第一种,认为职工代表制仅仅是"为了迎合劳方,是对狂暴的劳方的让步"。可是,福利特却给予了它积极的意义,认为:"职工代表制有合理的结构和健全的管理,我们需要它","从长期看,最好的管理才会给劳方带来最大的收益"②。

第二种,认为职工代表制为员工找老板谈判创造了条件。原来是雇主与工会之间的谈判变为雇主与员工代表之间的谈判。福利特认为,如果用积极的眼光来看待,"与其将职工代表制视为群体谈判的途径,不如视为共同决策的机会"③。因为群体谈判还具有除了权力利益争论之外的其他合作机制。

第三种,职工代表制是一个相当受限的概念,它主要是为了预防问题,是

---

① [美] 玛丽·福利特:《福利特论管理》,吴晓波、郭京京等译,机械工业出版社2007年版,第211页。
② [美] 玛丽·福利特:《福利特论管理》,吴晓波、郭京京等译,机械工业出版社2007年版,第82页。
③ [美] 玛丽·福利特:《福利特论管理》,吴晓波、郭京京等译,机械工业出版社2007年版,第83页。

企业的润滑油。通过职工代表大会，抵触情绪将会降至最低，工厂这台机器运转更加平稳了。福利特肯定了这些积极的意义，但认为，"预防问题和调解不满还是对管理没有产生巨大的改变"。事实上，它可能使管理更加艰难。职工代表制的目的是什么呢？福利特认为，"它最常见的目的就是为信息、意见和期望的交换提供一个双向沟通的渠道"①。为了让管理者了解员工的观点，为了让员工了解管理者的观点，交通渠道的提供非常必要。"管理者应该开明而不墨守成规，倾听员工的意见。"这样，职工代表制对管理进行重塑，不仅仅是给出一些信息，而是对信息、观点和判断标准进行整合。

第四种观点认为，职工代表制主要是为了在决策上得到员工的赞同，从而使得员工在实施决策时发自内心地与管理者合作。福利特认为，这只是要求管理方具备一种能力而已，即主动去说服员工这项政策执行的必要和依据。但是，"职工代表制最前沿的观点不是去获得被管理方的赞同，而是争取他们参与，正如民主所提倡的一样"②。实施民主应该建立在真诚的合作的基础上，如果让代表在对与否之间来选择，虽然员工获得了部分权力，但却不能深入讨论问题，挖掘创新的资源。管理方如果把一切决定都推给职工代表，也是一种不负责任的做法，没有去引导创新和合作。

职工代表制是现代组织发展的必然产物，只要把它与雇主的矛盾看成是中性的，看作是组织前进的动力，并挖掘这种动力，会得到很多管理的启示。福利特认为，职工代表制的发展要求管理者学会熟练地进行谈判，更重要的是要求管理者"熟练地进行协商"。"协商需要管理者有一种能力，那就是让差异统一起来，而非分裂；让他们更有建设性而非破坏性；能够整合各种不同的观点，把每个员工的贡献统一起来为公司服务，而非仅仅让全体员工达到满意。对于员工的创造力，我们只有两者处理方式——让它们聚集起来，发挥作用，或者反对我们，或者服务于我们，后者更为合理。"③ 福利特认为，关键在于管理方要把职工代表制看作有益的，"劳工已经准备与所有者以及管理者进行合作，以消除产业浪费，并促进和规范产业运作"。时代变了，管理需要职工参与，需要职工代表制。

---

① ［美］玛丽·福利特：《福利特论管理》，吴晓波、郭京京等译，机械工业出版社 2007 年版，第 84 页。
② ［美］玛丽·福利特：《福利特论管理》，吴晓波、郭京京等译，机械工业出版社 2007 年版，第 85 页。
③ ［美］玛丽·福利特：《福利特论管理》，吴晓波、郭京京等译，机械工业出版社 2007 年版，第 88 页。

"我们对自然资源的开采已经走到了尽头。我们很容易就可以快速富裕起来,而不在乎以何种手段和方式。现在,成功更加依赖于组织和管理,部分依赖于从员工那里得到的帮助。从员工的立场说,他们期望可以分享美国工业带来的财富。目前,一种趋势正普及全世界,那就是自我决定。职工代表制正是多样性因素共同作用的结果:所有权和管理权日益分离;卖方市场转变为买方市场;美国成为一个提前消费的国家。"①

因为资源问题,工会关心自身和后代的权利,要求加入管理中来;因为技术的滥用和任意妄为,需要工会干预管理;因为金融市场的提前消费,需要工会监控管理。这种要求是时代必然,是不能拒绝的,而且已经发挥了作用。有两个事实很明显:"(1)有组织的劳方已经意识到他们可以为管理提供巨大的帮助;(2)管理层也开始觉醒,并重视这一点,希望去利用这些帮助。管理者认为,重点不在于出现紧急情况时向员工求助,而在于用一种系统的、持续的方法把员工的智慧调动起来,以促进企业的成功。"②

管理层思想的转变是生产资料分配方式变化的必然结果。在工业革命早期,生产的产出很难满足人口的需要,工资的钢铁定律能起到作用。用满足生存的最低标准来雇用和约束工人,效果很好。当物质产品在机械化作业流程的帮助下,资产者增加了劳动力分配的比例,工资钢铁定律被打破。工人经过知识的增长,觉悟和意识也有所提高,把自然资源理解为人类或者国家的共同资源,不能让资产者依靠人类沉淀下来的技术任意开采而攫取巨额利润。参与管理的意识逐渐增强,并成为渗透到政治领域和经济领域的心理趋向。工会希望从最近的企业管理入手,再通过经济和政治的手段影响到整个社会。

福利特认为,管理没有定额的量,并不是资方管理少一点,劳方的管理就多一点。"成功的企业可以通过创造和发明,在整个企业内部增加管理的量。职工代表制的目的不是分享权力,而是增加权力,这也是组织的目的。劳方抗议的真正原因并不是经济学家给出的金钱理由,也不是心理学家所讲的自尊的本能,而是由于生命在增长、人类能力在发展这一宇宙的基本规律。你要么遵循这一规律,要么打碎周围世界的和谐。"③

---

① [美] 玛丽·福利特:《福利特论管理》,吴晓波、郭京京等译,机械工业出版社2007年版,第90页。
② [美] 玛丽·福利特:《福利特论管理》,吴晓波、郭京京等译,机械工业出版社2007年版,第90页。
③ [美] 玛丽·福利特:《福利特论管理》,吴晓波、郭京京等译,机械工业出版社2007年版,第92页。

福利特认为，社会发展不能依靠单一阶级来推动，企业管理则需要劳资的共同合力和控制。"社会进程取决于劳动人民，这种想法是错误的。有些人说劳动人民应该获得更多的财富，一切将会好起来；有些人认为劳动人民应该获得更多的教育，世界就可以获救。我们需要资产阶级的无私，这种想法也同样是错误的。分红的提倡者并没有帮助我们。资方与劳方之间的斗争不能通过物质来解决。斗争的症结不是利润和工资——而是对于产业的共同控制。"①

福利特过于乐观地看待劳资双方的利益冲突，认为资方与劳方的利益不是敌对的。同理，国家之间的斗争如同资方和劳方之间的斗争，解决的方式相似。对立双方应分辨表面利益与长远利益，学会摈弃对抗的概念，而认可差异的事实，使双方的整合成为可能。劳方与资方"增加工资与降低成本"就是成功的整合事例，以前认为是对抗性的矛盾，现在可以达到一致。

实质上，福利特提倡的是劳资共同控制的产业民主论。她回避了劳资双方的经济矛盾，用心理学上的自我满足的本能来解释组织走向"整合"的可能。她认为："人都有一定的本能和需求，这是劳工的核心问题，对此的认识是目前产业问题中最有希望的标志，这一建设性的力量将通过心理学方法应用到产业问题中，对其充分利用的标志是——工人日益在产业中进行控制。"② 让工人有了权力的满足感，则经济冲突就可以化解。

小　结

与物理学的"紫外灾难"类似，霍桑试验打破了管理科学的自然科学方法论，物理学方法被质疑。梅奥发现物理学的机械主义的方法不一定适合管理学的研究，用科技征服自然的方法搬运到管理领域来是不适合的，管理学的问题解决需要运用社会学的方法。

梅奥理论核心"社会人假说"建立在社会分析而不是自然分析的基础之上。"社会人假说"借用了科学假说的程序，但这一方法的研究对象不再是工作中的物理要素，而是企业以及社会的人际关系因素。

---

① ［美］玛丽·福利特：《福利特论管理》，吴晓波、郭京京等译，机械工业出版社2007年版，第242页。

② ［美］玛丽·福利特：《福利特论管理》，吴晓波、郭京京等译，机械工业出版社2007年版，第242页。

在实践中梅奥提倡的方法是劳资之间进行合作而不是斗争。其合作理论的根据是"社会人假说",并且"合作"还具有病理学和试验基础。

社会分析方法转化为具体的企业分析方法需要有一个桥梁,福利特运用理性具体探究了跨越这个桥梁的方法。

企业的劳资矛盾是管理问题的关键点,福利特认为社会处理劳资矛盾的办法有两个:斗争和协商。对于劳资冲突不要把它看作是一件坏事,而要把它看作是"建设性冲突"。只要利用得当,这一矛盾就会成为企业发展的动力。

利用"建设性冲突"的最好办法是企业民主。领导不要刻意去追求权威,而要让员工认识到他们拥有权力。员工可以向企业提出建议、措施,由领导去认可这些建议;而不是由领导提出建议,让员工去认可、执行。

科学管理是福利特追求的目标,她要求权力让位于科学的程序。科学的含义不是为了说明经理有权做某事,而是以思考、争论代替权力。组织的集体力量的整合和产业民主是最好的科学管理方法。

解决劳资矛盾的社会分析方法的积极意义是,这一方法抓住管理的主要矛盾,对科学理性方法进行了否定。但是,科学理性方法应该有其合理性的地方,应该对其辩证地否定而不能全盘抛弃,应该批判性地借鉴,避免重视社会分析而忽略科学理性方法的积极性。

第3章 基于组织发展的系统理论与超越

正式组织是一种自觉的、有意的、有目的的一种协作。

权威实质上应该是自下而上,而不是自上而下的官僚途径。

——巴纳德

只有通过个人学习,组织才能学习;虽然个人学习并不保证组织也在学习,但是没有个人学习,组织学习无从开始。

最成功的企业将会是学习型组织,因为未来唯一持久的优势,是有能力比你的竞争对手学习得更快。①

——圣吉

管理思想中的社会系统学派与其方法论有直接的渊源,其理论既是哲学阐述,又是方法论的理性具体。其早期代表人物是巴纳德②。巴纳德把合理主义的推论与组织的研究结合起来。协作理论是他研究组织的逻辑起点和最终归宿。人们结成组织的目的是为了实现自我智力和价值。组织能满足个体的物质诱因和精神诱因。受到环境的制约,成功的组织并不多,且短命。超越组织的限制,唯协作方法。协作既是组织长寿的方法,又是实现个人无法单独实现的目标的途径。巴纳德以社会学家的高瞻远瞩看待组织,又以物理学家的细致态度来分析组织,他把系统分析的方法应用于组织分析和经理人员的职能分析。20世纪80年代以后,随着行为科学研究的深入,管理思想发展进入一个全新的视角,其中"学习型组织"理论是其代表性的成果。从方法论来说,"学习型组织"是对巴纳德系统分析方法的继承和发扬,最早将学习型组织理论化和学说化的

---

① [美] 圣吉:《第五项修炼:学习型组织的艺术与务实》,郭进隆译,上海三联书店1994年版,第1页。

② 巴纳德(Chester I. Barnard, 1886—1961)是西方现代管理理论中社会系统学派的创始人,在人群组织理论上做了重要的贡献,曾担任美国新泽西贝尔电话公司总裁,帮助制定过美国原子能委员会的政策,1948—1952年期间任美国洛克菲勒基金会董事长。

是圣吉①，1990年他在《第五项修炼：学习型组织的艺术与务实》中，首次对学习型组织进行了阐述；1994年出版了实践篇《第五项修炼：创建学习型组织的战略和方法》。系统论、协同学、控制论发现了物质世界的存在方式，模仿这些方式称为新的方法论。圣吉从系统动力学那里得到灵感，引用对世界存在方式最新的诠释（"三论"）来考究工业组织，并研发出具体的五项修炼。"三论"与圣吉的"五项修炼"具有内在的逻辑一致性。自然状态的协同、自组织成了圣吉的"团体学习、深度汇谈"。

3.1 组织协作理论与超越

运用系统思想研究管理思想在泰罗那里已经有了萌芽，自巴纳德始走向了自觉和成熟。② 巴纳德把帕累托（他从法文看过其作品）和韦伯（他从德文阅读其著作）的理论和怀特黑德③的哲学应用于其组织协作系统的深入分析之中。④ 巴纳德还受到梅奥、福利特等人的启发，把社会学概念应用于管理学研究，并把重点放在组织结构的逻辑分析上。巴纳德系统分析的方法体现在他对组织协作的整体性分析上，他把组织的起源理解为多种要素的交互过程，把"个性"看作是承载整体的基因，认为领导的职能应与组织整体协调相一致。

---

① 圣吉（Peter M. Senge，1947— ）1947年出生于美国芝加哥，1970年获史丹福大学航空及太空工程学士学位，随即转向进入麻省理工学院读研究生，为弗瑞斯特（Jay Forrester）教授的系统动力学整体动态搭配的系统管理观所吸引，探索管理与系统的关系，1978年获博士学位，以后孜孜不倦地研究系统动力学与组织学习、创造原理、认知过程等的关系，提出了组织发展的蓝图。这就是人们在工作中能感知生命的意义和实现共同愿望的"学习型组织"。
② 刘敬鲁：《整体思维在现代管理理论中的凸现及其知识论定位》，载《中国人民大学学报》，2006年第4期，第2页。该文把系统思维概括为整体思维。
③ 意大利经济学家、社会学家帕累托提出帕累托改进（Pareto Improvement）。帕累托最优是指在不减少一方福利的情况下，就不可能增加另外一方的福利；而帕累托改进是指在不减少一方的福利时，通过改变现有的资源配置而提高另一方的福利。巴纳德的组织协作理论中提倡劳资利益互惠与这类似。巴纳德对韦伯的组织理论基本上是持批评态度。怀特黑德，英国数学家、哲学家。1933年出版了他的最后一部哲学著作《观念的历险》，它全面地探讨了暴力以及人、上帝和宇宙的观念在西方文明形成过程中所起的作用。他的哲学理论在美国引起热烈的讨论，巴纳德认为组织起源于协作而非暴力，受到怀特黑德的影响。
④ ［美］丹尼尔·A. 雷恩：《管理思想的演变》，李柱流等译，中国社会科学出版社1997年版，第347页。

3.1.1 组织的起源与发展

巴纳德批评过去的理论家缺乏系统的协作思维，对组织过程进行了单科学、单方面的考察，把组织的本质属性（协作）给舍弃掉了。正因为这样，人们一直没有认识组织的真正面目。

"如我所见，社会学家、社会心理学家、经济学家、政治学家和历史学家关于组织力量的描述很少一致。这些学家总是从他们的角度出发，很少去认识协作和决策过程。协作和决策过程占据着组织现象的基础的大部分。他们没有理解正式组织是社会生活的重要特征，是社会本身的主要结构方面。"[①]

过去思想家对国家和教会起源的思想是"法律万能主义"，没有从最基本的整体性的协作来考虑，妨碍了对组织一般特性的探讨。国家和教会的起源谈论的都是关于权威的起源，结果是导致了拒绝接受组织真实过程的"法律万能主义"。这些学说从法和权威的角度来解释组织，好像不这样就不是组织。有一个思想家例外，那就是埃尔利希。其《法社会学基本原理》对巴纳德影响很大，这本书的基本观点是："所有的法律都起源于社会性组织起来的人们的正式的和非正式的理解。这些理解被制定为法律的条文和被立法当局公布。这些法律的起源不是来自立法者、统治者或者法庭，而是来自各种形式的家庭和组织起来的人们。"[②]

巴纳德十分赞赏这一思想，称"符合我经历的事实"。巴纳德指的是美国的立法过程。按巴纳德的理解，法律这个系统是人们决定的，不是权威恣意组建的。

巴纳德认为把组织理论弄混淆除了上面所说的权威主义以外，还有一个功利主义。功利主义把组织起源归因于经济因素。这种思想同样是分割了组织的整体功能。

"由亚当·斯密及其后继者发展起来的经济理论对组织的社会性不太关心，对经济过于关心。还有那些根植于功利主义之上的唯物主义哲学中的经济理论，强调了社会行为中的经济决定，直到现在，还认为人只是附带有些社会属性的

---

① Chester I, Barnard. *The Functions of the Executive*, MA: Harvard University Press, 1960, p. iv.
② Chester I, Barnard. *The Functions of the Executive*, MA: Harvard University Press, 1960, p. iv.

经济人。"①

巴纳德认为，正是经济决定论误导了人们对组织的理解，以为组织中的人是经济活动的中心而不是社会活动的中心，社会活动只是经济活动派生的，其核心的概念是经济人假设。

经济人（economic man）假设是古典经济学、政治学、法学、社会学、管理学的理论前提。两个世纪以来，人们坚信经济发展就是社会发展，经济发展是人们幸福生活的决定因素。巴纳德从管理的实践中体会到这种假设的弊端，有意识地与经济人假设诀别，确立新的社会观念。巴纳德切身体会到在政治组织、教育组织、宗教组织这样一些非经济组织中（甚至在经济组织中）存在着动机、兴趣、过程等非经济因素，正是这些非经济因素在人的行为中起到了重要的作用。所以，巴纳德觉得有义务和必要来帮助人们厘清组织理论的混乱，真正看清正式组织和一般的社会关系。

巴纳德认为正式组织虽然有人提过，但是却不知道它的内涵。人们忽略了这样的一个客观过程：正式组织是完成社会功能的过程。在讨论劳动、政策、组织的文献中，以前的思想家没有一个提及"工作组织的必要或经理人员的职能"；有的尽管提及，如乔赛亚·史汤普爵士的《社会调节的科学》，但没有把正式组织看作是对付外界条件变化的调节过程。忽视组织的调解功能，好比"解剖学中少了一样重要的器官，或者生理学中少讲了一项重要器官的功能"。

由于组织系统的复杂性，理论界还不能给正式组织一个明确的定义。巴纳德认为自己也只能给正式组织以描绘性的解释：正式组织是"一些进行协作的结合体"，"正式组织包括两个以上组成的家庭、企业、地方自治体、政府机关和部门、协会、俱乐部、会社、友爱团体、教育机构、宗教团体等"。这样算来，正式组织的组合重叠的数量超过了对应的人口总数，"在美国数量有好多千万"。

正式组织的功能就是"有意识、有计划、有目的的协作"。由于正式组织的存在，人们的行为才具有稳定性、成功性。

巴纳德把组织看作是一个系统，这个系统需要用符合系统发展的手段来维护，这个手段就是整体性的协作。从历史上看人们因缺乏整体性的协作而导致了组织的失败和短寿。

人类所创立的组织没有一个能持久地生存。"现代文明的特点是各个时期存

---

① Chester I. Barnard. *The Functions of the Executive*, MA: Harvard University Press, 1960, p. X.

在大量的组织，但不能意味着某个特定的组织能够长久地存在下去。就像人口会存在下去，单个人却不能存在一样。""在西方文明史中，只有一个组织——罗马天主教会——存在了很长时间。少数大学、极少数民族政府或正式组织起来的国家超过了200年。"究其原因，组织的短寿是由于"协调的失败、协作的失败、组织的失败、组织的解体、崩溃和破坏。"①

对组织失败的原因应做系统的考察，除了内因是"协调失败"之外，还有一个外因，那就是"外力干预"。组织失败的原因，常常被人归结为"人性的反常、自我主义、斗争的本能、错误的经济制度；还有的归结为组织结构上错误或者归结为机能不好、缺乏团结、管理不善等"。巴纳德可不这么认为，他认为"以上的这些缺点可能都存在，但正式组织的不稳定或者短寿的直接原因来自外界力量"②。尽管外界环境为组织提供物质能量，但又限制组织的行为。这些外界力量有物质的、生物的和社会的力量，这些力量在维系着平衡，不会让一个组织长久地生存下去。正因为如此，组织要想生存就得"实行调节"。只要学会调节、协调，组织才会长寿。

巴纳德运用系统观点分析组织失败的原因逻辑严谨，既有内因又有外因。

巴纳德区分了重点，把内因看作是主要起决定作用的方面。外力并不能决定一切，只要内部能协调就能适应外界的变化，组织可以幸免于难。巴纳德引用了亚里士多德《形而上学》中的一段话作为《经理人员的职能》的开篇语，由此说明内因的重要：

"一支军队的能率，部分地决定于秩序，部分地决定于将军，但主要决定于后者。因为将军并不依赖于秩序，而秩序却依赖于将军。所有的事物，鱼、鸟和植物，都以某种方式具有秩序，但不是以相同的方式。但体系却不是这样，一个事物与另一个事物之间不是没有关联，而是有着明显的关联。所有的事物都是为着一个目的而具有某种秩序的。但其安排正如一个家族内安排那样，自由人很少有随便行动的自由，全部行动或绝大部分行动是事先给他安排好的；而奴隶和动物则很少有共同的责任，绝大部分是随便行动。"③

这段话在今天并不适合管理，因为忽视了"奴隶"的作用。这与巴纳德所

---

① Chester I, Barnard. *The Functions of the Executive*, MA: Harvard University Press, 1960. p. 5.
② Chester I, Barnard. *The Functions of the Executive*, MA: Harvard University Press, 1960. p. 6.
③ Chester I, Barnard. *The Functions of the Executive*, MA: Harvard University Press, 1960. p. 2.

要表达思想也不一致。巴纳德引用这一段话是要说明"将军"（文中的经理人员）在组织结构中的作用。好的"将军"能够协调组织，可以使组织的内部要素组成有利的秩序，可以延缓组织的寿命。

在所有的组织中，只有两类组织具有支配性的占统治地位的组织。"一类是教会，即正式组织起来的宗教团体。另一种是国家，即正式组织起来的政治团体。"① 其他组织都从属于这一最高的形式之下，但它们相互之间具有系统的独立性。占统治地位的组织通过制约关系，限制了从属组织的目的和活动方式。

支配关系衍生出组织从属性和重叠性，这给个人角色定位带来困惑，也给个人带来价值的冲突。当中层与最高层发生利益冲突的时候，组织中的个人归属和意愿受到冲击。个人可能同时归属于不同的组织，受不同的组织目标的驱动，目标冲突是不可避免的。

除了正式组织以外，还存在非正式组织。非正式组织是"由人数2个以上到一大群人不等。他们接触的特点是，没有特别的目的"。这种接触可能是正式组织引发的。非正式组织对正式组织的情感可能是友好的，也可能是敌意的。参加人员都能受到别人情感的影响，改变某些看法。非正式组织虽然排除在目的意义之外，但是对成员却能产生共同的后果。非正式组织是不确定和没有固定结构的组织。它没有固定的形态，组织内密度也经常变化。

从大的方面看，正式组织和非正式组织也是一个系统，两者相互依赖。"非正式组织的态度、习俗影响着正式组织，并且部分地通过非正式组织而表现出来。他们是同一现象的相互依存的两个方面——社会由正式组织所构成，而正式组织受非正式组织的影响和调节。要强调的是，两者缺一不可，其中一个失败了，另一个也会解体。"②

美国文化非常重视非正式组织。执政当局常常在意民意怎样想，民意调查的结果往往影响政府的决策，似乎存在一个"看不见的政府"③。

巴纳德对组织的起源、组织内部的关系、组织与外界的关系做了系统性的哲理分析。分析之后他进行了总结："（1）人们不是为联合而联合，而是基于个人原因，继而相互作用形成系统和组织的。（2）个人的相互作用是有限的，但

---

① Chester I, Barnard. *The Functions of the Executive*, MA: Harvard University Press, 1960. p. 96.
② Chester I, Barnard. *The Functions of the Executive*, MA: Harvard University Press, 1960. p. 120.
③ Chester I, Barnard. *The Functions of the Executive*, MA: Harvard University Press, 1960. p. 121.

通过链条交汇关系可以发展到广大地区和广大人群形成组织。（3）非正式组织使得正式组织得以产生，正式组织为任何一个大的非正式组织或社会所必需。（4）正式组织通过非正式组织表露其态度、思想，与非正式组织有分歧。在相互作用中，都以近似的方式相互矫正和依存。（5）正式组织一旦建立后又产生非正式组织。（6）非正式组织作为信息交流、凝聚和保护个人人格的手段，是正式组织营运所必需的。"①

3.1.2 组织中的个性

前面讲到，巴纳德把内因看作是组织存在发展的决定性方面，认为"将军"（经理人员）是激活内因各要素并形成合力的关键人物。他们能协调组织的关系，能够对人进行组织。为什么能把人组织起来？怎样组织？巴纳德认为答案突破口还在组成系统的基本要素（"个性"）上，有些问题是绕不开的，如"个人是什么""人是什么意思"。

巴纳德认为，个人虽然是独立的要素，但却不要把个人当作孤立的个体，也不要把个人当作一般的个体，那样破坏了系统的多样性。大多数经理人员对"个人"总有个基本的假设，即把"个人"当作一般的个体。"当我们试图说服别人按我们的意愿做事时，假定他们能被说服；当为别人提供教育时，假定他们若不受到教育，就无法做事。"这种假设是抽象的"一般人"假设，以为在自由活动中，"个人"是个别的、独特的、单独的人；可是到了组织，个人就失去了他的独特性，被当作没有个性的事物来对待。

以前社会进化出来的称呼也反映了人们在不同场合对个人的假设。下列的对立的名词组就表现出对个人的不同假设："个人主义""集体主义""自由""一律化"等。同样是"个人"，归属不同，对他的假设就不同。巴纳德认为，这是人们没有弄懂个体是整体属性与个人属性统一的缘故，其实个体在组织中应仍然是自由、个人主义特征的个体。

为了帮助人们澄清错误的假设，巴纳德运用系统方法对个性进行了四个方面进行探讨：（1）个人的地位及本性；（2）对待人的问题的角度；（3）协作体系以外的个人行为；（4）人的行为的有效性（effectiveness）与能率（efficien-

---

① Chester I, Barnard. *The Functions of the Executive*, MA: Harvard University Press, 1960. p. 123.

cy）①。

第一，关于"个人的地位及本性"的探讨。

虽然"个人是一个特定的、个别的物的存在（physical entity）"，他与其他事物是没有什么区别的，他的温度随着环境的改变而改变，他的重量是地心力的一个函数。但是，人不仅仅是物质的，他"作为一个活体，具有一种调节能力（power of adjustment），能够调节内外的平衡而生存下去"②。人这个"活体"（living things）本身代表其物理的因素和生物的因素的综合体。如果除去了任何一个因素，人的活体行为就不会表现出来。单个的有机体（个人）是以所有的复合因素出现的，不仅代表了普遍的物的因素，而且代表了漫长的物种（人群）的历史。"单个人的有机体只有同其他人的有机体联系起来才能行使其功能。"个体不能脱离与其他个体的相互关系而存活。人是接受与付出的两性（bisexual），他们相互之间交换辐射能量，互相反射光线。作为生物，他们相互竞争食物，体现着既是物的要求又是生物的要求的两性本能。

虽然这一分析带有人本主义倾向（从生物属性来分析），分析中的系统方法是明显的。个人与环境、其他物种、人类是不可分割的。马克思认为人之所以为人最重要的特征是：人是一切社会关系的总和。巴纳德在这段对个体的地位分析中没有体现人的社会属性，在随后的对人的解释中又弥补了该缺憾（见下文），但仍然没有把这一属性作为主要的属性来看待。尽管这样，其论述过程仍显示了系统分析的方法。

巴纳德谈到了他的方法，提倡从直觉思维上升到系统思维来认识人。直观思维结束时得到的结论是静止的、孤立的。人们开始观察个体时，运用的是直觉思维，以为在人际交往中会形成越来越个体化、单独化、独特化的具体的人。但如果细想个体成长的历史，以及相互之间的影响，个体化的特征就越模糊，个体越来越呈现其他个体的象征。直觉思维最后得到了一般性的结论，把人看作没有差别的人。

"先感觉到自我，然后是亲属、同事、朋友、偶尔碰到的人、知道的人、听到的人、人群中的人、统计数字中的人，等等。周围人越同自我相距甚远，独特的人这个词的意义就越淡化，好比一个引起我们注意的一个点，同其他点一

---

① Chester I, Barnard. *The Functions of the Executive*, MA：Harvard University Press, 1960. p. 9.
② Chester I, Barnard. *The Functions of the Executive*, MA：Harvard University Press, 1960. p. 10.

样。于是，个人就不再是一个特定的人，而是一个工人、一个市民、一个没有特权的人、一个士兵、一个官员、一个组织的成员。"①

到了普遍性的称呼之后，人们似乎忘记了活生生有个体差别的人。巴纳德不愿意人们的思维停留在这一层次，应该知道"个人是一个单独的、独特的、独立的、分离的、完整的人，体现着历史的关系，包含着物理的、生物的、社会的要素"②。同时他又是社会化的人，他是"雇员""成员""贡献者""经理人员"。

把人理解为一般的人是直觉思维的成果，把人看作是一般和个别的统一需要系统思维的指引。大多数人停留在直觉思维上，把组织的个人看作是没有差别的，不存在去协调各种差异的问题。

巴纳德关于"人的地位与本性"的探讨结论可以概括为：个人打下社会痕迹，传承着社会文化，呈现共性的特征；受直觉思维的影响人们用共性掩盖了个性。巴纳德在此打下伏笔，用以说明个性与共性相互关系对管理的影响。个性本来就存在，需要"经理人员"对各种个性进行协调以产生整体功能。正因为人有共性，说明人的个性行为也可以调整，"经理人员"能够通过协调影响到个人。

第二，关于"人的性质"的探讨。

为什么要在管理领域做"人的性质"（人性）的阐释？巴纳德解释道："虽然人性的自由意志的问题只在哲学的和科学的论文里才有，之所以在这里陈述，是因为许多方面都影响对职能问题的解读。"③

也就是说关于人的哲学观念影响到管理人的方式。例如，人们常常责备某个人没有做合乎情理的选择，责备者往往从自己的条件来假设，没有看到"自由意志的有限性"和外界条件的限制，没有看到系统的因素在起作用。如果认为个人具有人的一切特性，那么激励一个人的方式就会采取训练、态度灌输、提供诱因等，因为友善、激励对个人都起作用。这些构成了管理原理。如果不能认识这些原理，就会导致错误，还会导致组织解体和改革失败，特别是行政

---

① Chester I, Barnard. *The Functions of the Executive*, MA: Harvard University Press, 1960. p. 12.
② Chester I, Barnard. *The Functions of the Executive*, MA: Harvard University Press, 1960. p. 12.
③ Chester I, Barnard. *The Functions of the Executive*, MA: Harvard University Press, 1960. p. 14.

领域的失败。①

"个人具有人这个词所包含的一切特性"是巴纳德关于人性的结论。人的普遍特性包括："行为、心理、有限的选择、目的"。"有限的选择"并不与人的选择能力、决定能力和自由意志相矛盾。可是人到了组织往往被忽略自由意志，而自由意志对于保护个人的完整性是必须的。"个人完整性感觉的破坏，就是适应能力，特别是社会适应能力的破坏。"个人自由意志的破坏最终影响到组织整体协作，因为一旦个体缺乏自由意志便变为没有追求的人，那些没有自我追求、缺乏自尊心、认为自己所想所做无足轻重、没有主动性的人，往往成为病态的、不适应于协作的人。

巴纳德的推理前后连贯：（1）系统的偶然因素影响到个性，个性呈现出别人眼里违背常理的情况；（2）经理人员不要以自己的思维作为普遍性标准去度量他人的思维，应把个性的张扬看作普遍的存在，把它看作组织发展的动力。巴纳德打下第二伏笔，用以说明经理人员应该认识到所有的个性都是有原因的，没有天生的特别的个性来对抗组织协调，应用协调的办法对待组织中的不同个性，而不是用自己的标准去统一，这样组织才能长寿和成功。

第三，关于对人观察角度的探讨。

要想给人以一个全方位的视图似乎很困难，往往只能从侧面来观察。"管理人员""政治家""雇员""顾客"这些称呼反映的都是人的侧面。但它们虽是侧面却具有普遍性的高度，往往"比个别的人的空间要大，时间要长"。根据情况而变化，对人的观察角度往往从一个侧面跳到另一个侧面。虽不能全方位地观察，还是有主要的观察角度（侧面）。

巴纳德认为，观察人有两种角度：一种是把人"作为特定的协作体系的参加者的人，纯粹从他们的职能方面，即作为协作的侧面来观察"；"另一种是把个人看作物理化、生物化、社会化的个人，即从有限的选择的侧面来观察"。②

只要把人的活动置于系统的过程，两种角度便可合二为一，两个侧面都清晰可见。人们把愿望、推动力、需求叫作动机，譬如追求一个苹果，这是动机。似乎动机体现不出过程体系，其实不然，苹果是农民种出来的，其他人得到苹果就体现了协作过程。动机衍生出其他意想不到的协作体系，也把从职业的角

---

① Chester I, Barnard. *The Functions of the Executive*, MA：Harvard University Press, 1960. p. 15.

② Chester I, Barnard. *The Functions of the Executive*, MA：Harvard University Press, 1960. p. 16.

度分出来的农民、商人和其他角度下的利润、劳动全都合为一个体系。

第四,关于"人的行为中的有效性和能率"的探讨。

"一项行为如果达到了目的,那么是有效的。达到了目的又没有产生消极的后果,那是有能率的(efficient)。如果达到了目的,但产生了抵消目的的消极后果,那是无能率的(inefficient)。"①

人所追求的目的,大致分为两种,一种是物质的,如空气、水、阳光等;另一种是社会的,如相互交流。对人的目的性行为的描绘分为两派哲学,一派哲学把人的行为描写为被动的,否认人的选择自由和意志自由(环境决定论);另一派哲学把人看成是主动的,意志自由的,把物和社会条件看作是次要的从属的(唯意志论)。巴纳德认为,只要组织能达到能效,这两派观点都可取。"尽管他们的解释能够与人的行为某一方一致,但我不想调节他们的分歧。但在描述组织协作过程中,这两派观点是可用的。"②

看来,巴纳德重视的是实现能率的方法,不在乎唯意志论与环境决定论之间的争论。哲学观点可以有争论,但方法论在组织能率的基础上可以是相同的。对于人类组织而言,重要的是系统的方法,这一方法"如同要求经理人员的职能是通过具体的活动促进各种力量的综合,调节相互冲突的各种力量、本能、利益、条件、立场和理想"③。

3.1.3 组织协作的动因

组织的产生与发展依赖人们的协作,人们参加组织、相互协作必有各种动因,巴纳德对此做了系统的分析。

第一,协作不仅仅是满足个人物质上的需要,更主要的是克服个人能力的限制。

"如果人仅仅是为了满足生物性的需要,就不需要协作。"协作存在的理由是克服个人能力的限制。物的环境常常限制了个人目的的达到,个体要达到目的,必须走向协作才能克服生物属性的限制而成功。"最为简单的例子就是需要较个人更大的力来搬运一块大石头;较为复杂的例子就是,需要不同的人在不

---

① Chester I, Barnard. *The Functions of the Executive*, MA: Harvard University Press, 1960. p. 21.
② Chester I, Barnard. *The Functions of the Executive*, MA: Harvard University Press, 1960. p. 21.
③ Chester I, Barnard. *The Functions of the Executive*, MA: Harvard University Press, 1960. p. 21.

同的地点工作。"协作是为了改变环境，需要个人间的一致行为。

协作动机和分配有关，但分配不是唯一的决定力量。"协作过程的成果可能分配，也可能不分配给参与者。通常不直接分配成果，而且很少全部分配。参与协作体系的个人努力同协作产品的全部或被分配的部分之间并没有直接的因果关系。"① 显然，巴纳德反对经济决定论，认为人们参加组织的动机是复杂的，经济动机仅仅是人们参加组织的动机之一。

第二，个人能力通过协作过程而提高。

协作不仅仅是人与人之间的目标关系，更大的范围来说，"是物的因素、生物的因素、社会因素这些不同因素的综合体"。通过各个方面的相互作用，个体习得和培养一种在分离状态下无法获得的能力。

举例说明的话，最复杂的协作是"语言"。语言是一种物的事迹（event），它需要物的力量，转化成声波；经过生物行为，在肺、喉、鼻、舌、牙、唇和神经系统的共同作用转化出来；语言还是一种社会现象，通过接触和学习才能掌握。

协作一旦形成，阻碍协作的因素也随之而生，加入协作的诸因素对协作施加"综合限制"，继而引发人们有目的的协调行为来突破这些限制，通过变更物的因素、生物因素、社会因素而达到目标的效能。个人、团体的能力在变更、创新中提高。

第三，人们加入组织是有条件的，因而组织要向个体提供诱因。

为什么组织向个体提供诱因而不是向团体提供诱因？因为："个人始终是组织中的基本战略因素。不管个人的来历和义务，要使他协作就必须向他提供诱因，否则没有协作。诱因不恰当会导致组织解体、组织目的改变或协作失败。所以组织的任务是提供恰当的诱因以便自己能够存在下去。组织失败可能绝大多数由于管理工作在这个方面的失误。"②

组织招引个人的目的是要个体为组织做贡献，使抛出去的诱因有效，因此必须寻找积极诱因、减少负面诱因，如缩短工时、提供较好的劳动条件、增加工资等。

巴纳德把诱因分为两类：一类是"客观诱因"，一类是思想诱因。前者满足

---

① Chester I, Barnard. *The Functions of the Executive*, MA: Harvard University Press, 1960. p. 33.
② Chester I, Barnard. *The Functions of the Executive*, MA: Harvard University Press, 1960. p. 139.

个人的经济需要（绝大多数的工业组织采用），后者满足个人的思想需要（绝大多数爱国组织和宗教组织采用）。巴纳德根据这两个类别提出了组织提供诱因的三种方法，每一种方法都不是独立起作用，都有局限。

第一种，提供物质诱因，但要注意这种方法是有限的。

"物质诱因（material inducements）指金钱、物品、物质条件。这些是作为服务的报酬、贡献的补偿。"① 从封建社会脱胎而来的货币经济手段，使人们夸大了金钱的魅力。其实，人满足了基本上的生理需要（食物、住房、衣服）之后，如果没有其他诱因的刺激，"超出了生理需要以外的物质诱因的效力是很有限的"。很多人难以接受"物质诱因是有限的"的观点。因为："工业革命和经济的货币体制和科学技术使得产品的生产极易提供，并以纸币形式虚拟化、银行化，随时可以转变成想要的东西。人们也乐于被培养了对物质的追求爱好。由于现有的诱因达不到协作和社会结合的程度，在没有新的物质欲望的刺激下，科学技术在物质上的成功就不可能。因人口的膨胀和就业的压力就不需要科学技术，大部分人都生活在勉强维持生活水准上，技术的应用加速失业。在这种状况下，物质诱因是强有力的诱因，这也使得人们在条件改善的情况也一直这么认为。"②

这样，造成了一种社会心理趋向：应当去追求物质的东西。在培养年轻人理所当然的抱负时，以物质占有多少作为是否是好公民的标准，作为证明自己的有力证据。当内心占统治地位的需求得不到满足的时候，就解释为物质追求没有得到满足。

"除了极少数人外，超过生活水准以上的物质报酬是无效的。"③ 因为，对于大多数人而言，既不会为了获得更多的物质报酬而更加勤奋地工作，也不会因此对组织多做一份贡献。即使从历史上看，物质诱因也不见得是最大诱因。绝大多数强大组织几乎没有物质诱因可提供，或者说根本没有可供提供的物质诱因。军队常缺乏物质诱因，政治组织常没有物质诱因，宗教组织简直提倡物质上的牺牲。即使在商业组织中，物质诱因也很微弱甚至是微不足道。

因此，我们应系统考虑"维持生活的最低生活报酬以外的非物质诱因"，如

---

① Chester I, Barnard. *The Functions of the Executive*, MA: Harvard University Press, 1960. p. 142.
② Chester I, Barnard. *The Functions of the Executive*, MA: Harvard University Press, 1960. p. 143.
③ Chester I, Barnard. *The Functions of the Executive*, MA: Harvard University Press, 1960. p. 144.

"优越感、威信、个人权力、获得支配性的地位"。

从政治组织中当然能看到这一点,即使在纯粹的商业组织中也能看到这一点。不伴随权力提升的提薪是无效的,没有刺激力量。如果收入增加,威望降低,暂时性的刺激也会很少发生。如果物质报酬较低,但有优越感,人们也能接受。"如果物质的提升没有跟上社会地位的提升,这会成为嫉妒和分裂的根源。"

第二种,提供精神诱因(即"理想方面的恩惠"),这个方法也不能单独起作用。

"理想方面的恩惠(ideal benefaction)",即满足个人有关理想(非物质方面的),诸如"利他主义"方面的动机,包括:"对自己技艺的自豪感、对家族和他人的利他主义服务、对爱国主义的忠诚、美感和宗教情感。"这也是支持组织的一个支配性因素。

第三种,"说服的办法"。

物质诱因和精神诱因是吸引个体自动加入组织的方法,但这些永远不可能激起人们进行协作的全部诱因。组织要达成目标,还有一种办法,即"说服的办法"(method of persuasion)。广义上的说服包括强制执行、机会合理化、动机的灌输。

(1)强制方法。"强制方法是一种杀鸡给猴看的一种说服手段,造成一种恐怖的气氛,使得那些没有直接受到排除的人愿意向组织做贡献。"① 这种方法为人们提供了不同的选择,要么为组织做贡献,要么被剥夺与社会结合的权利。用死刑、流放、体罚、监禁、剥夺某种权力、解雇等手段达到目的。奴隶制就是奴隶主用强制力达到的一种状态。奴隶要获得最起码的生存条件和保护,就得为组织做贡献。这就是奴隶工作的全部诱因。"那些看到受罚的奴隶,观点无疑受到影响,认为只有协作劳动,才能获得诱因;那些奴隶主也认为,这种方式提供诱因是恰当的。"巴纳德的分析具有现实的重复性,山西"黑砖窑事件"就在昨天。

(2)机会合理化(rationalization of opportunity)。"在现代社会中,机会合理化是重要得多的一种说服方法。"机会合理化先从思想观念上把合作的诱因合理化。诱因合理化可分为一般合理化和特殊合理化。一般合理化,即把社会组织合理化,号召人们为合理化的组织做贡献。宗教组织、政治组织常敦促人们为

---

① Chester I, Barnard. *The Functions of the Executive*, MA: Harvard University Press, 1960. p. 149.

"合理化"的组织效力。特殊合理化，说服人或者集团为特定的组织提供服务是符合提供者的利益的。

"以宗教为基础的十字军，以共产主义学说为意识形态的俄国是一般合理化的最引人注目的例子。"① 后来，西方一般合理化延伸到物质领域。对科学崇拜的方式变为对专利权的认可，对发明天才的赞美，对土地、森林、矿产开发和运输手段的推崇，继而对享受产品的推崇都被一般合理化了。

巴纳德认为，机会合理化提倡者往往是理想主义者。"许多理想主义者曾经非难过物质一般合理化：如果物质主义代替了其他诱因而成为协作诱因的话，那么它能使数以百计可能饿死的人得到起码的生计以外，它的其他社会价值是大可怀疑的。"② 巴纳德不赞成这类理想主义者的观点，认为，就凭物质能够帮助人生存，物质一般合理化也值得提倡，生存诱因的正当性是不用怀疑的。用现在的经济学的术语来说，迎合这一诱因是创造产品和获得购买力的过程。"如果物质诱因产生的后果足以使产生的害处最小化，那显然是值得的。"③

"特殊合理化是对个人发出呼吁，要他参加一个组织，接受一项任务，提供一项服务或为一项事业作贡献。这通常是工业组织、政治组织、宗教组织作招募工作时的手段。"④ 招募组织常常与其他组织进行比较，强调自己提供机会的优越性，以引起人们对这些突出诱因的兴趣。

（3）动机灌输（inculcation of motives）。动机灌输是最重要的说服方式，正式的方式包括对年轻人的教育和对成年人的宣传。

巴纳德对人们为什么要加入组织以及组织怎样招纳人员分析得比较全面，各个方面都涉及了，最后他来了一个总结，把人们加入组织的目的归入"诱因经济学"。

"诱因经济学是指提供客观诱因和进行说服工作所带来的收入和支出的净结果（net effect）。"⑤

---

① Chester I, Barnard. *The Functions of the Executive*, MA: Harvard University Press, 1960. p. 151.
② Chester I, Barnard. *The Functions of the Executive*, MA: Harvard University Press, 1960. p. 151.
③ Chester I, Barnard. *The Functions of the Executive*, MA: Harvard University Press, 1960. p. 151.
④ Chester I, Barnard. *The Functions of the Executive*, MA: Harvard University Press, 1960. p. 152.
⑤ Chester I, Barnard. *The Functions of the Executive*, MA: Harvard University Press, 1960. p. 153.

一个以提供物质诱因为主的组织，如果不能保证收入大于支出，它就不能长久地提供这种诱因。这一原理也适用于组织提供其他诱因。巴纳德认为，组织不论从物质方面还是从社会精神方面都应遵循极度的节约原则。这些原理与一般的经济理论是一致的，不仅适用于产业组织，同样适用于政治组织和宗教组织。

政治组织的基础诱因就是提供理想实现的平台和社会方面的满足。它的存在同样也遵循"低级的经济诱因"，给参加者以个人威望和物质报酬的希望。"所有的政治组织以物质诱因为手段引诱成员的加入，或直接为参加活动的成员付款或给予一个肥缺。"这是它的支出，它的收入是从成员身上收取会员费和会议费。这需要对诱因和收入进行平衡，支出不能大于收入，否则不能维持组织的正常运作。"在宗教组织中，尽管低级的引诱无疑是有效的，但主要诱因是理想方面的恩惠和教友的思想感情的交流。"虽然宗教组织的重要工作是对人的说服工作、传教工作，但它也遵循经济诱因学。"那个组织"要维系巨额的物质支出，常常要求教徒以各种方式作出物质贡献。教徒也常陷入一种矛盾心理："作为信仰和忠诚的表示，个人要作出牺牲；牺牲是信奉和维持资格的一种恐吓手段。"

巴纳德"诱因经济学的解释"说明了他一方面运用系统方法对人们加入组织的动机进行分析，另一方面他还没有完全摆脱经济决定论模式的影响，把所有组织都归为类似经济的组织的动因，很难解释组织和个人的慈善行为。

3.1.4 "领导"的"职能"

巴纳德对组织起源和发展的分析、对组织个性的分析都是为了证明经理人员职能应该是什么。在其得出结论之前，他从决策谈起，对领导的职能进行了系统分析。

第一，领导的决策通过组织程序，他受组织系统的制约。

个人的决策是独立完成的，组织的决策则通过经理人员的决策来完成，从理论上分析，经理人员处于信息的中心，具有决策拥有的信息资源。经理人员与组织的关系是决策的委派关系，他不再是代表自己进行决策。

"个人决策通常不能委托别人来做；而组织决策即使不是始终可以，也常常委托别人做。组织在做一个重要决策时，最终形式可能由一个人来做。但有许多辅助性决策则由其他人来做。因为决策是否妥当取决于对情况的了解和组织的目的，因而同组织的信息交流是密切相关的。中心的和一般的组织决策最好在组织的信息交流体系的中心作出，因而决策权必须分派给位于这些中心位置的人。位于这些位置的人一般叫作经理人员。总而言之,经理人员职务的一个特征是,他们代表着组织决策的专门化——而这正是经理人员职能的本质。"①

第二,决策"委派关系"存在经理人员与组织成员的矛盾。

组织存在的本质不是为了经理人员,而是为了众多个体的协调。照理组织决策应由大家来做,但这样不现实。参加者复杂性原因才使得经理人员的决策成为必要。从现实过程来看,经理人员的决策能促进其他许多人员的正确行为(包括恰当的决策)。② 尽管这样,组织决策存在着经理人员的决策与组织成员决策的矛盾。从决策的信息重要性来看,应该首先注意经理人员的决策;从总体的重要性来看,应该主要关心的不是经理人员而是非经理人员这些组织参加者的决策。但组织决策通过经理人员来完成。

第三,决策根据情况的变化而变化。

个人决策和组织决策有一点是共同的,都是对外界的反应。许多个人行为和相当部分的组织行为都可以看作是对环境条件的反应。反应是灵活的,没有固定的决策过程。决策的意义在于根据情况变化进行决策。"控制可变的战略因素,即在恰当的时间、恰当的地点,以恰当的方式、恰当的数量加以控制,以便恰当地再确定并实现目标。"③

领导身上的双重角色使决策的困难在于:他们很少有直接观察的机会,没有决策的直接证据,只能从间接证据的累积来做决定。间接性将导致主观性和盲目性。因此,"决策的艺术在于:对现在不适当的问题不作决策,时机不成熟的不作决策。对不能有效实行的事不作决策。对应该由别人决定的事不作决策"④。

第四,从组织协作的角度选拔领导人。

巴纳德认为,对经理人员的选拔应该从组织协作系统上考虑,不应只考虑技术能力,更主要的是考虑其道德水平。

一般而言,系统自发产生信息交流的中心。同理,"领导者岗位的选定"是系统信息交流的结果。组织一旦形成,对领导者(经理人员)最重要的要求就

---

① Chester I, Barnard. *The Functions of the Executive*, MA: Harvard University Press, 1960. p. 189.
② Chester I, Barnard. *The Functions of the Executive*, MA: Harvard University Press, 1960. p. 192.
③ Chester I, Barnard. *The Functions of the Executive*, MA: Harvard University Press, 1960. p. 205.
④ Chester I, Barnard. *The Functions of the Executive*, MA: Harvard University Press, 1960. p. 194.

是他对组织的"忠诚"。如果不能做到这点，信息交流线路就会受阻。对经理人员的资质要求，在世俗组织中叫"责任心"，在政府组织叫"忠诚"，在宗教组织叫"完全皈依"。

组织向经理人员提供有形的物质诱因来促使他完成领导职位的职能。但"责任心""忠诚"却不是这些物质诱因能买来的。"责任心""忠诚"体现组织所有成员的愿望和领导者内心愿望的统一。就好比威信是经理人员所喜好的诱因一样，"忠诚"也是他内在的渴望。接受物质诱因与对组织的"忠诚"不是完全的对等关系。

相对于"责任心""忠诚"之类的，物质诱因就成了第二位的动力。"一些教会和社会主义国家向显贵和高官提供直接的和间接的诱因，并不把刺激责任心的物质诱因看作主要的动力，而是被认为是附带的和表面的。"巴纳德把经理人员的责任心和忠诚归结为组织的必要要求和经理人员的价值要求，不把它看作是物质诱因的回报。这一思想具有深刻的内涵。高薪养廉的行政激励措施，巴纳德是反对的。对于处于信息中心的领导来说，能力固然重要，如果偏离了"责任心""忠诚"，他是不称职的，危害性很大。

什么样的人才能适合做管理者呢？具备一定知识、能力、经验，还需要洞察力、判断力、勇气以及责任感。这些都是一般所要求的条件，更重要的是"责任心""忠诚"之类的，还包括高尚的情操（integrity）。日本管理学家三户公表达了与巴纳德同样的思想：

"绝不能把品德恶劣的人提拔为管理者，如果让这种人当领导，组织的精神环境被污染，组织也会随之萎缩。如果让品德恶劣的人担任自己的上司，那么其下属的人将难以忍受。他们的生活将会变得十分不快。"①

第五，经理人员的根本职能是维持一个协作体系。

管理岗位上的经理人员所做的工作并不都是管理工作。"只有维持组织营运的专门化工作才是管理工作。"从根本上说，"经理人员的职能是维持一个协作的体系"②。经理人员的职能是非个人的，是群体性的。不能狭隘地把经理人员看作是"管理一群人"的盈利人员。经理人员的职能不是一个"独立的体系"。好比神经系统是独立的体系，其职能却不是独立的体系。神经系统能协调各个系统，但不能完全控制其他系统。具体而言，经理人员的职能是"（1）提供信

---

① ［日］三户公：《管理学与现代社会》，李爱文译，经济科学出版社2000年版，第22页。
② Chester I, Barnard. *The Functions of the Executive*, MA: Harvard University Press, 1960. p. 217.

息交流的体系;(2)促成必要的个人努力;(3)提出和制定目的"①。

"经理人员的职能"是巴纳德《经理人员的职能》的最终落脚点。他对经理人员职能的阐述完全按照其论述组织成立的逻辑来陈述(组织起源于协作,个体加入组织有目的)。经理人员职能之一是"提供信息交流的体系",那就是:建立组织构造和组建经理人员,进行人员的选择和诱因的提供,获得一个非正式组织。② 经理人员职责之二就是"促进必要的个人努力",那就是:促使人们建立协作关系,使人们提供服务。这类工作是针对组织以外的人做工作。这类工作之所以必须,不仅是适应组织发展的需要,而且是不断地补充人员的死亡、辞职、移出、开除等造成的人员减少。经理人员职责之三是"目的与目标的制定",那就是:把一般目的,即主要决策灌输给下层人员,使他们能够团结起来,能够作出协调一致的基层具体决策;同时使上级人员能够了解基层的具体决策。③

总而言之,巴纳德在对组织的研究中,运用了系统分析的方法。其协作理论形成的原因是多方面。从理论渊源上讲,协调与组织的关系研究源自巴纳德对官僚制的否定。巴纳德对经典的"官僚制"特别不满,经典"官僚制"强调的是自上至下的。巴纳德提出了一个对立的观点,他坚持认为"权威实质上应该是自下而上,而不是自上而下的官僚途径"④。巴纳德是基于组织创新和发展的角度来说的,这符合组织创新的普遍原则。创新源蕴涵在系统的内部和外部条件,载于个体分子之中,上帝不会把创新的机会单独赋予上层的某个核心,而是公平于每个个体,至于哪个个体最先能发现组织发展的规律,取决于创新的大环境和个体的领悟。毛泽东发现救国救民的真理时,在党内还不是权威,写《星星之火,可以燎原》时,毛泽东还是党内的一般委员。受到党内理论权威和权力权威的影响力的冲击,普通的民众不可能短期内区分出哪个理论是真理。在具有盲目的跟随和崇拜的心理驱使下,权威的理论是民众的首选,当时党内选择左倾路线是有认识论根源的。红军被迫长征后,湘江一战,损失过半。血的代价后,遵义会议认识到了毛泽东农村包围城市,最后夺取全国政权的理

---

① Chester I, Barnard. *The Functions of the Executive*, MA: Harvard University Press, 1960. p. 217.
② Chester I, Barnard. *The Functions of the Executive*, MA: Harvard University Press, 1960. p. 227.
③ Chester I, Barnard. *The Functions of the Executive*, MA: Harvard University Press, 1960. p. 233.
④ [美] 弗雷德·鲁森斯:《组织行为学》,王垒等译,人民邮电出版社2003年版,第75页。

论的正确性。此等事例说明，理论创新不总是在上层发生，自下而上途径所形成的理论往往更富有真理性。

3.2 组织发展系统思维与超越

圣吉继承了巴纳德的系统分析方法，着重论述的是企业之类的组织，他的系统分析方法建立在系统动力学的基础上。圣吉寻找方法论和实践的桥梁，提出学习型组织理论，并把理论方法进一步实践具体化。

3.2.1 理论基石

信息时代以后，以权力等级建立起来的管理模式越来越不能适应信息变化的需要。管理学家在探寻一种更有效的能顺应发展需要的管理模式，学习型组织理论就是在这样一个变革的背景下产生的。

还有一个大的背景就是生态危机。以前人类从来没有意识到生态整体性。人类的文明一直告诉我们，人类生来就是征服自然的，要沿着征服的道路一直走下去。然而，现实告诉我们已经走到了尽头。① 人类自我意识已经膨胀到了极点，认为自我的恣意与自然给予的福祸无关，竟失去了"对宇宙奥妙应有的敬畏感，也失掉了我们从属于某种比自我更大整体的那种感觉"②。

圣吉认为，人类已经进入到前进的十字路口，应该考虑自我意识和能力的时候。当人类与自然是合二为一的时候，人依赖自然，不会滋生自然主人的想法。当人学会了区分自我与自然，把自己看作独立的个体，他的自我意识越来越强，发展为强调个人的需求。这种追求对人类来说既是福也是祸。

福从何来？如果人不懂得区分自我与环境，人类就无法展现自己的职能，不可能发展出今天这样的科学分析方法了，也不会创造今天的科技文明了。

祸从何来？农业文明和工业文明加深了人的行为上的专业化程度、社会分化的程度，更加深了人的思想与自然割裂的程度。"到后来，我们不仅自外于自然，而且认为有权主宰自然。今天，人类文明自幼教导我们：自然世界是为了

---

① ［美］圣吉：《第五项修炼：学习型组织的艺术与务实》，郭进隆译，上海三联书店 1994 年版，"序"，第 4 页。
② ［美］圣吉：《第五项修炼：学习型组织的艺术与务实》，郭进隆译，上海三联书店 1994 年版，"序"，第 4 页。

我们的利益而存在，它不过是等着我们去使用的一个自然储存的资源而已。"①

在全球竞争的风潮之下，人们已经发觉21世纪与19世纪成功的关键根本不同。在19世纪，天然资源是一个国家发展的关键，传统的管理系统则被设计出来加速开发这些资源。然后这一时代逐渐被远离，资源的限制、技术的滥用、人力的浪费等给人类预警了消费的极限。现在人们意识到，"发挥人们的创造力已经成为管理努力的中心"②。一些人已经意识到，我们能够找到对策来清除使自然和人不断分割的组织病毒。这些病毒"使许多组织充斥着你争我夺、互相防卫的内部竞争，以及勾心斗角、玩弄手段的政治游戏，它只会消耗人们大量的精力，不断打击人们的工作意愿，使组织永远不可能建立伟大企业所必须的根基"③。

因缺乏系统整体性，在西方世界，社会组织已被分割得四分五裂。人们把生理的健康、心理的健康和精神的健康分割开来探讨，以至于人们虽然活得久些，但整个身心健康却每况愈下，所支付的社会成本也越来越高。学校的教育成为片面知识的传授和枯燥的学术性训练，最后发展到个人成长与学习越来越脱节，成效也愈来愈差。政府各部门已被分割得各自为政，且被各种利益集团的不同需求分割，变成一部老旧瘫痪、无法有效运作的机器。事实上与现代管理系统有关的每一件事情，都根源于这种分割的思想上，这也无可避免地造成竞争。在企业里，行销部分与制造部门处于对立状态；第一线的管理人员对总公司管理当局怀有近乎憎恶的敌意；各部门的竞争更甚于跟同行的竞争。④

为此，圣吉对中国的发展提出了忠告："当中国社会进入世界经济体系的时候，特别令世界注目。全世界拭目以待，相信你们必定慎重地期许自己，千万别重蹈西人所犯下的错误。工业化的力量也是强大的分割力量；随着工业的进步，分割在西方以加速的步调演进，这并不意外。农业革命播下的分割的种子，在烟囱、工厂和传统的管理气候中，步调更快了。

看看你们的发展，我们自然会问：你们会不会步入工业革命的后尘？物质愈丰富，就愈唯我独尊，傲视于自然秩序之上？你们会不会牺牲社会来发展经

---

① ［美］圣吉：《第五项修炼：学习型组织的艺术与务实》，郭进隆译，上海三联书店1994年版，"序"，第4页。
② ［美］圣吉：《第五项修炼：学习型组织的艺术与务实》，郭进隆译，上海三联书店1994年版，"序"，第6页。
③ ［美］圣吉：《第五项修炼：学习型组织的艺术与务实》，郭进隆译，上海三联书店1994年版，"序"，第6页。
④ ［美］圣吉：《第五项修炼：学习型组织的艺术与务实》，郭进隆译，上海三联书店1994年版，"序"，第4页。

济？你们会不会变成另外一个不择手段的爱剽窃自然、以非持续性及危害后代的方式发展的社会？或者，你们会找出一条新路？"①

圣吉认为，这些部分可以从中国现存的管理体制中寻找到答案。"因为管理体制将决定企业、政府和教育机构的特质"，进而塑造了未来社会的概貌。社会的精神生活与大机构的精神生活息息相关；我们与自然和谐与否与许多大机构与自然是否和谐有关。组织的结构是决定社会与自然是否和谐的关键。

圣吉的目的是"为了人找一条新路"，建立学习型组织；他的方法是"重新关照整体"，即系统方法。

从思想源头来说，学习型组织理论来源于首倡者圣吉的老师佛瑞斯特的系统动力学理论。佛瑞斯特教授是一位杰出的技术专家，从技术的角度，提炼一种方法论，即系统动力学，认为这个方法也是研究人类动态性复杂的方法。所谓动态性复杂，就是将万事万物看成是动态的、不断变化的、永不止息的。佛瑞斯特把这一方法用于研究企业内部各种信息与决策所形成的互动结构，发现了企业整体动态运作的基本机制。他提出的系统动力学与目前自然科学中最新发展的系统论、协同学、复杂性理论所阐述的概念有相通之处。1965 年，他发表了一篇题为《企业的新设计》的论文，该论文就是运用系统动力学原理具体地构想出未来企业组织的理想形态：层次扁平化、组织信息化、结构开放化，组织关系逐渐由从属关系转为工作伙伴关系。

系统动力学与混沌理论（chaos theory）及复杂性科学（science of complexity）的基本内核相同，重视个体的序参数的作用，否定单一的决定模式，崇尚整体功能。1868 年各国科技和社会精英组成罗马俱乐部（the Club of Rome）探讨人类目前及未来的困境。佛瑞斯特把俱乐部认为影响人类发展的因素归为五个，建立了系统动力电脑模型的世界模型（world model）。依照这些方法，他在 20 年前就预知美国经济将于 20 世纪 90 年代中期跌于低谷，而与美国有关联的其他国家亦将相继下跌。② 佛瑞斯特并不是一个经济学家，却能准确预测，靠的是深入考察经济现象背后的本质，运用整体系统性的思维得出来的。圣吉步其后尘，研究整体运作本质及整体运作的"群体智力"。把复杂的系统力学简化成人人易学的系统思考，并将其在企业组织中推广运用。

---

① ［美］圣吉：《第五项修炼：学习型组织的艺术与务实》，郭进隆译，上海三联书店 1994 年版，"序"，第 5 页。
② ［美］圣吉：《第五项修炼：学习型组织的艺术与务实》，郭进隆译，上海三联书店 1994 年版，"序"，第 10 页。

3.2.2 系统方法与企业管理

圣吉自深谙系统思维后,著《第五项修炼》,决心帮助人们打破头脑里的"这个世界是由个别的、不相关的力量所创造的幻觉"。通过"建立不断创新、进步的学习型组织",使"大家得以不断突破自己的能力上限,创造真心向往的结果","培养全新、前瞻而开阔的思维方式,全力实现共同的抱负,以及一起学习和如何共同学习"。①

系统方法之所以没有被提倡,是因为人们的思维方式受自然科学的研究方法的影响所致。科学从分解开始,得出简单具体的结论,还原了真相。于是我们看世界的思维也是如此,把世界拆成片段理解。无形中,我们为此付出了沉重的代价,对整体的关联性无感性和理性的触知,对自己行为的连续后果没有知性的悟道。当需要一览全貌时,又从部分开始,把支离破碎的部分拼凑起来,却很难从单一的部分思维中走出来,就干脆不去理会那深邃的整体内涵。

科技的发展,使人类首次有能力制造让人目不暇接的资讯,使人无法单独处理各种相互依存的关系;使人很难跟上时代的步伐;可能使人迷失在一场巨大而复杂的变局中。适应科技的发展,系统思考将引导一条新路,使人由片面到整体;由被动反应到创造未来;在迷失中找到掌握动态的平衡搭配;看到小而效果集中的高杠杆点,产生以小博大的力量。②

系统方法就是运用系统结构的理论去观察事物。系统的结构不是论证上的逻辑结构,也不是平面图上显示出来的立体结构。它是看不见的运作。客观上的系统的结构是指随着时间的推移,影响行为的一些关键性的相互关系。这些关系不仅仅是人与人之间的关系,还是关键性的变数之间的关系,如人口、天然资源,开发中国家的粮食生产,高科技公司工程师的产品构想,技术和管理要素之间的关系。③ 因此,它们反映到在头脑里就是系统的结构概念。具体来说,系统概念可以转化为以下具体的思维方法④:

(1) 今日的问题是由昨天的方法引起的;

---

① [美]圣吉:《第五项修炼:学习型组织的艺术与务实》,郭进隆译,上海三联书店 1994 年版,第 1 页。

② [美]圣吉:《第五项修炼:学习型组织的艺术与务实》,郭进隆译,上海三联书店 1994 年版,第 60 页。

③ Peter M. Senge, *The Fifth Discipline: The Art and Practice of The Learning Organization*. Doubleday/Currency. p. 44.

④ 参阅[美]圣吉:《第五项修炼:学习型组织的艺术与务实》,郭进隆译,上海三联书店 1994 年版,第 62—73 页。

(2) 愈用力推，系统的反作用愈大；
(3) 渐糟之前有渐好的假象；
(4) 显而易见的办法往往无效；
(5) 对策往往比问题更糟糕；
(6) 欲速则不达；
(7) 因果在时空上并不紧密相连；
(8) 寻找小而有效的杠杆支点；
(9) 鱼与熊掌可以兼得；
(10) 不可分割的整体性；
(11) 没有绝对的内外。

圣吉认为，学习和整体方法是统一的。"学习不仅是人类的天性，也是生命趣味盎然的源泉。"① 个体天生就是一个模仿学习者，为了生存和适应社会，这种本能在适应社会和自然中得以延伸。只是在农业革命和工业革命后，单一的适应和思维的分解模式导致了学习的智障，跟随领导的方式，其结果自身的创新被领导的沉浮所淹没。现在是该发掘人的学习潜能并形成整体合力的时候了。组织单靠杰出的精明人士来推动，其发展的速度必定缓慢。从团体来讲，人类已经有了学习型组织的雏形。在运动、表演和企业的团队里面，都存在这样一批人，他们一起工作，彼此信任，取长补短，为共同的大大目标全力以赴，从而创造出惊人的成果。其实，他们的成功不是一开始就拥有的，而是"透过学习创造了惊人的成果"。

越来越多有这些想法的企业领导者，开始意识到致力于创立学习型组织是社会演进的动力之一。一些企业领导人甚至认为，企业是唯一能改变社会不公平现象的团体。也许直到今天，人们才开始明白创建学习型组织的必要，直到现在才厘清了发展学习型组织的技术和途径。圣吉感到有必要从理论到实践，从系统科学到模型技术为企业构建系统思考的理论与技术。

企业为什么要进行系统思考？因为大企业的寿命很少超过人类寿命的一半。1970 年名列财富杂志（*Fortune*）500 强的大企业，到 1983 年有三分之一已经销声匿迹。大型企业的平均寿命不到 40 年，约人类寿命的一半。②

---

① Peter M. Senge. *The Fifth Discipline：The Art and Practice of the Learning Organization*. Doubleday/Currency. p. 4.
② Peter M. Senge. *The Fifth Discipline：The Art and Practice of the Learning Organization*. Doubleday/Currency. p. 17.

圣吉认为，企业要摆脱未老先衰，就得从学习开始，学习系统思考。大部分失败的公司都事前有某种迹象，即使被察觉出迹象，等到无可挽回的时候，已经没有办法了。也许在适者生存的规则下，这并没有什么，淘汰可以为社会提供资源重新分配的机会。然而对于资产所有者和员工却是痛苦的。阻碍企业系统思考的"智障"因素有很多，至少包括以下七项①：

（1）事不关己；
（2）归罪于外；
（3）缺乏整体思考的主动积极；
（4）专注于个别事件；
（5）如慢慢将被煮死的青蛙，对外界渐变认识缓慢；
（6）经验引起的错觉；
（7）对管理团队的迷信。

例如"事不关己"，它主要表现为：大部分员工都专注于自己的工作，而不会扩大范围想到企业的目标，结果员工的思维被局限在狭窄的范围，对于全局的创新没有关注，企业失去了巨大的创新源。美国底特律一家汽车公司为了弄懂日本同行汽车为什么成本低、性能精准，拆卸机件一看，发现固定引擎的三个螺栓是同一型号的，而他们却用了三种型号，增加了成本。更为可笑的是，提供三个螺栓的供应方都认为他们的是最好的，对于自己的产品的优缺点竟然没有对比。② 这样，人们专注于自己的事物，对于外界的变化却知之甚少。现代工业切割性的流程，更加深了这种学习的智障。

再如"归罪于外"，往往表现为：当产品出了问题，企业内部各部门相互指责，却不敢承担责任。即使承担责任，也认为是外部引起的。归罪于外的并发症不限于组织的内部，甚至延伸到组织的外面。把外界的对手、政府、顾客当成了假想敌。当人们归罪于外时，已经将系统切割，无法认清内部与外部的关系。

事实上，"人类系统中的结构是微妙而错综复杂的"。我们倾向于把结构看作限制个人的外在因素，其实人类系统中的结构，是人类内部相互关系的原则、目标、规范、行为。在人类系统中，常隐藏着杠杆原理（leverage），人们却视

---

① 参阅［美］圣吉：《第五项修炼：学习型组织的艺术与务实》，郭进隆译，上海三联书店1994年版，第19—27页。
② ［美］圣吉：《第五项修炼：学习型组织的艺术与务实》，郭进隆译，上海三联书店1994年版，第19—20页。

而不见。因为人们专注于自己的决定，而忽略了自己的决定对别人的影响，不知道系统连锁反应的关系。①

3.2.3 系统方法的实践具体

圣吉为他的"五项修炼"做了一个形象性的说明。DC-3是历史上第一次融合了五项重要技术而形成的第一架成功的飞机。这些技术是：可变间距螺桨、伸缩起落架、一种材质轻的机体构造、辐射状气冷式引擎和摆动副翼。要成功地制造，这五项技术缺一不可。② 对于学习型组织，也需要有五项技术，这五项技术合起来就能使组织演变成一项创新。每一项都自成体系，但关系紧密，对于在实践中创建学习型组织缺一不可。这"五项技术"就是圣吉提倡的"五项修炼"（five disciplines），即"自我超越、改善心智模式、建立共同的愿景、团队学习和系统思考"，其中最核心的是第五项修炼，"系统思考"（system thinking）。"五项修炼"是系统方法的实践具体，既具哲理性又具操作性。

（一）关于"自我超越"（personal mastery）方法

"自我超越"这一方法提倡的是系统整体功能原则。圣吉从整体与部分的关系入手来解决提升整体功能的问题。他的思维逻辑是：要使组织整体功能最大，先得提升个体的功能；提升个体功能，就得鼓励个体自我超越。圣吉"自我超越"的方法论可以分解如下。

第一，鼓励组织中的个人不断地实现内在的愿望，把动力开发出来，通过不断的学习，超越制约的因素。

超越（mastery）一词有时具有支配人或者事的意思，圣吉使用这个词，是说明人可以"突破自我极限"，突破已有的技术和管理模式。自我超越体现在技术上、创新上和学习上。学习也并非指获得更多的资讯，而是"培养如何实现生命中真正想要达成的结果的能力"。这种学习是开创性的互动性的学习。只有组织中的每个层次的人都学习自我超越，才能建立学习型组织。

自我超越需要一种动力，圣吉提倡可把"愿景"看作一种召唤及驱使人向前的使命，而且看作是一个美好的构想，一种激励自我超越的手段；把目前的真实情况看作起步的基础，而不是厌恶的不满；认清"愿景"与"现景"的张

---

① Peter M. Senge. *The Fifth Discipline*: *The Art and Practice of the Learning Organization*. Doubleday/Currency. p. 40.
② ［美］圣吉：《第五项修炼：学习型组织的艺术与务实》，郭进隆译，上海三联书店1994年版，第5页。

力，去挖掘这种张力，不停地学习、对比，警觉自己的无知和力量的不足及成长的极限。"当我们将愿景（vision）与一个清楚的现景同时在脑海里并列时，心中便产生了一种创造性的张力（creative tension），是一种将二者合二为一的力量。由愿景和现景的差距构成的张力，会让人自然产生纾解的动力来消除两者的差距。自我超越的精义就是学习和利用这种创造性的张力。"① 一些公司对自我超越有更深的理解，希望员工有更高的价值观，"愿意为比自己更大的目标而努力，有开阔的胸襟，有主见与自由意志"。"追求长远的目标，对精神层面的追求大于对物质层面的追求。"②

"自我超越"（personal mastery）意味着对事物的控制与掌握。个人与环境相互作用，善于驾驭才能超越。没有固定的方法，唯有通过学习，不断提升自己的能力才能超越环境的制约。组织超越制约获得成功已经展现过力量，但人们未必知道组织超越所依赖的方法，不知道组织整体的学习愿望与能力根植于组织的个体。

"遗憾的是，很少有组织鼓励成员以学习的方式成长。企业中的员工多半聪明，年轻的时候想出人头地，但过了三十多岁以后，只有少数人还在学习奋斗，大部人都失掉了开始时具有的雄心、使命感与兴奋感，对工作只投入很小的精力。"③ "而且令人惊讶的是，即使是少数成人在努力奋斗，自我超越，但动机却是负面的和低层次的，如'我想让我岳母搬走'，'我想要彻底治好我的背疼'之类的话。"④ 然而自我超越不仅仅在此，而是实现内心真正向往的目标，为实现最高愿望而活。组织与个人在学习上类似，但组织体现为群，是一群学习者，群与个体之间的关系需要理顺，要从个体学习开始。

为什么组织发展要提倡个人的"自我超越"？"只有通过个人学习，组织才能学习。虽然个人学习并不保证组织也在学习，但是没有个人学习，组织学习无从开始。"⑤ 如果员工不被激励去挑战自己成长的目标，那么也不会成就组织

---

① Peter M. Senge. *The Fifth Discipline*: *The Art and Practice of the Learning Organization*. Doubleday/Currency. p. 142.
② Peter M. Senge. *The Fifth Discipline*: *The Art and Practice of the Learning Organization*. Doubleday/Currency. p. 143.
③ Peter M. Senge. *The Fifth Discipline*: *The Art and Practice of the Learning Organization*. Doubleday/Currency. p. 7.
④ Peter M. Senge. *The Fifth Discipline*: *The Art and Practice of the Learning Organization*. Doubleday/Currency. p. 8.
⑤ Peter M. Senge. *The Fifth Discipline*: *The Art and Practice of the Learning Organization*. Doubleday/Currency. p. 139.

的目标。对员工潜能的开发必须是真诚的服务性的,要树立高尚的合作精神。

第二,"自我超越"与道德提升相辅相成。

有人认为,商场上是残酷的竞争,其道德层面可以低于其他行业。商业组织鼓励自我超越,是否也鼓励较低的道德水准呢?圣吉鼓励的"自我超越",并不与道德的提升相矛盾。他认为:"美德与经济成功,不但没有冲突而且可以兼得,长期而言,更是相得益彰。"① 个人的自我超越是道德的,组织的自我超越也是道德的。美国企业界面对利润的获取受到道德的质问时,一些老板非常委屈。在这些老板的眼里,追求利润与干好工作是同一回事。故而反问:"为什么工作不是我们生活中美好的事情?为什么把工作看成是不得不做的事情而未能珍惜和赞美它?为什么不能把工作当作道德价值观与人文艺术的基石?为什么不能在工作中去体会创造之美、过程之美、欣赏价值之美?我相信这些都是工作本身所具有的。"②

道德与工作是两个层面的事情,不同的主体对它们之间关系的理解是不同的。雇主向往的道德往往是:挣钱,生产,养活了工人,兼顾了自己与员工,兼顾了企业与社会。这就是最大的道德,故常把工作等于道德。工人不积极工作,自己不去追求工作与利润则是最大的不道德。可是员工从交换的角度看待道德,把工作关系看作是一种雇佣的契约关系:以一天辛勤的劳动,交换一天对公平的报酬,谁违背这层关系都是不道德的。

道德对人们的工作观产生影响,工作观的变化反映着道德的变化。美国民意测验专家杨克罗维奇(Pollster Daniel Yankelovich)认为:"人们的工作态度有了转变,从工具性的工作观(instrumental view)转变成了注重精神层面的工作观(sacred view of work)。"③ 圣吉受到启发,进一步深究其原因,认为个人与组织的关系已经不是传统意义上的契约。员工与组织的关系应该是盟约(covenant),而不是契约(contract)。契约是劳资相互关系的经济部分,而盟约是建立在价值、目标、重大议题、管理意愿上面的。盟约关系应该是和谐、优美与均衡,它与道德提升是一致的。

道德如果不提升,自我超越也难以实现。前面分析了员工自我超越直接帮

---

① Peter M. Senge. *The Fifth Discipline*: *The Art and Practice of the Learning Organization*. Doubleday/Currency. p. 143.
② Peter M. Senge. *The Fifth Discipline*: *The Art and Practice of the Learning Organization*. Doubleday/Currency. p. 144.
③ Peter M. Senge. *The Fifth Discipline*: *The Art and Practice of the Learning Organization*. Doubleday/Currency. p. 144.

助组织实现了自我超越，好处这么多，为什么很多组织都不愿意去做，而是死守传统的契约关系呢？圣吉认为："公司抗拒自我超越的理由很简单，自我超越对大多数人而言难以定义和捉摸，无法量化，像是直觉与个人愿望。没有人能够以数学精确的方法去衡量自我超越对生产力的贡献的大小。在物质主义挂帅的社会文化中，不屑于去谈论它。另一类对自我超越的抗拒是来自经理人对新花样管理方法理念的破灭。70年代和80年代对人性的管理呼声日高，业界也抱有很高的期望，主管们将其理想化，期待人们的性格有重大的改变，但是这个美梦没有实现。这些经理当时的做法被嘲笑为犬儒主义（cynicism）。受挫的经理人就像一位受挫的理想家。这些人一度对人抱有高度的期望，后因失望、受到伤害、理想幻灭、身心疲惫，而对自己或他人的自我超越采取嘲谑的态度。"①

受到挫折而放弃理想与道德原则，这虽然普遍，但不是所有人都会这样，只要有自我超越的精神（良好的道德信念），即使身心疲惫也不会颓废、沮丧。"有些老师、社会工作者、神职人员终其一生辛劳地工作，却极少发出身心疲惫的感慨。这是因为他们对人生有正确的看法的缘故。他们并不把人过度理想化，因此他们对人失望的时候也不会因挫折而终止行动。"②

第三，建立个人愿景（personal vision），使行动围绕目标而不是手段。

个人愿景发自内心，却也朦胧。大多数人对于愿景的意识是不具体的。当被问及你要什么的时候，都不能把愿景说得很具体；即使具体，也是着眼于眼前要摆脱的事，如：要换一个好工作，想迁徙到环境好一点的地方去居住。如果这是愿景，那它不会促使一个人内心的成长，不会使人释放自我价值实现的动力。③ 圣吉认为，愿景"是人内心真正关心的事，是一个特定的想实现的结果，一种期望要实现的景象"④。

愿景与上层目标（purpose）密切相关。"上层目标是抽象的，愿景是具体的。譬如，上层目标是提升人类探究宇宙的能力，愿景则是在60年代结束以前把人送上月球。上层目标可能是挑战极限，愿景则是打破一英里四分钟的纪录。

---

① Peter M. Senge. *The Fifth Discipline: The Art and Practice of the Learning Organization*. Doubleday/Currency. pp.145—146.

② Peter M. Senge. *The Fifth Discipline: The Art and Practice of the Learning Organization*. Doubleday/Currency. p.146.

③ ［美］圣吉：《第五项修炼：学习型组织的艺术与务实》，郭进隆译，上海三联书店1994年版，第173页。

④ Peter M. Senge. The fifth discipline: *the art and practice of the learning organization*. Doubleday/Currency. p.149.

愿景和上层目标相辅相成，愿景背后有了上层目标，就更有意义和方向感；上层目标有了愿景，就更具体、更能衡量和描绘。"① 如果个体缺乏上层目标，谈不上愿景。通常一个人的上层目标与一个人为什么而活着相关。生活中的喜悦常来自对上层目标的坚定不移，在逐步实现的过程中而感觉到这种喜悦。

按圣吉的意思，可以这样来理解：愿景是上层目标的具体化，而且是动态的具体化。如排名第十的网球选手，他想成为第一名，这是他的愿景。但到达了第一，接下来的愿景又是什么？似乎没有了，可事实上愿景在人的活动中没有终结，这里面深藏着动态转化的关系。

圣吉对愿景动态转化关系的概括性解释是："总而言之，愿景虽然以某些外在的指标来具体化，但真正的内涵却是内在的。它是你得到某种目标的内在价值，不是为了使人与别人的愿景对着干。对立的愿景，在短期内是成立的，但很少引导出终极的成果。竞争自古就有，也能让人的潜力发挥到极点。但是，竞争过后，愿景被达成了，上层目标又提升愿景，新的竞争又开始了。自我超越其实是一个人内在的真正所向的愿景，而不是征服性、竞争性的愿景，这也是为什么要进行自我超越修炼的理由。

愿景有许多构面。有物质层面的构面，如想住在哪里，想要多少存款；也有个人的构面，如健康程度、自由度、诚实度；还有社会构面，如帮助他人、贡献社会某一领域的智力。个人的愿景受社会、舆论的影响，因此，要实现原来的个人愿景需要勇气和毅力不受某些偶然因素的干扰。"②

因此，人的行动主要是围绕目标（或目的）而不是手段，有了目标才有愿景的生成和转化。如果人的活动专注于行为的"手段"（means）而不是专注于"目的"（result），愿景就会消失，还可能招致失败。譬如高级主管对市场占有率的追求，并认为通过市场占有率获得利润，这是企业行为的最终结果。以至于连企业的最高目标、社会责任感、人的内在潜能的实现都被抛于愿景之外。有的管理者要保持年度利润的目的是为了要保持公司独立地位，怕被人接手经营；有的领导者是要保住自己的位置，以利润来证实自己的能力和重要性。圣吉认为，企业对市场的占有率的追求、对利润的狂热、对近期目标的投入都是达成愿景的手段。真正的愿景是把工作的焦点放在组织的终极目标，而不是次

---

① Peter M. Senge. *The Fifth Discipline*: *The Art and Practice of the Learning Organization*. Doubleday/Currency. p. 149.

② Peter M. Senge. *The Fifth Discipline*: *The Art and Practice of the Learning Organization*. Doubleday/Currency. p. 150.

要的目的,这是实现自我超越的基石。

第四,有意创造愿景和现实的差距,并以此为前进的动力。

"愿景与现实的差距产生了一种力量,将你朝愿景方向推动。由于这种差距是创造性力的来源,我们就把这种差距叫作创造性的张力(holding creative tension)。"① 认识到创造性的张力不难,重在懂得和运用其中的方法,这一方法就是有意保持这种张力。如果阶段性的理想实现了,则以新的更宏伟的理想来指引方向,动力自然产生。

愿景与现况之间似乎存在一根橡皮筋,拉长的时候会产生张力,代表愿景与现况之间的张力。张力的纾解有两种可能,一种是把现况拉向愿景,另一种是把愿景拉向现况。至于会发生哪一种情况要看个体对愿景的意志力怎样。

张力本身就是紧张(tension)的意思,在产生张力的同时,常夹杂着焦虑、悲哀、气馁、绝望和担忧等,以至于人们把张力就等同于这些东西。其实,创造性张力是指那些引导前进的那种正面的力量。任何正面的力量总与负面的力量相伴随,伴随正面性的张力就是那些导致紧张的"情绪张力"(emotional tension),它是创造性张力的对立面。②

创造性张力与情绪张力伴随而生,只有在理性上认识他们,才能减少情绪张力的负面作用。生活中这样的言语就是情感张力的拉动作用:"算了,及格了就好了,以前我还90分,风光过了,证明过了我的能力";"我不在乎在音乐独奏会上演出,我只在乎现在教音乐挣钱"。这些情绪张力在不知不觉中消解了创造性的张力。情绪张力在主体受到压抑时会自发消除,代价是:在消除紧张的同时,创造性张力也被消除了。③ 心理学家在治疗精神抑郁症患者的时候从反方向用到这个原理,要求患者降低生活的目标值,从而释放情绪张力。

当创造性张力受阻的时候,便伴随着紧张、焦虑,这时候情绪张力就起作用了。组织或个人极易于舍本逐末或降低愿景,这些都会侵蚀组织的目标。目标被侵蚀,满意感增加,创造性张力减弱。这不是学习型组织所愿意看到的。英国作家毛姆(Somerset Maugham)曾鼓励读者保持创造性的张力,不做平庸的

---

① Peter M. Senge. *The Fifth Discipline: The Art and Practice of the Learning Organization*. Doubleday/Currency. p. 150.
② [美]圣吉:《第五项修炼:学习型组织的艺术与务实》,郭进隆译,上海三联书店1994年版,第177页。
③ [美]圣吉:《第五项修炼:学习型组织的艺术与务实》,郭进隆译,上海三联书店1994年版,第177页。

人,"只有平庸的人才总是处于自己最满意的状态"①。

第五,"真诚地面对真相"。

心理学家弗利慈(Robert Fritz)分析,大部分人在心理都有一种牢不可破的信念,认为自己没有能力实现自己想要的。在人的成长过程中,这是不可避免的伴随物。自孩提时代起,人就遇到种种限制,并适应这些限制。理智尚未成熟的儿童也必须在行为上限制他的想法,学习怎样适应外界的限制,后来这种习得应用得越来越广泛,并不断告诉我们有些事情不能做,有些事情做不到。最后在潜意识里产生了我们没有能力拥有我们想要的东西的假设。②

多数人心中都有抑制自己创造力的因素,如"相信自己没有能力实现真正想要的东西","认为自己不够资格得到想要的东西"。这些潜意识的想法与人内心的创造力形成了对立的矛盾,即"结构性的冲突"(structural conflict)③。只有在理性上认清这种力量,才能为创造性张力扫清障碍。

对于这种结构性的冲突,弗利慈归纳出一般人的三种化解策略。第一种是让愿景被侵蚀,自甘安于现状。这是最消极的做法。第二种,"操纵冲突"(conflict manipulation),主观操纵,刻意制造有根据的假象和失败情景来增加动力,促使自己前进。如,制造"如果不达到目标,我们就会怎样"之类的想法来鞭策自己和组织成员努力奋斗。这种方法管理者都运用娴熟,却忽略其负面作用。人们会生活在焦虑、害怕失败的恐惧之中,其结果可能会诱导成员用舍本逐末的办法糊弄过关,根本解决不了问题。第三种,运用"意志力"(willpower)。全神贯注于运用创造力去击败抗拒力,多数成功的人多具有较强的意志力,他们不惜任何代价击败阻力,达到目标。运用意志力也有一定的副作用,如过度地消耗脑力和自然资源,造成浪费;对目标的执着追求有可能把意志力运用到家庭生活或其他社团生活,造成关系紧张。④

看来每一种策略都不是万能的,怎样才能科学而睿智地处理结构性冲突呢?圣吉从方法论层面提出"真诚地面对真相"(commitment to the truth)。"人们习惯于从技术层面、从公式层面来解决结构性冲突的问题,却忽略了从方法论层

---

① [美]圣吉:《第五项修炼:学习型组织的艺术与务实》,郭进隆译,上海三联书店1994年版,第179页。
② Peter M. Senge. *The Fifth Discipline: The Art and Practice of the Learning Organization*. Doubleday/Currency. p. 157.
③ [美]圣吉:《第五项修炼:学习型组织的艺术与务实》,郭进隆译,上海三联书店1994年版,第182页。
④ [美]圣吉:《第五项修炼:学习型组织的艺术与务实》,郭进隆译,上海三联书店1994年版,第183—184页。

面来解决这一问题,就是:真诚面对真相。"①

"真诚面对真相不是去懂得一个绝对的真理或去追求万有之源。而是从认识上去重视真实状况的障碍,不断地克服那些使自己不成功的假设,不断加深对过程结构性的认识。自我超越层次较高的人越能看清结构性背后冲突的矛盾各方。因而,化解结构性冲突的关键在于辨认出这些冲突及其运作的模式。从某种现象入手就要警惕自己可能被阻碍的张力往回拉了。当自己出现这样的想法的时候就要注意了:'我之所以放弃,是因为没有人感谢我';'我要是不把工作做好,他们就会开除我'。"②

面对困苦的情景,个人可能采用运用意志力的形式,更加努力工作,来克服得不到别人的支持的缺陷。过了许久发现这一模式使自己身心疲惫,于是开始反思这些行为背后的关系,克服运用意志力形式的不足,尝试获得和争取一起努力来完成目标,从而获得成功。按圣吉的理解,这类成功正是思维方式、方法论的主要功劳。"真情面对真相"就是"看清结构性冲突","重新假设",以克服心智模式的限制。

第六,有意识地把目标转化为潜意识。

心理学家曾分析,人类有一个意识层的心(conscious mind)和潜意识层的心(subconscious mind),后者的容量远远高于前者。③ 以前这种被人类忽视的潜意识也许是建立新型组织的核心。从研究潜意识的所得中来建立新型组织。潜意识和意识是相互转化的,当意识集中到一定的程度,转变为条件反射时,就转为潜意识。如同驾驶,新手在练习几个月以后,几乎不需要在意识上专注,就可以做各种动作,甚至一边听歌一边开车。多数人未曾考虑一般意识与潜意识的关系,忽略了这种转化关系,如果把对上层目标的追求转为潜意识,对于决策有益。自我修炼这部分也很有用。潜意识的训练如佛教中的打禅,基督教中的祈祷,通过安静理清思绪,潜意识里沉淀追求的意愿。④

挖掘潜意识最重要的是,契合内心的愿景。主体通过学习逐步理清自己的潜能,并走向自信,坚定目标。愈是发自于内心的自信与坚定愈容易与潜意识

---

① Peter M. Senge. *The Fifth Discipline: The Art and Practice of the Learning Organization*. Doubleday/Currency. p. 159.
② Peter M. Senge. *The Fifth Discipline: The Art and Practice of the Learning Organization*. Doubleday/Currency. p. 160.
③ [美]圣吉:《第五项修炼:学习型组织的艺术与务实》,郭进隆译,上海三联书店1994年版,第188页。
④ [美]圣吉:《第五项修炼:学习型组织的艺术与务实》,郭进隆译,上海三联书店1994年版,第189—190页。

的目标契合。追求一个内心想要的结果会产生巨大的动力。在潜意识中去发展和培植这种动力,是自我超越修炼的内容。

从心里到行为,圣吉详细论述了"自我超越"的方法,这些方法并非是无本之木,其俱来自系统哲学的理念。圣吉把这些理念总结为以下几个方面。

第一,"融合理性与直觉"。直觉一般是非线性的思考,这也是多数人认为直觉不合理的原因。有经验的管理者对于复杂的系统,都无法立即说出做某件事的理由,常常说"照这样做就行了,会有效的;感觉这样是对的;经验告诉我是对的"等。直觉与直线性思维不同,直觉不包含理性的成分。伟大的思想家和政治家做事情也不是专靠理性的。爱因斯坦说过:"我从来没有以理性的心发现过任何事物。"邓小平也表述过改革开放有如摸着石头过河,事先没有一个绝对正确的理论摆在那里。

但是,直觉指导下的试验一旦取得成功,直觉走向理论化和系统化就迫在眉睫了。经过感性认识上升为理性认识,直觉转变为可以验证的定理。当管理者可以用系统的理论来解释当时的动机和原因时,直觉变成了理论。这是系统整合之力。圣吉"自我超越"的方法就是理性方法,他提倡把这些方法与直觉融合起来。

第二,"认为自己与周围世界是一体的"。幼儿的学习过程与成年人不同,幼儿更多地观察自己的行为与周围的关系,时时留意自己的动作、言语对周围产生多大的影响。这些影响反馈给自己以便不断调整自己的行为,找到自己需要的表达方式。成年人多从自己的影响来看待世界,把自己从世界中分割开来,看看自己对周围产生多大的影响,忽视了反馈回来的因素。系统的方法是要开拓儿童时期的探索思维,这确实是个挑战。成年人从成功中体会到了主宰,把自己看作独立的个体。爱因斯坦对这种错觉曾分析过:"人类以为自我是独立的个体,这是一种错觉。这个错觉对我们来说是一种束缚,使我们的愿望只限定在自己的愿望或者自己最亲的人的愿望上。我们的任务就是要把自己从周围的束缚中解放出来,以扩大与周围的一体感,拥抱所有的生物与整个大自然。"①圣吉认为这就是自我超越系统观所要达到的境界。

第三,"同理心(compassion)原则"。同理心也就是设身处地想到别人的境地,别人看问题和遇到困难的方式跟我们自己差不多,改变别人还不如改变自己。用系统的眼光观察个人与外界的关系,人们会逐步改变怪罪他人的态度,

---

① Peter M. Senge. *The Fifth Discipline: The Art and Practice of the Learning Organization*. Doubleday/Currency. p. 170.

并逐步认识到所有人都为组织的结构所制约着。组织的结构从思想和习惯体现出来,深藏于我们的思考方式之中,存在于我们所生活的环境之中。这并不是说人被系统的结构完全支配而毫无办法,事实上这些结构是人创造出来的,只有从理性上认识了这些结构,就能运用它来为人类行为服务。

第四,"对整体的使命感"。整体是系统的最大功能,整体的功能大于部分功能之和。系统是相互联系和相互转化的,自我超越的人不把自己局限于一个小系统,经常有与外界联成一体的感觉,这样会形成更远更大的愿景。只有树立系统观,才能具有开放性的思维,使主体所认识的世界不再以自我为中心。当人类所追求的愿景超出个人的利益,走向民族和世界利益的时候,便产生一股强大的力量,谋求人类的幸福。这些都是远非个人狭窄的目标所能达到的。组织的目标也是如此,组织的整体目标对个人的价值实现也具有重大的意义。"任何一个对社会有贡献的个人,都会体会到组织的一股驱策其向前的精神力量,那是一种来自追求更远大的目标,而唤醒了内心深处真正的愿望所产生的力量。"①

(二)关于"改善心智模式"(improving mental models)的方法

圣吉的"心智模式"指的是思维定式、心理习惯、成见、联想等。落后的心智模式阻碍组织的发展,故要对其改善。"改善心智模式"的方法与"自我超越"的方法和"建立共同愿景"的方法具有逻辑上的一致性。"自我超越"的内容之一是"改善心智模式","改善心智模式"为下一步"建立共同愿景"做逻辑上的过渡。圣吉对改善心智模式亦做了具体方法的分解,可以概括为以下几点。

第一,认知心智模式的重要性。

"心智模式是内心根深蒂固的假定、成见、图象、印象。"它是内在的思维和判断习惯,不易察觉,常常隐藏在真相和假象的背后。有时被假象所掩盖,爱说笑话的人不一定就是什么都不在乎的人。在管理的许多决策中,什么可以做,可以不做,常受心智模式的影响。组织的改革明知道是必须的,因受到心智模式的影响会潜意识地抵触。企业如果能组织大家学习,克服旧的心智模式,形成适应时代变化的心智模式,组织的发展就快。了解组织的心智模式,第一步是"把镜子转向自己"。挖掘自己内在的图象,并严加审视,开放自己的心灵并容纳别人的想法。

---

① Peter M. Senge. *The Fifth Discipline*: *The Art and Practice of the Learning Organization*. Doubleday/Currency. p. 172.

"新的好的想法无法实施，常因为它和人们深植心中的对周围事物的看法相抵触。"① 因此，研究人们内在的心智模式有助于我们形成学习型组织。

对世界和关系的假设、概念和推理，即心智模式。心智模式不仅决定我们如何认识周遭的世界，并影响我们的行动。有什么样的世界观，就有什么样的方法论。心智模式可以是简单而概括性的看法，也可以是复杂的理论，如关于人性关系的假设等。对于人的看法，相信人是可信的和相信人是不可信的是两种对立的心智模式。

爱因斯坦有句名言："我们的理论决定了观察的结果。"也就是说，"心智模式"决定了认知方式。由于人生的经历极短，人们对世界的看法不可能经历大部分事情，甚至对组织的过程也不能经历大部分事情，对周围事物的看法都依靠假设而不是真相。"我们是透过自己的心智模式来看这个世界，但心智模式是不完全的，尤其在西方文化中，它是严重的非系统性的。"② 正因为如此，我们更要主动意识到这一缺陷，学习系统思考的心智模式。美国管理学家汉诺瓦（Hanover）拟定了一套改善心智模式的指导原则（credo）。

（1）领导不断改善心智模式，可以提升管理的能力。

（2）不要把自己所偏好的心智模式强加给人，应当由人们的心智模式来决定如何做，才能发挥最大的效果。

（3）员工对尊重自己的看法的决定有更深的认同感，执行也比较有成效。

（4）较佳的心智模式，比较顺应环境的改变。

（5）董事会成员应很少直接决定。他们的角色是透过检验来增益总经理的心智模式，以此来帮助总经理。

（6）多样化的心智模式造成多样化的观点。

（7）群体所引发的动力和知识高于个人。

（8）不刻意追求群体成员之间看法一致。

（9）如果过程发挥预期的效果，会产生调和意见一致的效果。

（10）领导者的价值是以他们对别人心智模式的贡献来衡量。③

第二，反思自己的结论，放弃跳跃式的推论（leap of abstraction）。

---

① Peter M. Senge. *The Fifth Discipline*: *The Art and Practice of the Learning Organization*. Doubleday/Currency. p. 174.

② Peter M. Senge. *The Fifth Discipline*: *The Art and Practice of the Learning Organization*. Doubleday/Currency. p. 185.

③ Peter M. Senge. *The Fifth Discipline*: *The Art and Practice of the Learning Organization*. Doubleday/Currency. p. 190.

人们往往从片面信息中得出结论。形成结论需要太多的细节和推论，可是人们都省略了，以跳跃式推论代替了。有意识的心智在处理信息的时候，常常不能周全。我们的心里常常将具体事项概念化，以抽象的概括代替了许多的细节，然后再以这些概念来进行推理。这样得出的结论不太可靠。譬如，你听到"张三不关心人"之类的话，很快产生联想，张三可能是：很少慷慨赞美人；很傲气，说话不注视别人；从不参加同事主持的派对；表现不合作态度。最后给他下一个结论：他不太关心他人。下的结论很快在头脑变成了假定的事实。

　　跳跃式的推论是以假设为前提的，把假设当作了事实，结论在潜意识里被认为没有必要再做验证了。其结果是循环性链条，人们认为张三不关心人，开始疏远他，不给他任何表现的机会，最后"弄假成真"。

　　跳跃式的思维对管理有很大的影响。面对顾客对价格的要求，以为顾客考虑的只是价格问题，而不是服务品质问题。因忽视服务质量，顾客被同行抢走以后，仍不能看到问题所在，因受原来的跳跃思维的影响，根深蒂固了。

　　"怎样才能使跳跃式思维不误导呢？首先，问自己对周围的事件的看法是什么？然后责问看法的根据是什么？再后，问问这一看法是否精确？是否有误导作用？如果答案是否定的，则放弃这一跳跃式推断的结论。"①

　　第三，练习"左手栏"（left-hand column），从比较中提升心智模式。

　　"左手栏"是阿吉里斯和他的同僚发明出来的，在纸的左侧写下自己想说的话，想办成的事，右边写下我与群体协商后的感觉。我们会发现左边是我的心智模式，右边是群体的心智模式，从左到右无形中提升了个人的心智模式。

　　练习左手栏可以成功地将隐藏的假设显现出来，知道这些假设带来的推理结果。假设是影响推理结果的源头。《列子》疑邻偷斧的故事中，失主假定邻居孩子偷了斧子，越看越像；假定他没偷，越看越不像。可见个体的心智模式易犯错误。如果到了群体的假定和心智模式，犯错误的可能性减少了，真理来到了多数人的手里，实践的范围扩大了，原来的个人假设得到了提升、更正、升华。

　　第四，兼顾探询与辩护（balancing inquiry and advocacy）。

　　辩护是为自己的结论找理由，以说服对方；探询是邀请别人探究自己结论的依据是否成立，发现问题，以便改进。反思凡有才华的管理者，都是能用自己清晰的逻辑和现实的事例来为自己的计划辩护，以获得别人的支持。这样，

---

① Peter M. Senge. *The Fifth Discipline: The Art and Practice of the Learning Organization*. Doubleday/Currency. p. 194.

在组织中无形发展了管理者辩护、影响力等方面的才华，而忽略探询的才华。然而组织发展越来越复杂，高层次管理者的个人经验不能涵盖组织的复杂局面。他们的逻辑能力和辩才也不能适应组织多样化和复杂化的需要。如果一味地运用其辩护的才能，则会产生相反的效果，会把自己封闭起来，刚愎自用，组成成员也不能够相互学习。现代组织真正需要的是综合运用辩护与探询。

"管理者如果能将辩护与探询的技巧合并运用，通常能产生最佳的学习效果。我们将这种方式叫作相互探询。所谓相互探询是指每个人把自己的思考说出来，接受公开检验，创造出不设防的气氛，不隐匿自己观点背后的推论根据。说出自己的假设与推论，以探讨的方式邀请他人深入探询。"①

纯粹的辩护，目标是赢得争辩。探询与辩论合用，目标不再是赢得争辩，而是找到最佳的论断，找到大家都认为是正确的结论与假设。纯粹的辩论，争论双方拿出原始的最可靠的最有利的原始论据，避开和放弃不利的论据和推理；辩论与探询相结合的过程则是，开放自己的原始资料，开放自己的推理过程，开放那些未求证的，让对方找出我未曾找到的瑕疵部分。同样，我也以同样的目的帮助对方理清逻辑，提升心智模式。

理论上虽如此，到一个具体的环境中很难实施，因为受到具体的政治环境和文化环境的影响。真正做到打开天窗说亮话，需要集体的睿智和勇气。在高度政治化的组织中，没有开放的环境来进行真正的探询，明哲保身的人士大有人在，心里的假设与嘴上所说的又不一样，还有一大群极度自以为是、抗拒学习和改变的人，这些人心里总是盘算着自己的位置和排名。怎么办呢？"只有耐心地做和等待较为成熟的时机。"②

也不用那么悲观，社会总是前进的，组织总是向前发展的。组织的发展自有其科学和民主之路。在现代组织中，当个体的修为到了一定的程度，是该实施探询与争辩的时候了。在为自己的心智模式辩护时同时要做到以下几个方面③：

（1）要使自己的推论明确化（推论的过程，依据的资料等）；

（2）鼓励他人探究你的看法（如说：你看我的推论有没有破绽）；

---

① Peter M. Senge. *The Fifth Discipline*: *The Art and Practice of the Learning Organization*. Doubleday/Currency. p. 199.

② Peter M. Senge. *The Fifth Discipline*: *The Art and Practice of the Learning Organization*. Doubleday/Currency. p. 200.

③ Peter M. Senge. *The Fifth Discipline*: *The Art and Practice of the Learning Organization*. Doubleday/Currency. p. 201.

（3）鼓励他人提出不同的看法（如说：你是否有不同的原始资料或者结论）；

（4）主动深入探询他人想法的过程（如问：你何以产生这样的想法）；

（5）如果你在假设他人的看法，清楚说出来，并说明它们是假设；

（6）叙述你假设的原始资料；

（7）如果你对别人的反应没有兴趣，那就不要问问题（否则，别人不会敞开胸怀探询他们内心的想法）；

（8）询问什么样的资料或逻辑可能改变他们的看法；

（9）询问是否可能共同设计一项能够提供新咨询的探究方式；

（10）当对替代方案犹豫不决时；

（11）鼓励他人或自己多思考，以开放的态度交流探究原因；

（12）如果彼此都有意愿，设计其他方案来克服这些障碍。

准则仅是准则，不是万能的。重要的是把握探询与辩论的精神。准则如同开车时的框框，一旦运用娴熟，框框都不见了，只有潜意识的反应和判断。提倡辩论与探询并蓄，在假设上就是承认个人或组织在思维上有缺陷，有提高的必要，这具有学习的精神和重大的意义。

第五，以理性为导向，在实践中飞跃。

即使明白推论存在问题，不民主，人性假设太悲观，即使明白组织通过学习可以导致行为模式的改变，要下决心改掉旧的心智模式实属不易。需要改变是一回事，继续按照老一套干又是另一回事。需要改变的动力来自头脑中的你"拥护的理论"（espoused theory），头脑里还有一个理论在支配着你目前的行动，叫作"正在使用的理论"（theory in use）。承认这两者之间的差距是很重要的，否则就会产生误解，以为有了拥护的理论，我在行为上就学会了使用它。

在实践上，拥护的理论不一定被运用。譬如，我认为，人是值得信赖的。这是拥护的理论，但行动上，对张三干这行工作不放心，还是我干最放心。

拥护的理论和现实的理论之间的差距是客观存在的，要辩证地看待这种差距。一方面，这种差距可能使人气馁，心中期待的理论无用武之地，明明知道是对的理论，却置之高阁，因而认为人生是伪善的、不可信的。另一方面，心中拥护的理论与现实之间的理论形成一种张力，变成改变现实的创造性的潜力。在修炼中，要看自己对拥护的理论的坚信程度和渴望程度，如果真是你愿景的一部分，是你至死不渝要捍卫的真理，这种动力是不可估量的。

如果心智模式根深蒂固，系统思考就无从谈起。管理者只有反思现有的心智模式，直到原来习以为常的假设受到公开的检验，引起心灵的震撼，真心想改变的时候，系统思考就能发挥作用。系统思考虽然把五项修炼作为一个整体来对待，其根本的落脚点仍在现实的改变和心智模式的改变上，不要把心智模式的改变排除在系统思考的目的之外。

系统思考对于认清心智模式非常重要。从系统的观点来看，心智模式存在瑕疵，存在反映的偏离、反映的滞后和超前。这些依赖于系统的思考。"融合心智模式和系统思考所得到的回报不仅仅是改善我们的心智模式，还改变了我们的系统思考的方式。从以事件为主的心智模式的转变的研究，认识到较长时间的思维模式的变化，自然进入和提升系统思维。"①

（三）关于"建立共同愿景"（building shared vision）方法

"如果说有一种领导力，几千年来都在鼓舞人心，那就是共同拥有的并一直奋斗的愿景。"一个缺少共同目标和使命的组织难成大器。

"建立共同愿景"的方法与前面谈及的两个方法是一个整体。建立"共同愿景"离不开"个人愿景"，追求"个人愿景"是"自我超越"的过程；"改善心智模式"也意味着对"个人愿景"和"组织共同愿景"的改善，两者具有内在的联系。圣吉把"自我超越""改善心智模式"的落脚点放在个人能力的提升上，把"建立共同愿景"落脚点则放在组织能力的提升上。圣吉对"建立共同愿景"进行了方法论上的论证和说明，包括以下几个方面。

第一，把"共同愿景"看作是激发组织前进的感召力。

"共同愿景不是一个想法，它是在人们心中的一种感召力。刚开始的时候这种感召力可能是被一个想法所激发，但一旦感召一群人的时候，这种感召力不再理解为像理想那样的抽象的东西，而是具体的存在。在人类群体活动中，它能激发人们发出巨大的力量。"②

"共同愿景的简单理解就是我们要创造什么？""个人愿景"是个人头脑中的意景，"共同愿景"是组织中人们共同所持有的意象或景象。它使组织中的人感觉到他们是一体的感觉，并使组织中的活动融合起来。"个人愿景"是个人深度关切的东西，"共同愿景"是组织群体深度关切的东西。人们追求建立"共同愿景"的理由是，他们内心有一种归属于重要事业的使命感。

"共同愿景"对于学习型组织至关重要，它为学习提供了目标能量。缺少了

---

① Peter M. Senge. *The Fifth Discipline: The Art and Practice of the Learning Organization*. Doubleday/Currency. p. 204.

② Peter M. Senge. *The Fifth Discipline: The Art and Practice of the Learning Organization*. Doubleday/Currency. p. 206.

共同愿景，组织的学习充其量是适应型的学习（adaptive learning）；人们致力于共同的愿景，学习变成了创造型的学习（creative learning）。目标、愿景不会被动实现，只能主动争取。

领导往往把自己的愿景组织化，潜意识里想实现个人的蓝图。凡强加给组织的"共同愿景"只能算作服从型的；共同的愿景应该是组织成员真心实意追求的愿景，它反映出组织个体的愿景。当然，领导人个人的愿景可以转化为共同愿景，尤其对于新创立的公司而言。最终能否转化成功主要是看个人愿景与组织成员愿景是否一致，是否在动态之中合二为一。

"共同愿景"把组织融合为一个整体，组织成员则从整体目标来思考问题。1961年美国肯尼迪总统宣布了美国航空航天的一个愿景：在十年内把人送上月球。这个愿景引发了无数相关的行动，每个部分都在为这个整体目标而奋斗。有的部门牺牲了自己的精力和名誉，从真理出发确保这一整体愿景的实施。麻省理工学院的德雷普实验室（Draper Laboratories）是太空总署阿波罗登月计划惯性导航系统的主要承制者。计划执行数年以后，该实验的主持人发现他们原先设计的规格是错误的。已经花费了数百万美元，他们不顾合约被毁承担责任，不顾名誉被毁，没有提出折中的权宜办法，而是请求太空总署放弃原计划，从头来过。这样做的理由就是为了一个简单的愿景：十年内把人类送上月球。

企业的战略规划（strategic planning）应该是对公司的长期前瞻性思考，但管理人员却常常把眼光局限于短期。他们的策略大多是解决今日的问题，很少顾及明天的创造。如果策略规划过于局限在竞争的优劣势分析、市场利基的分析上，那就无法培育出具有战略意义的"远程愿景"。圣吉认为，组织具有共同的愿景才能有长远的规划，才能摆脱个人思维的局限。

第二，从"个人愿景"中塑造整体图像。

"组织的愿景必须以个人的愿景为基础，这个简单的道理被许多领导者给忽略了，他们希望自己的组织必须在短期内建立一个共同的愿景。"[①]

由于个体的社会地位、家庭关系和知识体系的差异，组织不可能在短期内建立共同愿景，而是需要时间来引导和激发。

通过鼓励"个人愿景"来建立"共同愿景"的理由是：个体愿景存在差异，这种差异给群体制造一种动力，促进"共同愿景"的建立。组织要认可个人愿景的差异性，没有了差异性，个体只有服从，谈不上发自内心的意愿。"共

---

① Peter M. Senge. *The Fifth Discipline: The Art and Practice of the Learning Organization.* Doubleday/Currency. p. 211.

同愿景"内涵包括个体成员共有的愿景以及由共有愿景所产生的张力。如果没有张力，不会刺激组织的个体向一个共同的目标奋斗。愿景内在的动力是目标值与现有值之间的差力，这种差力促使个人在完成组织目标过程实现自己的愿景。在鼓励个人愿景时，组织不能借口整体利益侵犯个体的自由。如果侵犯了自由，就扼杀了许多可以激发和拉动组织发展的创新。共同愿景的首发点不是在整体上，而是在个体上。

组织成员在追求目标的过程中，"个人愿景"互相契合，产生动力，使"共同愿景"变得更加生动和具体。人们交流都使用"我们的愿景"这类字眼，就说明了"个体愿景"互相融合。"共同愿景"的形成不仅仅是依靠上层的创新，而且是全体成员的集体创造。"这是建立共同愿景的第一步，放弃愿景是来自高层的宣示的想法，或来自组织制度性规划的传统观点。"① 我们要把"愿景"的来源基于任一个体的创新和转化上。

第三，绝非官方说了算。

"在传统的阶层式组织里，没有人怀疑愿景应来自高层决策。在这样的组织里，指引大公司的蓝图没有被大家分享，每一个人都听命行事，以此来支持公司的愿景。"②

近年来有所改善，但是还是换汤不换药。最高管理当局常借用顾问的帮助来完成"愿景宣言"，并没有改变愿景来自上层的实质。依靠上层的愿景常常落脚于帮助管理层处理最为当前的问题，如市场定位、组织结构分析等。其结果常常令人感到沮丧。

"由最高管理当局撰写共同愿景宣言的缺失是，这种愿景并非从个人愿景中建立起来的。在追求策略性愿景时，个人愿景被忽略；而官方愿景所反映的仅仅是一二个人的愿景。这种愿景很少在每一个阶层内进行探询与检验，因此无法使人们了解与感到共同拥有这个愿景，结果新出炉的官方愿景也无从孕育出能量与真诚的投入。事实上，有时甚至无法在建立由高级管理团队鼓起的一丝热情。"③

此外，高级管理层或者顾问往往离问题太远，不了解下层的实际情况，不

---

① Peter M. Senge. *The Fifth Discipline: The Art and Practice of the Learning Organization*. Doubleday/Currency. p. 213.
② Peter M. Senge. *The Fifth Discipline: The Art and Practice of the Learning Organization*. Doubleday/Currency. p. 213.
③ Peter M. Senge. *The Fifth Discipline: The Art and Practice of the Learning Organization*. Doubleday/Currency. p. 214.

能体会出各个层次的人的真正愿景。以自己的"养尊处优"度量下层的思维方式，往往决策武断。由此看来高层不宜是首发阵容，中国这么大的改革开放，也都是从基层开始，家庭联产承包责任制来自于安徽凤阳的农民改革。这并不是说愿景不能从高层发散出来，而是说，如果从高层发出，"扼杀了不在权力核心的其他个人愿景"。有时候，愿景是从许多个体、许多阶层的互动中激荡而出。"产生愿景的过程，远比愿景来自何处更重要。"只有组织愿景和个人愿景连成一体，才是真正的共同愿景。"对那些身居领导位置的个人而言，最要紧的是必须记得，他们的愿景仍是个人愿景，位居领导位置并不代表他们的个人愿景自然就是组织的愿景。"① 领导者要改变自我中心主义，从聆听开始。"聆听需要不凡的胸襟与意愿来容纳不同的想法，这并不代表我们要为大我而牺牲小我，而是必须先让多样性愿景共存，并用心聆听，找出能够超越和统合所有个人愿景的正确途径。"②

第四，"企业愿景"应体现其社会服务宗旨。

企业的愿景实质上包括目的、使命和核心价值观。企业的愿景如同政治组织的愿景，有其信仰、最高目标和最低目标。在政治组织内每个人的价值体系的核心是一样的，是一群相同追求的人群，其凝聚力就体现在这里。企业组织，从长久经营来看，也具有类似的愿景。怎样建立企业的共同理想呢？通过对下面三个问题的反思，可以基本找到企业的理想。第一，追寻什么？即大家希望共同创造的未来愿景是什么。第二，为何追求？"企业的使命感，是组织存在的根源。有使命感的组织才有高于股东与员工需求的目的，希望对这个世界有所贡献。"第三，如何追求？依靠核心价值观调整企业行为。这些价值观包括正直、诚心、自由、机会均等、成效、忠实等。③

企业缺乏社会愿景，其产品是短命的，不能走向世界市场，不能满足人们需要的产品。故松下公司要求员工背诵公司信条："承认我们身为实业家的责任，促进社会的进步和福祉，致力于世界文化进一步发展。"④ 相反，丧失社会愿景，就可能出现"三鹿牌奶粉"事件。

---

① Peter M. Senge. *The Fifth Discipline: The Art and Practice of the Learning Organization*. Doubleday/Currency. p. 214.
② Peter M. Senge. *The Fifth Discipline: The Art and Practice of the Learning Organization*. Doubleday/Currency. p. 218.
③ Peter M. Senge. *The Fifth Discipline: The Art and Practice of the Learning Organization*. Doubleday/Currency. p. 224.
④ Peter M. Senge. *The Fifth Discipline: The Art and Practice of the Learning Organization*. Doubleday/Currency. p. 224.

企业思考"我们想要的是什么""我们要避免什么"这类问题，就自然联系到社会愿景上来。组织中的个体都有内在的价值趋向，如果企业的发展能激发员工内在的积极向上的价值观，其工作热情就会大幅度增加。

圣吉"建立共同愿景"的方法体现了系统思维的哲理，可以把圣吉内含的哲理概括为以下两点。

第一，愿景受主客观因素的影响，要充分发挥主观能动性克服制约。既不气馁地看待愿景的实现，也不要过于乐观。过于乐观来自对部分成功的反应式思维，缺乏系统整体性思维。许多美好的愿景，潜力无限，却未能生根和提升为共同愿景，这是因为这些愿景遭到了其成长上限的限制。为何许多愿景都中途夭折？一方面，对愿景的前程信心不足，看到愿景与现实之间的差距很大，产生沮丧、不确定的心理；另一方面，专注于愿景的时间不长，专注精力不够，未能产生强大的动力；破坏了目标统一的关系，一个近期目标没有达到，可能侵袭远期目标。

第二，"个人愿景"与"共同愿景"相互依存、相互转化。"共同愿景"是从"个人愿景"中转化而来的，"共同愿景"开始时往往以伟大领袖为中心形成的，或者组织面临一次危机，被迫选择了远期目标与近期措施。"个人愿景"往往是自发产生，但是组织却需要整合，需要将"个人愿景"整合为共同愿景的修炼过程。这也恰恰是组织所缺欠的。这一过程需要系统思考的理性，盲目地强迫别人加入领导者的个人设想，效果会适得其反，要培养组织成员主动而真诚的投入精神，这样才能形成真正的愿景。

（四）关于"团队学习（team learning）"方法

著名的物理学家海森伯格（Werner Heisenberg）在《物理学及其他：相会与交谈》（Physics and Beyond: Encounters and Conversations）中提出了"测不准原理"（uncertainty principle），即波粒二象性在同一试验场中不可能精确测得。在谈及这一发现和其他发现时，他认为"科学根源于交谈。在不同的人的合作之下，可能孕育极为重要的科学成果"。海森伯格曾回忆与鲍立（Pauli）、爱因斯坦（Einstein）、波尔（Bohr）等伟大人物的交谈，使他产生了在许多独立条件下难以产生的想法。这说明集体学习具有令人吃惊的潜能，具有比个人更为有效的洞察力。①

海森伯格这些想法点燃了一位当代量子物理学家鲍姆（David Bohm）关于

---

① ［美］圣吉：《第五项修炼：学习型组织的艺术与务实》，郭进隆译，上海三联书店1994年版，第271—272页。

科学研究方法的思想。鲍姆提出了"深度汇谈"（dialogue）的理论与方法。当一群研究者会谈时，面对的是彼此交织出来的更大的知识流，刺激个体产生、修正、激发更深层次的思考。这种特殊的交谈方式，带领着大家走向不曾想象、未事先计划的方向。"深度汇谈"的结果往往是在互动的情境中产生的，不是事先就预订好在计划引导中产生的。

"深度汇谈"涉及互动式的整体思维，鲍姆以量子理论的方法来类比："虽然在处理大系统的时候，要将其分割为小系统来研究。但量子理论提出，宇宙是不可分割的整体，因而观察工具与观察对象之间也是以不能分割的方式加入系统之中，各部分的认知行动也是不可分割的。"①

鲍姆在思维科学上，最突出的贡献就是运用系统思想，把人类思维看作是集体思维。人类思维的整体性，不能单依赖个体加以推动，主要依赖相互之间的互动。这一思想正是圣吉团体学习思想的理论基础。

"深度汇谈"的目的是要超过任何个人的见解，而非是让某个人赢得对话。在汇话的场所，人人都是赢家，个人可以获得在独立工作时无法得到的见解。在相互对话中，集体思维的心智开始呈现，大家不是以反对者的身份来抵制、反驳，而是以互动的姿态参加进来。鲍姆认为有效的"深度汇谈"应具备三个条件："第一，所有的参加者必须将他们的假设悬挂在面前；第二，所有参加者必须视彼此为工作伙伴；第三，必须有一位辅导者来掌握深度汇谈的精义与框架。"② 圣吉对鲍姆的方法做了发挥，把原来针对个人意义上的方法，用到了针对组织的意义上来，并增加了善用冲突的具体方法。圣吉关于"团队学习"的方法如下。

第一，"悬挂假设"。

将自己的假设悬挂面前，不断地接受询问与观察。假设是推论的过程，虽然以事实为根据，但终究是反映形式，不再是客观事实。一旦坚持"事实就是这样"，"深度汇谈"就被阻隔了。一个人的心智模式往往不愿意把自己的假设看作是主观的，往往以客观的依据来加强主观的坚持。更正心态是系统观点的要求。悬挂假设不是针对特殊个人，而是集体所有成员。团体悬挂假设的修炼，

---

① Peter M. Senge. *The Fifth Discipline*: *The Art and Practice of the Learning Organization*. Doubleday/Currency. p. 239.
② Peter M. Senge. *The Fifth Discipline*: *The Art and Practice of the Learning Organization*. Doubleday/Currency. p. 243.

可以让成员通过对照清楚地看见自己的假设。①

第二,"视彼此为工作伙伴"。

此法为的是借用彼此的能源。伙伴的感觉往往在看法一致的时候能够产生,怎样在对立的观点中保持这种伙伴的感觉呢?那就是在心里面把"反对者"的意见看作为意见不同的伙伴的意见。不管在自然科学中还是在社会科学中,真正能做到"深度汇谈"是不容易的,因为科学阶层和管理阶层都发展了一定层次的研究者和管理者,内部形成了阶层。阶层是"深度汇谈"的大敌。掌握权力的人和有发言权的人很难与下属平起平坐,总会以权威者的姿态压抑一些有创意的见解。组织"深度汇谈"很有创造力,"要求除去因地位高而占优势的情况,同时避免因地位低而害怕陈述的情况",要求每一位参加"深度汇谈"的人要懂得"深度汇谈"的意义,有维持阶层平等、真理平等的欲望。②

第三,设立掌握"深度汇谈"精义与架构的辅导者。

习惯性的讨论方式是由主要的领导或者技术权威发言,大家参与讨论,这样,有可能拉离了"深度汇谈"。人们习惯于将权威人士的假设视为真相本身,也可能认为自己的想法比别人更正确但怯于把自己的假设在权威或者众人前面拿出来。

辅导者应该是"深度汇谈"的"过程顾问"(process facilitator),帮助人们了解他们自己是过程的主人,使参与者勇敢而平和地说出假设与结论,通过碰撞使参与者得到自己所探索的结果或启迪。辅导者应保持对话的畅达,不要让成员感到某项话题被禁止了,否则成员会有所保留,不便袒露自己的想法。辅导者切忌以专家的身份出现,以免成员过分注意辅导者而分散了注意力。"深度汇谈"的气氛一旦在群体中形成,辅导者的重要性就没那么高了,也许转变为参与者之一,在这一修炼的初期阶段仍需要辅导者。③

第四,"善用冲突"。

"杰出团队的特性不是没有冲突,相反,团队学习的一项可靠的指标,是看得到彼此之间的冲突。杰出团队内部的冲突是具有建设性的。"④ 企业建立愿景

---

① [美]圣吉:《第五项修炼:学习型组织的艺术与务实》,郭进隆译,上海三联书店1994年版,第277—279页。

② [美]圣吉:《第五项修炼:学习型组织的艺术与务实》,郭进隆译,上海三联书店1994年版,第279—280页。

③ [美]圣吉:《第五项修炼:学习型组织的艺术与务实》,郭进隆译,上海三联书店1994年版,第280—281页。

④ Peter M. Senge. *The Fifth Discipline: The Art and Practice of the Learning Organization*. Doubleday/Currency. p. 249.

的过程，就是从有冲突的个人愿景中逐步形成一个共同的愿景。即使在开始的时候，人们已经认定了目标，但对于达成目标的方式也有不同的想法。一般说来，愿景越高，组织个人对实现愿景的想法的差异就越大。组织成员之间摊开自己的想法，彼此交流和冲突，最后汇成愿景。这一过程实际上也是"深度汇谈"的过程。平庸的团队往往是滥用了冲突，一方面是培植权威，让某些人的想法占据统治地位，强行地贯彻执行，虽然短期内能有所成效，但长期是没有动力的；另一方面是害怕冲突，讲究一团和气，为了维护整体的完整，强行抑制相互冲突的看法。

鲍姆的"深度汇谈"经圣吉的借鉴和发挥，成为学习型组织进行学习的经典方法论，这些方法蕴含系统思考的哲理。

第一，整体功能大于部分功能之和。整体功能大于部分功能之和是组织功能的正常展示，但因方法不对也有少于部分功能之和的情况，因而学习型组织就是避免负面功能追求组织功能优化。一般说来每个人的智商都有120以上，何以集体的智商只有62？团队学习的修炼旨在解决这个问题。团队并不是不能共享学习，在科学界、体育界、艺术界甚至企业中，都存在不少的实例表明团体的智慧高于个人的智慧。团队拥有整体搭配行为，一旦团队在效仿和学习周围组织时，整个团队的效果非常好，团队中个体成长的速度比其他的学习方式更快。①

从学习效果上讲，团队是学习的最佳单位。在团队中，组织成员摊出自己的假设，让想法自由交流，这样能发现比任何个人更深远的见解。这种学习方式在现代组织中基本上已经绝迹，现在需要重新挖掘出来。至少现在存在着"自我防卫的模式"（patterns of defensiveness）阻碍了团队的学习。个人主义的思维阻碍了整体思维。"八仙过海，各显神通""师傅领进门，修行在个人"都是阻碍团体学习的互动模式。如果能以创造性的方式察觉阻碍模式，团队的学习速度将会很快。

组织内部常常有一些抵消力和磨损力，造成了团队的智慧力小于个别成员的才智。团队成员往往存在习惯性的防卫心理和行为。在面对意见争执时，团队成员不是折中而是争得你死我活。进攻性的提问、防御性的倾听在组织中蔓延，大大抵消了组织的整体智力。团体学习如同一个交响乐团，需要修炼。

第二，以整体性的观点来对待团队成员习惯性防卫心智。为什么聪明而有

---

① ［美］圣吉：《第五项修炼：学习型组织的艺术与务实》，郭进隆译，上海三联书店1994年版，第9—10页。

能力的管理者在管理团队之中常无法有效地学习？主要是对"冲突"的处理方式有误，他常被心里"习惯型的防卫程式"所击败。习惯性的防卫是每个人根深蒂固的习惯，用来保护自己免于祸从口出遭到攻击。"老到"的管理者不肯轻易说出引起意见"冲突"或者与上级意见不同的观点。习惯型防卫的背后原因是："为了保持社会关系"。由于这层顾虑，"使我们失去了检讨自己想法背后的思维是否正确的机会"。对多数人而言，暴露自己的想法是一种威胁，因为害怕别人发现它的错误。

一些强有力的领导者常感到自己的身边无人，没有执意追求"愿景"的理想家，这是因为他总是明确表达他的愿景，以至于周围的人感到没有商量的余地，以至于他的"愿景"很少受到公然的检视与挑战。员工也学会了不在他面前表达自己的看法。不难看出，这些领导者所使用的防御是进攻性的防御，先垒好了自己的"愿景"碉堡。这样导致了习惯性防卫心智进一步蔓延。

"如果大家认为，对事情了解不够全面或不正确是一种差劲或者无能的表现，这一看法又形成了心理趋势的话，习惯性的防卫所衍生的问题就更严重。许多管理者发展了一种心智模式：好的管理者应该知道所组织发生的一切事情。于是，那些高级管理者总表现出他能知道组织发生的事情，那些企图晋级的管理者也早就学会了表现一副很自信的样子。"[1]

用整体性观点来看，习惯性防卫心智除了外因所致以外，更重要的是内因所为。因此，要在思想上认知它，把不同的心智模式看作是值得学习和借鉴的，在相互冲突中诞生有利于组织发展的心智模式；在方法上使用"善用冲突"而不是伪善、高傲地对待心智模式。

"善用冲突"的方法对我国管理模式的改变具有借鉴意义。我国地方官员发展出这样的一种心智模式：凡地方的矛盾被反映到中央都是地方官员无能的表现。于是执政演说中常有"小事不出县，大事不出省"的说法，潜意识里让中央知道我们这里是和谐共荣的，便出现了大事不上报的情况，这是运用了习惯性的防御战术。

阿基里斯曾把管理层的防御性心智模式称为组织内的"政治游戏"。"是什么造成了组织内的政治游戏？答案是人性与组织的特性。我们习惯于有防卫心智模式的带原者（上层领导），组织是我们的寄身处，一旦组织被感染了，其他

---

[1] Peter M. Senge. *The Fifth Discipline: The Art and Practice of the Learning Organization*. Doubleday/Currency. p. 251.

管理者也成了带原者。"①

（五）关于企业"系统思考（system thinking）"方法

五项修炼是个整体，它不是一个纯技术上的修炼，而是一个心智、思维、习俗的修炼。"以往的人类未透过整合的修炼方法去构建组织，增强组织革新与创造的能力，设计政策与结构。这或许是许多企业风光一时，然后悄悄地又回到平庸之中的原因。"② 系统思考是修炼中的第五项，它是整合其他各项修炼成一体的理论与务实，防止组织只顾一种修炼而失去其他各项的关联。系统思考也要其他各项来发挥它的潜力。

"系统思维可以帮助我们重新认识自己与我们所处的世界；帮助我们转变心灵：不再把自己看作与世界分开，而是祥和连接的；将问题归咎于别人引起的转变到归咎自己行为上来。系统思维下的学习型组织的功能如同阿基米德所说：给我一个够长的杠杆，我能撬动整个世界。"③

系统思考是理论，圣吉把这个理论建构成一个系统思考的技术模型。圣吉把两者结合起来，以模型来贯彻系统思考。圣吉的九个基本模型，虽然不能涵盖系统思考，但蕴含了从家庭到产业、社会、国家等大部分人类活动。每一个模型都有它对应解决问题的方法。

3.3 组织创新理论与超越

组织有创新才能避免被淘汰，组织创新是一个系统的过程，圣吉提出了三个具体的方法，这些方法构成一个整体。

3.3.1 整合核心价值

之所以组织没有形成包括中下层在内的核心价值，是因为组织的政治体制的弊端所致。社会的政治等级以各种形式显现于组织结构之中，唯上唯权威的

---

① C. Argris, Strategy, Chang, and Defensive Routines (Boston: Pitman), 1985. 被引于 Peter M. Senge. The Fifth Discipline: The Art and Practice of the Learning Organization. Doubleday/Currency. p. 251.

② Peter M. Senge. The Fifth Discipline: The Art and Practice of the Learning Organization. Doubleday/Currency. p. 11.

③ Peter M. Senge. The Fifth Discipline: The Art and Practice of the Learning Organization. Doubleday/Currency. p. 13.

习俗久熏其中。"以至于组织成员习惯了那种气味而不再注意到它的存在。组织成员被其中的政治虚伪、隐瞒与势利熏习日久,以致在组织中如久蹲茅厕,久而不闻其臭。"①

"在政治化的环境中,屁股决定脑袋,地位决定了所有事物的秩序。新的思想如果源自老板之口,每个人都会认真地考虑,如果源自名不见经传的小职员之口,可能被忽略或束之高阁。权力的得与失,决定了谁输谁赢,决定了谁的本事的大小。揽权者常滥权,做下决定别人命运的错误裁决,却没有补救的余地。这种对他人具有绝对控制的权力就是独裁主义的本质。政治行为的环境引发组织独裁的环境,有职位的和没有职位都会发展一种等级独裁的作风。"②

有组织就有政治,成为多数人默认的心智模式,故安于政治化的环境是无可奈何的选择。然而,每个人内心是不希望生活在这样一个政治化的组织中,这就是圣吉要发展学习型组织的理由之一。学习型组织是消融政治化组织的良药。

整合组织核心价值是组织发展重要的方法论,围绕的是"共同愿景"的整合问题。从历史事例来看,这一方法具有重要的意义。解放战争时期,国民党与共产党实行了两条不同的共同愿景,国民党的三民主义愿景在党员和人民心中模糊,行动中所实行的等级和行为严重侵蚀了愿景,人民不再相信封建集权能带领人们奔向愿景。共产党的社会主义愿景以及推翻三座大山的目标清晰具体,所行的"三三制"③ 行政模式使人们看到了希望。

圣吉十分重视拥有共同愿景与实现愿景的行为。他认为,要改变等级支配模式先从建立一个重视"实质贡献(merit)而不是重视等级支配的环境开始"。这个环境是开放的,公开和"真诚汇谈"是重要课题,人们追求的是不断挑战自己的思考能力而不是追求权力的能力。组织以"参与式开放"(participative openness)和"反思式开放"(reflective openness)整合组织的智力资源。"愿景与开放相结合,是消融政治支配模式的第一步。"

---

① Peter M. Senge. *The Fifth Discipline*: *The Art and Practice of the Learning Organization*. Doubleday/Currency. p. 273.
② Peter M. Senge. *The Fifth Discipline*: *The Art and Practice of the Learning Organization*. Doubleday/Currency. p. 274.
③ 抗日战争时期,共产党领导的陕甘宁边区政府按照"三三制"原则建立了抗日民族统一战线性质的政权,即在人员构成上共产党员占三分之一,党外左派分子占三分之一,中间派占三分之一。

3.3.2 私利不再主导

巴达拉寇（Badaracco）和艾尔沃斯（Ellsworth）在《领导与正直的探索》(*Leadership And The Quest For Integrity*) 一书中说："政治型的领导人，相信一般人会受私利与追求权力和财富的动机所激励。"[1]"政治型领导人"把私利看作是人们行为的主导。如果把私利视为人们唯一的行为动机，那么持这种假设的组织就会形成高度政治化的风气。在这样的风气下大家为了生存又必须继续追求私利。

圣吉认为，把私立看作行为主导，只是政治化组织心智的模式假设，不要忽略还有另一个心智模式假设，即私利不再主导。

"在私利的动机之上我们还有一个意念，想要连属于一个更大的整体，想要对更大的事有所贡献，想要与他人合作，汇成集体的力量创造更大的成就。每个人的内心深处都有一个追求较自我目标更大的目标意识。当人们沉思自己真正想成就的是什么的时候，许多人发现自己的愿景关系到家人、社区、组织、国家，甚至世界。虽然他们是在陈述个人的愿景，但所涵盖的范围已远远超过个人狭隘的私利。"[2]

组织是在兼顾个人愿景的基础上形成共同愿景的。当组织孕育共同愿景的时候，就会把成员引导进入一种较为宽广的奉献与关怀，引导大家认同更大的梦想。通过相互倾听和持之以恒的交汇，成员之间产生了相互信任的感觉，目标越是崇高，越能增加信任与一体的感觉。当人们形成共同愿景时，政治化的心智模式开始动摇，开明、平等、公正的意识就主导了组织。相反，政治化的组织，领导者一厢情愿把自己的愿景加诸其他成员，把组织视为自己的组织而不是大家的组织，对个人的私利化行为极为敏感，以满足他人私利来换取自我私利的最大化（经济人假设多半如此）。

私利不再主导，不仅是要求组织成员不再以自我私利来引导行为，还指整个组织与外界的合作也不要只顾眼前的私利。圣吉以事例加以说明。波士顿地区一家科技公司的管理团队，举办建立愿景的三天研习会，讨论了诚实问题。这家公司选定"在所有的沟通中都诚实与坦诚"作为他们的行为准则。一位资

---

[1] ［美］圣吉：《第五项修炼：学习型组织的艺术与务实》，郭进隆译，上海三联书店1994年版，第317页。

[2] Peter M. Senge. *The Fifth Discipline*: *The Art and Practice of the Learning Organization*. Doubleday/Currency. p. 275.

深的销售人员随口说出了他对行为准则的理解:"并不意味着对所有顾客都绝对地诚实。"整个讨论骤然而止,团队开始思索他们的行为准则的明确含义,总裁打破沉默说出了他的理解:"对我来说,这表示要对我们的顾客完全诚实。"这位销售人员反问:"在这个行业中,没有一家公司会诚实地告诉顾客新电脑的交货期。如果我们说实话,让顾客知道我们的真正交货期要比同行竞争者所说的慢百分之五十,那么,下个月我们会损失掉百分之三十的订单。"总裁回答:"我不在乎,我只是不希望自己属于一个容许对顾客、供应商或他人撒谎的组织。我相信,假以时日,我们将建立可靠的信誉而赢得顾客。"交谈结束后,所有成员支持说实话的行为准则。这位销售人员也得到了团队的默许,如果下几个月销量下降,团队其他成员不会指责他。这位销售人员开始和其他人研拟建立可靠信誉愿景的办法。结果,六年来,这家公司业务蒸蒸日上,奠定了自己的地位。①

3.3.3　参与式开放与反思式开放

"参与式开放"(participative openness)把参与式管理作为一种信仰,要求组织成员自由地说出心中所想。"反思式开放"(reflective openness)是挑战自己思考,把多么严密的构想都看作是待改善和检验的。②"反思式开放"的逻辑起点是:也许我是错的,别人是对的。"没有比确信(certainty)更能扼杀开放。"一旦坚信正确的判断,所有质疑的动机、开放的动机都消失了。

圣吉认为,这两种开放都各有缺陷,"参与式开放"可能流于形式,问题却得不到解决,"反思式开放"可能因现行的理论受到质疑而关闭。因而要把两者结合起来,防止跳跃式的推论。之所以要求两种方法统一,是因为任何问题的解答都是复杂的,单一方式不可能能处理问题。

复杂的问题原本没有绝对正确的答案。圣吉列举了两次试验给人们的这一启示。

第一次,管理者请大家运用系统图来描绘怎样平衡工作与家庭的关系。组织者把能考虑到的各种因素都写在墙上,如时间压力、自己期望、责任、个人兴趣、生涯目标、路程远近等,然后期待心中描绘好的因果关系的出现,诸如

---

① [美]圣吉:《第五项修炼:学习型组织的艺术与务实》,郭进隆译,上海三联书店1994年版,第318—319页。
② [美]圣吉:《第五项修炼:学习型组织的艺术与务实》,郭进隆译,上海三联书店1994年版,第320页。

上班时间会影响与家人相聚的时间；收入影响独立；等等。不到一个半小时，因果箭头涂满了整个墙壁，令所有的人惊讶的是，墙上所标出的密密麻麻因果关系的箭头图只是真实系统中许许多多的关系的一小部分。大家逐渐认识到，没有人能弄清工作与家庭关系的所有方面。①

第二次，"那是20世纪70年代后期，系统动力学家米铎丝（Donella Meadows）主持了一个三个小时的研习会，主题是第三世界的营养不良问题。与会者是来自世界各国的专家，他们运用各自的专业知识，寻找饥饿的原因。没多久，意见墙上已经出现了各种解释，从经济、政治、文化到贸易等。旁听的一位致力于粮食与和平问题的女士开始摇头叹息，米铎丝问她是否不舒服？这位女士说：我的天，我原以为有人知道这个答案，原以为政客们知道该怎么做，只是因为政治和贪婪不愿意去做。现在我明白没有人知道答案，我们不知道，他们也不知道，没有人知道。"②

"意见墙"揭示了人们崇拜权威主义的根源。人都是在权威的环境中长大，儿童时期崇拜父母的权威，以为父母有答案；学生时代以为老师有答案；工作后以为上司有答案。内心都以为上面的人必定知道答案。这种心态导致了组织学习受阻，依赖权威，浪费了组织创新源。当明白上面的人并不知道一切答案的时候，组织才有可能摆脱某种束缚，重新界定理性。真理是发展的，对事物的看法不会有最终的结论。牛顿那里没有最终结论，爱因斯坦那里没有，我们这里也没有。但是问题仍然会存在，需要去解决。理性的创造性能帮助人们克服目前的困难，找到解决问题的方法。方法在哪里，在每个人的头脑里，不在一个人的头脑里，在大家对问题的交织碰撞所产生的思维里。一时没有找到办法，在将来的过程中也能找到办法。复杂性思维是群众性的思维，是综合性的思维，是互相交织的思维，是发展的思维，这便是开放的状态。明白自己的任何答案只不过是真理的近似值，还有改善的地方，人们才有可能去磨炼自己解决问题的能力。如果心理总有一个"我知道问题的答案，或者你们说出来我就知道"，这种信念就会掩埋了好奇心和求知欲。如果知道复杂性思维和真理的关系，那么对于内心的"我不那么清楚，也许他知道的比我多"之类的想法，就处之泰然了，就会变得谦虚好学了。正如爱因斯坦所说："我们所能体验最美的

---

① [美]圣吉：《第五项修炼：学习型组织的艺术与务实》，郭进隆译，上海三联书店1994年版，第325—326页。
② Peter M. Senge. *The Fifth Discipline: The Art and Practice of the Learning Organization*. Doubleday/Currency. p. 282.

事，便是无法理解的事，它激发出好奇心，它是所有真正艺术与科学的来源。"①

知识的分门别类，使一般人相信任何问题都能找到答案，这给人一种自信的错觉。这种错觉势必影响到管理科学、经济学、会计学、行销学和心理学等。分解法把问题分割为小块，并找到针对局部的方法，然后告诉人们这就是问题的答案。使得人们以为将问题分解就能得到答案，忘记了他们所分解的只是整体的一小部分。所用的方法只是局部的，上升为整体的话并不适合，还需要融合其他部门。

真理是相对的，并不意味着复杂问题没有解决的办法。问题是在过程中解决的。有些问题虽然复杂，但比较具体，也就有了"正确的解"。例如，当生产地与销售地确定了，投资比较确定了，选一个炼油厂的位置就确定了。这类问题可以不用复杂性的思维、开放性的心智来解决。这类问题类似于在科研工作中找到一个研究工具，可这些问题并不是经营者遇到的最重要的问题。

英国著名的经济学家舒马赫（E. F. Schumacher）在《困惑者的指引》（*A Guide for the Perplexed*）中把问题分为两类：收敛性的（convergent）与发散性的（divergent）。收敛性的问题有正确的解，理性研究这类问题，答案清晰具体。发散性的问题没有唯一正确的解，越是研究这类问题，答案越是冲突和矛盾。② 这是由事物本身的复杂性决定的。发散性问题与收敛性问题的解决逻辑思路恰恰相反，前者不追求唯一的答案，后者追求唯一的答案。

命运掌握在自己手里的假设，会促使主体奋发图强，个体和组织的学习速度也会加快。这一信念导致了学习型组织日益成为"地方化"（localness）的扁平式组织。扁平式组织是将决策权从总部下放到地方，给人们行动自由去实现他们的构想，并对所产生的结果负责。在传统的组织中，上层人物思考，下层员工行动；在学习型组织，每一个人的思考与行动都合二为一。在信息化的时代，组织地方化具有优势。对于顾客的爱好、竞争对手的行动、市场趋势的变化的最新资讯，"地主"所处的位置是作出最佳反应和作出调节的位置，如果增加上传和下达的环节，则贻误战机。

理论上是这样，现实仍旧有很多重大的问题。如果实行"地方化"，总公司

---

① Albert Einstein, *The Fifth Discipline: The Art and Practice of the Learning Organization*. Doubleday/Currency. p. 283.

② ［美］圣吉：《第五项修炼：学习型组织的艺术与务实》，郭进隆译，上海三联书店1994年版，第328页。

的管理有可能被架空。既保持"地方化"的优势，又保持总公司的合力，这需要研究，弄不好会侵蚀总体目标，反过来危害局部。

生态学家哈定（Garrett Hardin）首先运用生态系统整体性的观点，观察分析缺乏整体的地方化（localness）。单极地方化导致了"共同的悲剧"（the tragedy of commons）。地方化运作对每一部分有利，对整体却是有害，最后导致所有部分受损。

"位于非洲撒哈拉沙漠的撒黑尔（Sahel）地区，曾经是一片肥沃的草原。直到本世纪中期还供养着十几万牧民和五十万头以上的食草牲畜，然后今天却变成了一片光秃秃的沙漠，只生长着极少的植物，而留在那里的人和牲畜只能在干旱与饥饿的威胁下度日。撒黑尔的悲剧根源于20世纪20年代至70年代人口及牲畜的持续增长。1955—1965年，由于降雨量异常充沛，加上国际组织提供开凿深井的技术和资金，加速了人口和牲畜的增长。牧民在经济利益和社会地位的诱因下，纷纷扩充牲畜数量。到了60年代初，牧地呈现被过度啃食的现象。植物变得稀疏，反过来加速过渡啃食，直到牲畜啃食的速度大于草原植物生长的速度，草覆盖的面积日益减少。另外，风雨侵蚀土壤的情景加重，加速了土地沙漠化的过程。恶化持续下去，70年代初期，已有五成到八成的牲畜死亡，绝大多数人陷入贫困的深渊之中。"①

类似的悲剧在全世界比比皆是：渔业资源的减少，发展中国家土地沙漠化，巴西雨林减少，酸雨和温室效应，等等。所有这些情况都是由局部的"正确"决策，导致了无法弥补的"集体大灾难"。

"不要以为共同的悲剧只发生在生态灾难上，它也同样发生在重视分权的企业。"② 有自主权的地方都有公用的企业资源，在相互竞争性的争取资源优先权中损害了整体功能。分公司之间，甚至是企业之间都有一些共同的资源，如资本、生产设备、企业声誉、顾客的满意度、供应商的支援以及员工的士气等。在实施地方分权的公司，个体被过度地激励，彼此争夺了这些资源，最后导致大家不同程度的受损。

"共同的悲剧"的结构是慢慢形成的，短期之内难以察觉。"地方化的管理者把自己的行动看作是独立的，不能体会到自己的行为正在危害自身和他人的

---

① Garrett Hardin, "The tragedy of commons", *Science*, December 13, 1968, quoted in The Fifth Discipline: *The Art and Practice of the Learning Organization*. Doubleday/Currency. p. 295.

② ［美］圣吉：《第五项修炼：学习型组织的艺术与务实》，郭进隆译，上海三联书店1994年版，第342页。

将来，未能看到自己的活动终究减少每一位个体的获利。"①

普遍的领导风格都是传统型的，给员工明确的方向，率领大家一起工作，追求共同的目标。圣吉认为，这种对领导的观念"深植于一种个人化和非系统化的世界观之中。尤其在西方领导被视为英雄以及发生危机时挺身而出的伟人。如果这种思想风行，依靠个人魅力或者短期模式来解决问题的模式还会加强。显然忽视了系统的力量和集体学习。这种对传统的领导模式的看法，来自这样的假设：普通个人缺乏个人愿景，没有能力改变所处的环境，只有少数伟人才有能力补救这些缺陷"②。

"在学习型组织中，新的领导者专注的是更为奥妙更为重要的工作。在学习型组织中，领导者是设计师、仆人和教师。他们负责建立一种组织，能够让其他人不断了解复杂性，厘清愿景和改善心智模式。也就是说，领导者要对学习型组织负责。"③

领导是"设计师"的角色常被人忽视。设计是一项幕后的工作，很少受到肯定。一些领导者一心要掌控大局或博取声名，设计和幕后的工作对他们没有吸引力。圣吉眼中"设计师"不是指挥官而是执行"参与式开放"和"反思式开放"的"仆人"，留意外界的眼光和引导智慧合力之人。

小　结

系统方法把组织形成的动因看作是不可分割的整体。经巴纳德的系统分析，"组织不是起源于强权，而是起源于人们的自愿协作"。在巴纳德看来，经济目的不是组织形成的唯一原因，还存在着动机、兴趣、过程等非经济因素。

组建组织也需要系统方法，除了提供物质诱因、精神诱因的方法以外，还有说服的办法、教育的办法等。一些组织之所以不能长久存在，原因是多方面的，根本原因在于协调的失败。

用系统的观点来看，正式组织和非正式组织互为前提和相互需要。正式组

---

① Peter M. Senge. *The Fifth Discipline*: *The Art and Practice of the Learning Organization*. Doubleday/Currency. p. 296.
② Peter M. Senge. *The Fifth Discipline*: *The Art and Practice of the Learning Organization*. Doubleday/Currency. p. 340.
③ Peter M. Senge. *The Fifth Discipline*: *The Art and Practice of the Learning Organization*. Doubleday/Currency. p. 340.

织不同于非正式组织的地方在于其组织决策，组织决策往往由处于组织信息中心的经理人员来制定和执行。这样，个人决策与组织决策在经理人员身上以决策自由和决策限制的矛盾形式出现。

用系统方法来分析，个人与组织相互依存。个人是一个独立的不可替代性的个体；独立性的个体在物理性、生物性、社会性上又具有一致性的本质，离开共性的本质不可能保证个体的生存。怎样才能既保持个体独立又不损害共性本质？这需要通过个体和组织的协作来达到，通过组织整体目标的实现来达到个体目标。当整体目标与个人目标不一致时，即当协作行为的目标与个人行为动机向背离时，便需要增加在协作过程中满足个人动机的刺激物（诱因）。

系统观点看来，挑选领导人不能单方面看其业务能力的强弱，主要看其能否完成组织协调任务的品德，对经理人员的品德要求高于能力要求。经理人员的主要职能是协调，使组织实现能效。

巴纳德的组织理论在管理领域里发挥着怎样的作用呢？首先，它批判继承了古典组织理论。古典组织理论认为：管理就是计划、组织、控制和人员配备；一个人应该有一个直接的上司，对下的控制幅度不能超过 7 个人；给每个人以责任和权力。巴纳德对这些理论做了理论上的创新，提出正式组织、正式权力和正规的交流渠道。其次，他开创了管理的新方法。不再把管理看作自上而下的过程，而看作是一个所有个体都参与的过程，一个协作的过程。

"学习型组织"理论是以"系统动力学"为基础的，系统动力学实质上源于系统论和控制论。维纳博士（Dr. Norbert Wiener）把自然界、社会领域的协调一致形成组织的行为抽象为控制论，开启了技术方法转变为管理方法的门径。圣吉对学习性组织的管理方法的研究运用了系统论、控制论和协同学的研究成果，在系统思考和理论务实之间架设了方法论的桥梁。

鲍姆整体性的观点，是对物理学整体性（wholeness）观点的扬弃，他认为当代思潮对整体性最大的污染是分割性方法（fragmentation）。圣吉进一步把整体性的观点运用到管理领域，运用系统的观点提升团体学习。他认为，"最成功的企业将会是学习型组织，因为未来唯一持久的优势，是有能力比你的竞争对手学习得更快"。圣吉的一切模型和理论都是围绕这一新的思维展开的。

在系统观点看来，一个人的习惯性防卫并非仅仅是外界所逼，它是内因和外因共同造成的，是组织成员相互造成的。因此，成员首先要看到习惯性防卫的缺陷，然后从自身打破防御体系，走向开放，邀请别人共同探讨自己的设想。

用整体性观点来分析，建立共同愿景的核心价值对成员具有极强的导向作用，它能使组织成员的潜力发挥到最佳。新型的领导方法不再是分割了的"参与式开放"或"反思式开放",而是二者的统一,领导者实际上应扮演设计者的角色。

系统的观点对管理团队的学习具有重要的意义。管理团队集合了组织的各种机能,尤其需要系统协调。管理团队的每一位成员都有自己的直线型的心智模式,每个心智模式都关注于组织的某一部分,每个人都会强调各自的因果链条,个体中整体图像不可能以整体呈现。各自的假设不同,充满着冲突和矛盾。用系统的观点设计团队学习,才能组合成企业的愿景、规划、方案。

基于组织发展的系统分析方法在现代西方管理思想史中占有重要的地位,尤其在实践方法上,使管理理论变得易于操作和系统掌握。但巴纳德运用这一方法解释组织起源时,忽视了生产力的决定作用,忽视了基本矛盾的方面。

第4章 反映劳资关系发展的人性假设理论与超越

> 领导是一种关系。
>
> ——麦格雷戈

道格拉斯·麦格雷戈沿梅奥之路，继续研究人性问题，并把成果应用于管理。不同于梅奥之处，其研究的对象是普遍性的，超越了企业中范围内组织与个人关系的具体人性范畴。麦格雷戈发现在不同的文明背景下人性是有本质差异的，故他以工业文明为背景于 1960 年出版了名著《企业的人性面》，以发展了的劳资关系为前提提出了著名的"理论 Y"。他的理论前提是：任何管理方法都是建立在一定的人性假设基础之上的。他探索人性的逻辑是：科学假设方法既是物理理论的科学方法，也是管理思想的科学方法；人性假设的科学性须有实验基础；人性假说的目的在于阐析新的管理方法，"参与管理"就是在"理论 Y"基础上的具体"管理策略"。

4.1 人性假设的理论根据

4.1.1 科学假说

假说一般是自然科学方法，是对现象的一种推测性、预见性的解释。大多社会科学则以一种确定的语气揭示人性，而不是去推测和求证人性"X、Y、Z"。麦格雷戈[①]尝试对人性进行方程式假设，然后求证，继而化为具体的管理

[①] 道格拉斯·麦格雷戈（Douglas Mcgregor, 1906—1964），1924 年在一个服务站做服务员，1935 年取得哈佛大学哲学博士学位，1935—1937 年在哈佛大学任教，1937—1964 年在麻省理工学院任教，其中有 6 年（1948—1954）在安蒂奥克学院任院长，1957 年在美国《管理评论》杂志上发表有名的"理论 X—理论 Y"。著名的著作是《企业的人性面》（1960 年出版）。

策略。在《企业的人性面》一书中，他认为人性假说理通科学假说，科学假说是物理理论的主要方法，也是管理思想的方法。

"二十世纪五十年前，物理科学理论上的种种发现，已经创造出一个新的世界。假定说在1900年时，有人预测1960年美国生活的情况，他一定会被认为愚不可及。时至今日，人类已经能以每小时六百英里的速度，在距离地面六至八英里的上空旅行；人类已能造出飞航月球的太空船；已能造出雷达；已能造出潜航于北极冰帽之下的核子能潜艇；已能享受空气调节，电视，冷冻食品；已能坐在家里享受世界第一流音乐家的立体声的演奏。——凡此种种，均不是六十年前任何人所能想象。假如不是由于科学理论的进步，假如不是由于人类天才的努力，这些发展在今天必然仍是不可想象的事。

社会科学的进步也是同样的道理——虽然某些人听起来也许不会同意。我们今天所处的时代，是社会科学发展使我们获得许多创新的时代；那些创新同样是难以想象的。例如企业机构的组织和管理方面许多戏剧性的改变，便正是这类创新之一。"①

为了让更多人接受他的"理论Y"（一种人性假定理论），麦格雷戈搬出了物理学假定的重要意义。对于管理科学，人们习惯于从经验中提升理论，还没有习惯从假说中寻找指导原则。已有的经验是极其有限的，只能算推广，而假说具有开创的意义。

既是假说，管理思想的假说如同自然科学假说那样仍然是包含推测并待修正。"理论Y的各项假定，只是当前的社会科学知识的简释；这些假定仍有待修正——甚至可能为它说所取代——为短期内所将继续获得的新知识所修正。"②麦格雷戈写《企业的人性面》的目的是阐明"人性面"已经是工业文明（企业）的背景之下，人性已经发展变化了，因而管理思想的方法是检讨已有假说并重新界定新的假说。

4.1.2 预测功能

科学假说能成立，在于它有预测功能，管理科学中的人性假设亦如此。麦格雷戈为了说明人性假设的科学根据，在理论上提出"人性行为是可以预测

---

① ［美］道格拉斯·麦格雷戈：《企业的人性面》，许是祥译，（台北）中华企业管理发展中心1979年版，第313页。
② ［美］道格拉斯·麦格雷戈：《企业的人性面》，许是祥译，（台北）中华企业管理发展中心1979年版，第325页。

的"。预测正确程度的高低,主要应视所依据理论假定的正确程度而定。事实上,没有理论假定,便根本无法预测。凡属任何管理决策和措施,均系以行为假定为基础。如果我们规避这种道理,不谈假定,没有科学严谨的精神;而只说这样就是实务,总是说管理是一门艺术,那么我们关于企业的人性层面的研究必将难以进步了。我们唯有研究我们的理论假定,验证我们的理论假定,就能使我们的理论假定更为充实,就能使我们的管理决策和措施不至于矛盾,也就能增进我们预测人性行为的能力。①

假说、预测在管理实践中至关重要,可以用这些理论来反思控制的成败。所谓控制,乃是针对人类本性的选择性的适应;而不是企图使人类本性来配合我们的希求。我们必须了解这层道理,才有增进我们的控制能力的可能。假如我们的控制失败了,其原因,大抵不外是我们用了不适当的控制方法的缘故。徒然只是责备员工,说员工的行为不符合我们的预测,我们将难以期望我们的管理能力有任何改进。因为假说和预测是导致控制失败的原因,如果把原因归结为员工,则不了解假说有待修正的道理。②

4.1.3 学科根据

麦格雷戈认为,如果管理科学中缺少假说,很难归结为科学。自然科学之所以称其为科学,是因为"假设—求证—新假设"这一方法使理论在解构中发展,管理科学应该把理论建立在包含假说的科学性上而不是建立在艺术性上。

"不应把管理看作是一门艺术,而要看成是一门科学,说管理是一门艺术,那是否定了理论对于管理行为的重要性。这种看法,拒绝了对管理行为理论假定的研究,而将管理行为的依据摆在个人的直觉和感受上。直觉和感受,当然是不必怀疑的。问题在于管理是不是一门科学。管理并不是科学,管理的目的和科学不同。科学重视的是知识的进步,而管理,正像任何一门专业一样,重视的是实际目标的达成。因此,问题是管理能不能应用科学的知识来追求目标的达成。主张管理是一门艺术者,不啻是否认识了系统化及经过验证的知识对实物的关联。如果一位经理人不肯怀疑他所持的假定是否合用,则很可能他也

---

① [美] 道格拉斯·麦格雷戈:《企业的人性面》,许是祥译,(台北)中华企业管理发展中心 1979 年版,第 14 页。
② [美] 道格拉斯·麦格雷戈:《企业的人性面》,许是祥译,(台北)中华企业管理发展中心 1979 年版,第 14 页。

不肯应用各项科学的知识。而科学知识浩如烟海。社会科学的知识至多且杂，不幸的是有些知识往往与我们个人的经验抵触，与我们所喜闻乐见的想当然的看法相冲突。因此，最简单的办法，便是拒绝科学知识——何况事实上科学知识本身，亦有未臻完美和欠缺之处。"①

麦格雷戈认为，管理思想之所以未能有效地应用于今天的社会科学，一个重要的理由是对人性行为控制的误解。在工程上，所谓控制，是人对自然定律的适应；不是让自然来配合我们的要求。举例来说，我们需要水，但我们不会希望有水从低洼流向高地。失火了，我们不会用汽油去扑灭。设计一台内燃机，我们遵行的道理，是气体受热后会发生膨胀；我们决不会反过来利用气体受热后发生收缩的道理。人们常常误解了物理现象方面的所谓控制，以为指的是从许多方法中选择出一种来，期能配合我们所关切的现象的特征性。② 物理现象的控制是顺其规律的控制，而不是能选择的控制。在麦格雷戈看来，社会科学的控制只要假说正确、预测准确，有可能排除多种控制的可能。

表面上看，麦格雷戈反对历史上原来的假设，批判使用者把这些假定固定化、决定化。其实麦格雷戈比他们并没有走多远。他是把自己的理论假设看作是正确的并且是可以当作决定性的工具来使用。

"总之，古典的组织理论有许多缺失：一是由不当的模式研究而得；二是这些理论未能顾及政治、经济及技术的环境；三是这些理论所依据的人性行为的假定，尚颇有商榷的余地。然而不幸的是，这些理论仍在深深地左右我们产业界人力资源管理的基本思想。由于这些假定的不当，已经衍生了许多问题；而管理界解决这些问题时，率皆盼望获得新的公式、新的技术与新的制度。其结果当然颇令人失望；原因无它，那自然是因为这些都只是头疼医头、脚疼医脚的办法，并未抓住病因。因此，今天真正的需要，是一套新的理论，是一套新的假定，是对组织内'人性行为'特性的更为深刻的了解。"③

物理学的成果和科学方法给麦格雷戈极大的影响，似乎借用能通达管理学的真理。无独有偶，赫伯特·马尔库塞的《单向度的人》也是这一方法，他认为物理学原理可以渗透到社会各个方面。人的控制走向单一化，人也是单向度

---

① [美] 道格拉斯·麦格雷戈：《企业的人性面》，许是祥译，（台北）中华企业管理发展中心1979年版，第9页。
② [美] 道格拉斯·麦格雷戈：《企业的人性面》，许是祥译，（台北）中华企业管理发展中心1979年版，第10页。
③ [美] 道格拉斯·麦格雷戈：《企业的人性面》，许是祥译，（台北）中华企业管理发展中心1979年版，第21页。

的人。

由于管理学涉及人类伦理问题，恐怕借用物理学假设方论在有些地方说不过去，麦格雷戈做了改进，赞同要重视伦理关系。他说，关于控制人类行为的讨论，常难免会引起不无理由的忧心忡忡，唯恐因控制而产生对他人的操纵和剥削。这一份忧惧之心，实属自古而然；但是这种情形，由于经理人能应用社会科学以追求企业目标而成为专业人员之后，更值得重视了。因此，我们仍不能不再来探寻一下专业人员的一项重要课题，亦即经理人对伦理价值观的体认。科学知识本身，不管其有无用途，无所谓价值之可言。科学知识可用于为善，也可用于为恶；科学知识可为人类造福，也可摧毁人类；核物理学的种种应用，近年来我们亦应看得够了。因此，在逐渐有更多的经理人在应用科学知识，成为专业人员的今天，则必定有更多的专业人员深刻认识伦理价值。他们一方面必须认识广泛的社会价值，一方面也必须认识在他们控制组织成员时，所牵涉的社会价值。①

4.2 人性假设重建的现实根据

4.2.1 实践基础

在麦格雷戈之前，企业管理的理论已经存在人性假设，只是没有明确提出来。泰罗的"科学挑选工人"的理论暗含着对人性的假设，把人性看作类似适者生存的竞争性的生物，因而其理论具有社会达尔文主义的性质。麦格雷戈强调他研究人性的方法是建立在实践的基础之上，不是没有根据的假说。为了说明使"理论Y"更具假说的实践基础，麦格雷戈提到了"史堪龙制度"（Scanlon Plan）。组织制度设计者史堪龙（Joseph Scanlon）对工会参与管理特别感兴趣，因而制定了一项合作策略。这项策略曾经行之于若干公司，在经济管理和人性管理方面多达到了显著的效果。"史堪龙制度"并不是一项公式和程序，而是产业组织的一种管理哲学思想。麦格雷戈认为该制度的理论假设就是他后来归纳的"理论Y"。"史堪龙制度"包括两大基本要求：降低成本的利益要合理分享、有效地参与。

---

① ［美］道格拉斯·麦格雷戈：《企业的人性面》，许是祥译，（台北）中华企业管理发展中心1979年版，第15页。

"史堪龙制度"的第一大特点是，提出了组织绩效改善后所获得的经济利益应合理地分享。与利润分享制度有落脚点的区别，他讲的是降低成本利益分享的独特制度。按照此制度，应将改进后所得的节省提拨一定的部分（比例50%到100%不等），分给参与的人员共享。按照贡献大小，分给相关人员。这样一来，公司组织处于一种激活的状态，一切改善和创新，均溯源于员工的实践发明。员工的组织行为与其成就直接相关。其结果导致，人人都对公司的经营有切实和详细的了解，创新源得到激发。

"史堪龙制度"的第二大特点是，有效地参与。"史堪龙制度"提倡这样一种理念：目标融合的原则就是要做到为每一位员工提供脑力和体力贡献的机会，使员工在为企业的目标尽心的过程中，自己较高层次的需要得到满足。

"史堪龙制度"的两大特点反映了该制度对人性假设有了较大的改变，制度的成功说明了人性已经向前发展了。在传统的管理理念中，提升企业生产力无非是要求员工多做一份他们应做的工作。麦格雷戈认为"这样的论调不仅思想狭隘，抑且侵犯了产业机构中的人性价值"①。人与机器不同，机器可以按照人的意志和操作程序多生产点产品，人有许多潜在的能力，他有计划性、创造性与自觉性，能督导和控制自己的行为。史堪龙要挖掘这一潜力，用鼓励和提供报酬的办法来使员工的参与变成活生生的生产力。史堪龙是怎样做的呢？

"是组成一系列的委员会，藉以对组织中任何人所想到的足以改善营运比率的方法作一讨论和审查，并对其中认为有价值的可行方法付诸实施。组织中的每一个大类和部门，都有代表参加这一委员会。各部门的委员会由员工及基层主管组成，对于认为可在他们的层次中实施者，委员会有权决定。其余涵盖较广的各项建议，则转送较高层次的审议委员会。审议委员会的成员除了较高层次的管理人士外，也有员工代表。"②

每一项创新，在作业上缩短了正规手续的路径。各委员会每隔几天开一次会议，审议各种创新是否通过。推行这样的方式，使员工参与的意义就更明确了。人与人之间相互依存，通过科学知识的沟通联系得更紧密了，开拓了人力资源的天赋力和创新力。麦格雷戈十分赞赏这样的方式，认为这符合他为管理产业界所设立的"理论Y"。这样做的效果是很明显的，在推行"史堪龙制度"

---

① ［美］道格拉斯·麦格雷戈：《企业的人性面》，许是祥译，（台北）中华企业管理发展中心1979年版，第325页。

② ［美］道格拉斯·麦格雷戈：《企业的人性面》，许是祥译，（台北）中华企业管理发展中心1979年版，第148页。

的公司里，大量的且具有激进意义的建议蜂拥而至。原来在设计和施工过程的摩擦都在新的建议里得到了认可和技术处理，而不是相互指责。在"史堪龙制度"里，劳资双方都有了共同的目标，对共同的目标有了承诺。他们注重同一目标下的合作。如果以为工人对生产流程和管理流程有怀疑，不会受到指责和不满，而是引起警觉和改进。

当然，在推行"史堪龙制度"的公司里，不见得总是一团祥和的气氛。公司同样有争执、分歧和辩驳，但这些争执等都是以增进绩效为中心的。整个组织的每一个员工把个人目标同整体目标结合起来，在帮助别人成功的同时，自己也获得了相应的成功。"史堪龙制度"改善绩效的合理分享与有效参与制度成了麦格雷戈的"理论Y"的实践基础。

"史堪龙制度"没有公式，没有花样，也没有现代化的系统化的方案。事实上它是一种经营和生产的理念。实践中常常是变化多端，不能预计创新源从哪个层次构想出来和怎样被修正。麦格雷戈称这与"理论Y的基本假定无异"①。

"史堪龙制度"的实施在当时只是个实践，几乎完全以中型公司为限，员工人数仅为数百人，最多的一个工厂约八千人。对于大型组织而言，肯定还存在一些困难，对于因创新而新增利润的分成就不好计算和分割。对于高度自动化的组织，创新往往围绕着技术的发展线路，对于其他方面几乎很难有改进的地方，"史堪龙制度"能做些什么？

麦格雷戈认为："对于这一类组织，老实说，在我们曾经仔细观察过史堪龙制度的推行的人看来，其应用的可能性仍然相当乐观。一个组织的作业虽然已经走到了高度自动化的境地，可是推究起来，人性行为对于组织的成败——包括维护工作、建设公所、事物工作以至于管理工作的成败——的影响必仍甚大，且比远大于我们大多数人所了解的程度。相信迟早我们能看到一次机会，让我们这份乐观的看法在实际行动中得到应验。只是在今天，那样的公司或部门对这项制度仍有戒心。不肯轻易一试而已。"②

4.2.2 个体人性的发展

麦格雷戈得出理论Y的逻辑是：普遍性的人性已经发生了变化，对新的人

---

① ［美］道格拉斯·麦格雷戈：《企业的人性面》，许是祥译，（台北）中华企业管理发展中心1979年版，第153页。
② ［美］道格拉斯·麦格雷戈：《企业的人性面》，许是祥译，（台北）中华企业管理发展中心1979年版，第155页。

性有必要进行推测性的假设。逻辑前提是人性会发生变化，对此必须有所说明。一般人性的变化从个体成长的人性变化中可以感知到，从个人成长的一般历程中都可以看到人性的变化。父母对待子女态度的变化，正是因为子女人性的变化与发展所致。抚育儿童时，父母经常改变他们控制子女行为的策略，以配合儿童从小到大的能力和性格的改变。

同样的道理，产业管理界也必须了解，员工也是拥有不断学习和成长的各项能力。但是，在人力资源管理的基本概念上，管理界却似乎没有认清这种情况，误以为人一旦在成熟之后，便将永远不变。所谓理论X，正是建立在人性不能变化的设想上，以为人已经成为工厂中的熟手，便不再有变更了。阿基里斯曾生动地指出了这一假定的弊端。大凡关于传统上的组织的各项管理策略，以及关于企业中的人力资源的督导和控制，对于儿童的能力和性格倒是极其适合，而对于成年人却未必是。①

个人从幼年到成年的个性变化决定了父母和周围的人对待他的方式的变化，企业管理和社会管理却不知道这个道理，把旧时代的方法翻新带到现在，完全没有依据人性的发展变化。20世纪30年代中，经济危机给管理界带来了严重的压力。管理机构与工会组织的纷争到了白热化的程度。员工有"反对权力主义"的呼声，罗斯福总统适应形势提出新政（New Deal）。各种法案在争论和权衡中产生。政策也是左摇右摆，颠簸不已。国家政策在权衡劳资双方的利益。管理也不得不放弃科学理性的刚性原则，走向人文理性的柔性原则，注重劳工的利益。当时管理阶层推行了"人群关系线路"，让员工有更多的参与权。这只是在心理上让员工有一种满足感而已，在萧条的背景下，生产力并不会得到提高。但社会稳定的效果却很好，人性化的管理安抚了工人躁动的情绪。经济危机时期美国并没有发生革命性暴动，管理的调适起到了稳定的作用。尽管如此，麦格雷戈认为罗斯福的方法是应急式的、形式上的，没有建立在员工人性已经变化的基础之上。形式上的鼓励员工决策参与虽然能安抚人心，但没有解决根本问题。他有这样的一段原话："时至今日，我们才知道'产业民主'绝不是听任大家决定一切；所谓'产业和谐'决不是在消除了不满和冲突后便可以得到。'和平'和'组织的健全'，两者绝不是同一件事；'对社会负责任的管理'，也

---

① ［美］道格拉斯·麦格雷戈：《企业的人性面》，许是祥译，（台北）中华企业管理发展中心1979年版，第54页。

不可能与'放任的管理'相等。"①

他认为，罗斯福新政下，企业所奉行的"柔性管理"只不过是"一时性的反应，只不过是当时的肤浅的反应"。这些都没有抓住根本，根本在于了解变化了的人性。

无论是个体人性还是一般人性，其内在的层次也体现着发展。麦格雷戈运用马斯洛的需要层次理论来证明人性的发展和变化，并解释了理论X下的管理为什么不让员工有更多的钱。按层次划分，最低层次的需要是生理需要，又是最重要的层次。如果这一层次的需要得不到满足，或者社会缺欠面大，大则发生暴动，小则抢劫。生理需要亦可按层次划分，有饥渴、温饱、住房、休息等。一项满足得到后便不再滋生欲望，没有欲望便没有工作动力。"理论X"深谙其道，只要员工有多余的钱能得到这些东西，那么他们就不好管理。因为他们没有再前进的动力（motivation）了。

人的生理需要得到满足，便滋生了安全需要，有排除危害、威胁、剥夺的保障的需要。尤其在员工对雇主的依存关系中，雇员被剥夺的可能性更大。上层往往利用某种关系使下属屈服而拱手让出劳动的成果。工业革命以来，自耕自作的小农经济被打破，工人的依附关系更为显现。因此，员工的安全需要在需要层次中占据着重要的地位。管理阶层的任何措施变动都会引起员工的忧惧。管理上之所以强调主管的权力，是充分应用了这层假设，使管理的效率更高。

麦格雷戈认为，现代的管理阶层对生理需要和安全需要都十分了解。但是，这些了解却走向了反面的结论：认为满足这些需要是对组织目标的威胁，以至于管理阶层竭力去控制和督导员工，违背人的需要的天性。把人的生理需要和安全需要当作控制的手段，结果导致员工的抗拒、敌意、不合作。

至于自我实现的需要，似乎与员工无关，只与管理者有关。"再向上进一层，较社会需要层次高一级的，即是对管理阶层最具意义的需要，也就是对当事人本人最具意义的需要。那就是：自我的需要（egoistic needs）。自我的需要可以分为以下两种。（1）有关当事人自尊（self-esteem）的需要：包括自重（self-respect）和自信（self-confidence）的需要；自主（autonomy）的需要；成就的需要；具有能力（competence）的需要和知识的需要。（2）有关当事人声

---

① ［美］道格拉斯·麦格雷戈：《企业的人性面》，许是祥译，（台北）中华企业管理发展中心1979年版，第57页。

望的需要：包括地位的需要；赞颂的需要；赏识的需要；以及受人尊重的需要等。"①

自我实现的需要显然是难以满足的。社会的舞台有限，大部分人只是观众而已。一旦有人得到了这方面的部分满足，那么他追求的目标就会更高。生理需要、安全需要和自我的需要比较起来，前两者是基础。在安全需要没有得到满足之前，自我的目标不会来得那么清晰和具体。但两者又是密切相关，尤其在社会形态急剧变化的时刻，自我需要的目标往往具体到解决生理和安全的需要。

在工业革命后的产业组织中，层次较低的员工自我实现需要的满足机会很少。按照工业层次的生产编组，机械性的作业流程管理制度不可能顾及员工这一满足层面。"科学管理"的目的是效率，但如果压抑员工这一自我实现的需要，就不能称之为科学了。大多数人都在忙于较低层次的需要，把这一较高层次的需要深埋在自己的意识之后，没有让其有发泄出来的机会。

需要、满足程度和行为结果之间有着必然的联系。饮食不健康和不足，导致的结果是疾病；生理需要受到剥夺，产生对应的行为结果。同理，较高层次的需要受到剥夺，必将产生对应的后果。结社需要、地位需要、安全需要受到剥夺，对应的行为结果往往是心情消极、敌意、拒绝承担责任。消极、敌意和拒绝责任都不是天生的人的本意，而是需要没有得到一定程度的满足。

"管理阶层常常问道：为什么他们不能有更高的生产性？我们给了他们很不错的工资，为他们准备了很不错的工作环境，也给了他们很不错的福利，而且职业也很稳定。可是他们好像竟然不愿努力了！"

麦格雷戈的分析是这样。员工的工资报酬是获得生理需要和安全需要的保障。就大部分的员工而言，级别工资的差别很少，对于他们的生活条件的改善作用不大，可为什么员工常常为那么一点差别工资而竞争、在乎呢？员工"是在于工资造成的地位差异，可使员工在工作之中满足其需要"②，即满足自我实现的需要。"其实以今天美国的情况来说，管理阶层提供员工的生理需要和安全需要的满足，已算是相当丰厚。美国今天的生活程度已经很高，然而除了在严重的失业时期外，一般人均没有遭受过生理需要被剥夺的痛苦。而且即使在严

---

① ［美］道格拉斯·麦格雷戈：《企业的人性面》，许是祥译，（台北）中华企业管理发展中心1979年版，第47页。
② ［美］道格拉斯·麦格雷戈：《企业的人性面》，许是祥译，（台北）中华企业管理发展中心1979年版，第49页。

重失业时期，美国已经有了三十年代以前的社会立法，足以缓冲其痛苦。"①

既然生理需要和安全需要不再是管理策略所考虑的范围，管理中的激励就落到了社会需要和自我需要的问题上来了。如果管理阶层不能满足员工最低生存的工资需求，必引起员工的敌意、消极。即使生存需要和安全需要得到满足，员工还是需要更多的工资报酬。不仅仅是为了买更豪华更高级的东西，而是体现了自我价值实现的程度。对于高层次的满足而言，金钱的价值极为有限。有钱不见得能得到支配和威望，尤其是面对一群有了生存保障的人们。"理论 X"所缺欠的是没有考虑到人的自我实现。

4.2.3 劳资关系的发展

麦格雷戈认为，所有的管理方法都具有关于人性本质及人性行为的假定。有些假定还颇脍炙人口，但在有关组织的论著中，这些假设都没有明说，只是隐含于言外。② 一般说来有两种基本的管理方法（权威方法和"参与方法"），因此对应有两类关于人性的基本假定。管理中权威方法的假定尽管没有明说，但仍然可以被概括出来。麦格雷戈把管理中存在的权威方法的人性假定概括如下：

1. 一般人均对工作有天生的厌恶，故只要可能，便会规避工作。圣经的故事启迪了这一假定，亚当和夏娃偷吃禁果（天生懒惰），受到了惩罚，被赶出伊甸园，来到一个他们必须工作和生存的世界。在管理方面与这一假设相联系的就有：规定员工一天的工作量（因为人都不想多做，否则吃亏）；强迫雇佣（feather-bedding），饥饿的工人才听话。因此，管理就要规避人类懒惰的本性。③

2. 由于人类具有不喜欢工作的本性，对大多数人必须予以强制、控制、督导，给以惩罚的威胁，促使他们朝达成组织的目标而努力。给予工作突出的和多工作的以某种奖励，在管理中也不奏效，加大奖励收效也甚微；反过来，加大惩罚，业绩反而能上来。一些人批评所谓的放任管理（permissiveness）、民主作风、分权管理等，赞成集权化的管理。这些思想都暗含了一种假定：人必须在强迫和控制之下才肯工作。

---

① ［美］道格拉斯·麦格雷戈：《企业的人性面》，许是祥译，（台北）中华企业管理发展中心 1979 年版，第 50 页。
② ［美］道格拉斯·麦格雷戈：《企业的人性面》，许是祥译，（台北）中华企业管理发展中心 1979 年版，第 40 页。
③ ［美］道格拉斯·麦格雷戈：《企业的人性面》，许是祥译，（台北）中华企业管理发展中心 1979 年版，第 40 页。

3. 一般人大都宁愿受人监督，性喜规避责任，志向不大，但求生活的安全。这一假定适合于普通的平凡大众（mediocrity of the mass）。大多数经理人都持这种假定，把责任权利都放给承担职权的人。①

麦格雷戈把权威方法的理论假定称之为"理论 X"。"理论 X"在现实中仍有应用价值，多少含有真理的成分，甚至可以解释产业中某些管理现象和某些工人的人性。

即使是这样，麦格雷戈认为这些假设已经不符合变化了的情况。"人是有欲望的动物"，不会满足于目前的拥有。从一个满足到另一个需要的滋生，是一个无止境的过程。人从出生到死亡，一直在追逐着这一过程。工业革命以来，社会关系发生了较大的变化，人性也发生了较大的变化。过去 20 年来，社会科学的认知有了长足的发展，人们有能力重新认识原来经理人对管理的假设，并对变化了的人性提出新的假说。

为什么社会关系变化了，而关于人性假设仍然没有变？传统的管理理论受故步自封之害，往往没有顾及政治、社会、经济、自然环境对管理的影响。从雇员单方面来考虑管理的措施、控制和影响是权威至上的方法。麦格雷戈警告：

> 在今天的美国产业中，员工的地位不同以前，员工对雇主只有一种部分依赖关系，雇主以权威作为一项影响和控制的方法，虽然还不能说是毫无用处；可是在许多情势下，权威已经比不上劝导或专业协助了。尚只知道一味依赖权威的行使，则必然引起对抗，必将引起绩效的低落，甚至于引起公然的反抗。②

业主和雇员的关系已经从古老的完全依赖关系逐步向部分依赖和相互依赖的关系方面转化，但传统的管理观并没有根据依存关系的变化而变化。奴隶社会、封建社会生产资料归上层所有，下层"绝对依附"上层，上层对下层的管理则是运用权威。工业文明改变了人们经济上的"依附关系"，使封建等级意义上依附关系向工业社会相互依存关系转变。这一转变使人们对创造财富的认识也发生了分歧：一种认为财富是合作带来的，一种认为是雇佣带来的。前者要求合作性的管理制度，后者认可权威中心的管理制度。由雇佣生财到合作生财的理念体现了人们经济关系的变化。以前认为，经理就是经理，员工就是员工，

---

① ［美］道格拉斯·麦格雷戈：《企业的人性面》，许是祥译，（台北）中华企业管理发展中心 1979 年版，第 41 页。
② ［美］道格拉斯·麦格雷戈：《企业的人性面》，许是祥译，（台北）中华企业管理发展中心 1979 年版，第 30 页。

决策总是依赖经理来制定；今天却要求员工参与，从下层开始决策。

进一步说，组织中除了上对下、下对上的依存关系之外，还有水平线的相互依赖关系，还有横向的依存关系。所谓相互依存（intedependence），正是幕僚与直线关系的本质。直线部门和直线部门之间，尤其是当其中某一直线部门的产出正是另一直线部门的投入时，这种相互依存关系尤为明显。在同一主管之下的部属，部属和部属之间也有这种相互依存。常见的是同一个群体之内，他们相互竞争，有时争权，有时争地位，有时争主管的褒奖，这也正反映了群体相互依存关系的存在。①"因此，对于任何一种组织理论，我们均必须了解相互依存关系的存在；这是任何一种组织理论的基础。"②

麦格雷戈认为，管理中雇主与员工相互依存关系的发展变化，要求提出新的人性假设，同时，社会科学新的发展成果也使这一点有了可能。尽管过去半个世纪里，在社会科学理论方面，很少有几项突破性的进步能够比得上物理科学，然而，通过学科之间的交叉和渗透，社会科学关于人的行为科学的知识获得了新的突破。麦格雷戈由此概括出他关于人性的新的假定，这就是"理论Y"，并以此为基础，提出了管理的新方法——参与方法。理论Y的假定是：

1. 在工作中消耗体力和智力，乃是极其自然的事，就像在游戏中一样的自然。一般人并非天生厌恶工作。工作终究是一种满足的来源（当事人当自动力求表现）；抑或是一种惩罚的来源（当事人自会力求避免），应视人为的情况而定。

2. 促使人朝向组织的目标而努力，外力的控制（external control）及惩罚的威胁并非唯一的方法。人为了达成其本身已经承诺的目标，自将自我督导（self-direction）和自我控制（self-control）。

3. 人对于目标的承诺，就是由于达成目标后所产生的一种报酬。所谓报酬，项目甚多，其中最具意义者为自我需要及自我实现的需要的满足。这种报酬可以驱使人朝组织的目标而努力。

4. 只要情况适当，一般人不但能学会承担责任，且能学会争取责任。常见的规避责任、缺乏志向，以及徒知重视保障等等的现象，乃是后天习得的结果，并非先天的本性。

---

① ［美］道格拉斯·麦格雷戈：《企业的人性面》，许是祥译，（台北）中华企业管理发展中心1979年版，第29页。
② ［美］道格拉斯·麦格雷戈：《企业的人性面》，许是祥译，（台北）中华企业管理发展中心1979年版，第30页。

5. 以高度的想象力、智力和创造力来解决组织上各项问题的能力，乃是大多数人均拥有的能力，而非少数人所独具的能力。

6. 在现代产业生活的情况下，常人的智慧潜能，仅有一部分已予利用。①

可以看出，这些理论都是动态的而非静态的，贯穿了人性的变化性。重视了"选择的适应"，放弃了单纯的和绝对的控制的方式。这些假定的构成并非着眼于工作的标准流程，而是员工潜能的发挥。

"理论Y"表达了这样一种理念：在组织生活中，人与人之间合作的障碍，并非由人的天性带来的，而是由管理阶层的狭隘思维方式、僵化的人性假设所致。绩效差的原因并非是员工的懒惰、不合作而是管理的体制和运行机制。

"理论Y"的结论受到了当时社会科学方法的影响（即社会分析方法）。"理论Y"的各项假定"与社会科学上既有的各项知识更能一致"②。麦格雷戈的创新在于"假设"，把理论看作是猜测性的，有待更正。

4.3 基于人性假设的管理策略与超越

4.3.1 "理论X"与管理策略

麦格雷戈虽然提倡"理论Y"，认为"理论X"的条件成立时它对应的管理策略仍然有用，但这一策略要慎用，因为现实与其对应的范围有限。"理论X"的直接管理策略就是"胡萝卜加大棒"（carrot and stick）。在某些情况下这一策略是行得通的。对于满足员工生理需要和安全需要，管理阶层总是握有主动权。就业、解雇、福利、环境是很好的对员工惩罚性、威胁性的好手段。只要员工都在为生存而奋斗便可很好地控制员工，"人总是专为面包而生活的"。

然后，一旦员工达到了一定的生活水准，并依靠人类传承下来的技术和对资源的人均股份得到了安全保障，红萝卜加大棒的措施就没有用武之地了。红萝卜加大棒的管理方法不能为员工提供自重、尊重、自我实现的场所。督导和

---

① ［美］道格拉斯·麦格雷戈：《企业的人性面》，许是祥译，（台北）中华企业管理发展中心1979年版，第58页。

② ［美］道格拉斯·麦格雷戈：《企业的人性面》，许是祥译，（台北）中华企业管理发展中心1979年版，第59页。

控制的管理哲学显然就不够用了。生存需要和安全需要不再是现代社会需要激励客体达到的目标。

"总而言之，所谓理论 X，诚足以解释某项特殊的管理策略所产生的后果。然后，这项理论 X 既无法说明，也无法解释人类的本性理论 X 所依据的各项假定，委实过于狭隘，使我们受到限制，看不到别的管理策略的其他意义。至于有些管理策略看起来好像是新的策略，例如分权化制度，目标管理，咨商式管理，以及所谓的民主式领导，等等，其实只不过是旧瓶装新酒；这些策略的背后，仍然是以上文所论的同一类的人类假设为基础。在今天，对于企业的人性层面不断有某种江湖郎中式的新方法出现，到处兜销，已给管理界搅得头晕眼花了。须知道真正的问题，端在于凡此种种新方法，都只不过是不同的手段而已——不同的方案，不同的制度，不同的花样；而其基础，仍然脱不出理论 X 的基本假定之外。"①

由"理论 X"所推出的一项组织原则是："透过权威的运用以执行督导与控制"，通常称之为"阶梯原则"（the scalar principle）。

美国的管理奉行的是"组织要求"重于"个人要求"。业主和员工所签订的合同都是这样：员工必须接受管理方的督导和控制，并以成绩换取报酬。麦格雷戈认为这种情况压抑了人的创造，是"理论 X"在实践中的运用所致。如果换一种思路，认为组织目标可以进行有意义的调节，使它在实现的过程中可以与员工的个体目标形成一种合力，"则组织将更能有效地达成其经营目的"②。

管理界近几年的确做了一些努力，对员工进行思想培训，让员工知道唯有帮助组织实现目标，自己的目标才能成功。培训是一回事，实践又是另一回事。实践中，管理层多要求员工只有遵循命令，才能确保自己的饭碗和维系自己的生活水准。在技术的协力之下，工厂取得了一些成绩，更加坚定了业主的信念：组织的经营成功是第一位的，员工的个人需要是第二位的。对于成功，管理阶层可能这样推想：员工的共同努力，是管理阶层培训的结果。员工对自己的行为进行了调节，适应了组织的要求。如果没有教育的培训，员工则追求他们的个人目标，则必将造成群龙无首，各自为政，一团混乱，私利冲突，缺乏责任

---

① ［美］道格拉斯·麦格雷戈：《企业的人性面》，许是祥译，（台北）中华企业管理发展中心1979年版，第53页。
② ［美］道格拉斯·麦格雷戈：《企业的人性面》，许是祥译，（台北）中华企业管理发展中心1979年版，第59页。

感，无法制定决策，以至于无法推行我们既有的决策。①

4.3.2 "理论Y"与管理策略

"理论Y"是关于人性假定的全新理论，因此，由"理论Y"可推断出一种新的组织原则："融合原则"（the principle of integration）。也就是，创造一种情况使组织内部成员的个人目标与组织目标联系起来，实现组织的目标是实现个人目标的最好途径。

也就是说，"理论Y"已经把组织的目标视为系统的目标，不再把组织的目标仅仅视为管理者的目标，并力求创造一种环境，使组织中的成员以竭力追求企业目标作为达成其个人目标的最佳方法。劳资的合作、管理阶层和被管理阶层的合作是实现个人和组织目标融合的机制。麦格雷戈说"史堪龙制度"是这一机制的典范。(1) 降低成本的利益分享制度。"按照这项制度，应将改进后所得的节省提拨一定的部分，分由参与人员共同分享，有时是百分之五十，通常是百分之七十五，也有高达百分之百者。"(2) 有效参与制度。认为生产力是整个组织的全面效能，每个人都有潜力、判断力和创造力，企业不但要鼓励员工参与，而且要提供报酬。

具体来说，麦格雷戈从"理论Y"出发，提出了以下具体的管理策略。

第一，"有效参与"。

"有效参与"是建立一种决策的环境。在这个环境之下，不同的意见得到尊重，它是真理产生的必然前提。管理决策人往往分为两类。一类认为大部分员工是傻瓜、笨蛋，尽管嘴上不这么说，行动却体现出来；另一类把员工看得很高，认为他们人人有相当高的智慧和能力，因而是很有用的资产。前一类决策人自然会武断、专行，自然容不得"傻瓜"的意见和质疑；后一类要求广泛参与、尊重和合作。前一类人的决策方法可能与某一历史时期的管理目标吻合，但在复杂的环境和长久的发展中，显然不及后者的持久性和真理性。后一类人除对自己的方案有自信外，还考虑可供选择的其他方案。卓有成效的决策者往往不求意见一致，而十分喜欢听取不同的想法。只有通过对立观点的交锋，以及从各种不同的判断标准中作出一种选择之后，管理者才能作出有效的决策。

第二，人事升迁的"目标融合原则"。

组织需要什么样的职位是动态的，个人的资格有差异的，对人员的选择是

---

① 麦格雷戈对理论X下的管理体制的分析，参照［美］道格拉斯·麦格雷戈：《企业的人性面》，许是祥译，（台北）中华企业管理发展中心1979年版，第66页。

主观的（尽管客观化了的主观程序仍是主观的），因此最好的办法是不抛开权威基础上尽可能考虑员工本人的意愿，尽可能公平。

关于人事升迁和任用的管理，在理论 Y 的原则下，我们归纳出以下的几点结论：

1. 以人来配合职位，无法制定一项机械性的程序；至少管理方面的职位定不出机械性的程序。其原因有下述三项：

a. 职位的需求是动态的，而不能是静态的。职位的需要常因情况的许多因素而动。

b. 个人的资格有各种不同的模式；不同资格当事人担任一项职务时，虽然可以产生不同的表现，但是对组织目标的达成，却有同样的可能性。

c. 而且事实上管理职位的成功和失败有些特性，我们的所知尚颇为有限。而且对于某些我们认为颇具重要性的管理特性，我们也还不知道具体的衡量方法。

2. 因此，在关于用人的决策上，仍然有赖于管理阶层的主观判断——而且即使运用了衡量方法，仍少不了主观判断。当然，我们可以用审慎的系统化方法，来帮助我们的判断，可是那毕竟无法取代判断。完全依赖测试，在该项系统化方法尚未完全成熟的今天，殊不能说是可靠。

3. 在人事升迁和任用的管理上，目标融合原则应该担任一份积极的角色，而不是仅作消极的应用。最低限度，当事人应该可以提供其本人的志趣、目标和资格等方面的资料；运用这些资料，当事人是足以在升迁机会中成为一位积极性的候选人。当事人的目标和要求——出自其本人的看法，而非出自旁人的看法，应成为影响其本人一生事业生涯的决定因素。

4. 上级主管对于部属的判断，应以目标融合及自我控制的管理策略为中心。这样的判断，才能以有益于当事人进步的有关资料和经验为依据。

总而言之，在关于人事升迁的管理上，我们所处的情况是：完全抛开权威的使用，毕竟是不切实际的看法。人事升迁的决策，不一定完全是单方面的决策，但是却是非做不可的决策。在没有衡量绩效的客观规范之下，当事人便只好以相当高度的依赖性，来依存其较高的上级主管了。既然有了依存性，则权威的运用自不失为一项适当的控制方法；只是我们必须了解：如果我们不能确保公平原则，则将产生不良的后果。此外，在某些情况下，我们不妨建立一项检讨审议的制度，用以制约独断的决策，从而增大获得公平的可能性。①

社会科学和自然科学的成果足以证明，一般人都拥有极高的潜力，远高于我们今天开发利用的部分。只要本人有升迁的意愿，其潜力是巨大的。管理界就有必要放弃"理论X"；如果继续接受"理论X"，依靠具有某些特质的少数几个人来管理企业，就没有办法进行组织创新，也找不到开发人力资源新的方法，在人事升迁上应该考虑员工的自主性和职位的要求。"应用目标融合的原则，必要条件是在凡属有关影响当事人事业前途的决策，必须有当事人的积极和负责任的参与。"②

假如创造一种情势，使组织中的个人对组织的目标尽心尽力的话，"目标融合"和"参与管理"是先决条件。在科学上找不到任何证据可以证明依靠少数人能够确保公司的目标合理。"我们委实找不出任何足以保证我们的判断不出错误的方法，我们也委实找不出对当事人就任后表现不佳的任何合理的指责了。"③

第三，权威适度。

一般认为，员工的欲望大体可以分为两类。第一类是在职业上求发展，这是个人发展的动力根源；第二类是关心自己的所得是否与付出成比例，是否公平。第二类的实现并不能直接激励当事人产生第一类的动力。公平目标是社会体制问题，非个人的职位实现能改变得了的。对于企业而言，主张"理论Y"，并不表示管理阶层弃权、实施柔性管理。柔性管理往往类似于放弃部分权力，而"理论Y"的含义是，"运用自我督导及自我控制，以期组织目标的达成"④。

"而权威，却并非争取员工对组织目标的承诺的适当方法。为期争取承诺，势必采取权威以外的其他影响方法——例如协助达成目标的结合。理论Y所告诉我们的是放松外加控制的方式，反而可以获得员工对组织目标的承诺。理论Y所依据的各项基本假定，强调人类具有自我控制的能力；同时也强调管理阶

---

① [美]道格拉斯·麦格雷戈：《企业的人性面》，许是祥译，（台北）中华企业管理发展中心1979年版，第137页。

② [美]道格拉斯·麦格雷戈：《企业的人性面》，许是祥译，（台北）中华企业管理发展中心1979年版，133页。

③ [美]道格拉斯·麦格雷戈：《企业的人性面》，许是祥译，（台北）中华企业管理发展中心1979年版，第133页。

④ [美]道格拉斯·麦格雷戈：《企业的人性面》，许是祥译，（台北）中华企业管理发展中心1979年版，第70页。

层应对其他控制的方法给予较大的重视。"①

需要说明的是,麦格雷戈并不是反对使用权威。在某些特殊情况下,劝慰仍是一种适当的控制方式。"理论Y"所要说的是,权威并非万能,不是在任何情况下都有用。

麦格雷戈认为,企业已经懂得了一些管理技术,足以应付可能发生的困难,这归功于企业对人性问题的探索。"理论X"的假设曾给企业管理带来了活力和动力,但不能再适应变化了的情况和变化了的人性发展。如果仍然以"理论X"为指导,则企业的真正创新不可能实现。管理界如果只是对目前管理的策略进行修补和磨光,前景将十分暗淡。管理方法需要新的思维。第一步是接受人性假定的新理论,即"理论Y";第二步是,以"理论Y"为指导,采取有选择性的行动,"实不啻为创新的引导"②。

第四,放弃"目标管理",鼓励积极参与。

对德鲁克(也译成杜拉克)的目标管理,麦格雷戈给予了严厉的批评,认为目标考核制仍然是老一套的督导方式,而不是鼓励员工积极参与。

"近年来所谓'目标管理'的概念已是脍炙人口,得到了普遍的接受;部分原因,当是由于杜拉克(Peter F. Drucker)的著作的鼓吹。然而,推究起来,今天一般人对目标管理的了解,只是认为这是一套新的设计方法,而其基础,往往仍然脱不了以督导与控制来执行管理策略的范围。"③

因为目标管理的一般程序是这样:

(1)将一项职位应用的大体需求予以澄清;

(2)制定这一职位在某一特定时限内若干项特定的目标;

(3)然后在目标时限内进行管理作业;

(4)最后考核实施的成果。④

麦格雷戈认为,一个人业绩的好坏与上级主管的如何管理有很大的关系。往往业绩的决定要素在上面而不在下面。以绩效考核作为人事行政的依据,问题就显得更复杂了。矛盾体现在这里:上级主管部门如果允许下属有充分的自

---

① [美]道格拉斯·麦格雷戈:《企业的人性面》,许是祥译,(台北)中华企业管理发展中心1979年版,第70页。

② [美]道格拉斯·麦格雷戈:《企业的人性面》,许是祥译,(台北)中华企业管理发展中心1979年版,第74页。

③ [美]道格拉斯·麦格雷戈:《企业的人性面》,许是祥译,(台北)中华企业管理发展中心1979年版,第75页。

④ [美]道格拉斯·麦格雷戈:《企业的人性面》,许是祥译,(台北)中华企业管理发展中心1979年版,第75页。

由，下属可能有极佳的表现；而目标管理的考核制度使得下属依附于主管的严厉监督，不能自主地发挥。僵死的考核制度，使"庸才"都不见了，选拔人才却发现不了千里马。"如此看来，高层管理希望利用考核制度来作为人事控制之用，这固然是一桩革新，但实际上却不是高层管理本意的革新。"①

从"理论 X"的各项假定出发必然引发目标管理。第一步是指示部属做些什么，第二步考核部属的绩效，第三步是给予奖励或惩罚。而且，这自然又引发一套管理制度，与绩效考核大同小异。表面看起来，层层把关能行得通。然而，在变化了的时代，在个性得到尊重的时代，在创新源受到重视的时代，这种制度用来控制人性却并不怎么适合。

第五，薪水与职位挂钩。

在产业界领域，管理阶层可以凭借给予和不给予，给多给少的方法来行使其职权。在组织的舞台上，金钱一向被认为是激励人类行为的主要因素。金钱可以满足很多需要，故管理阶层用金钱来换取部属对控制和督导的接受。聘用合约也可以理解为接受督导来换取经济报酬的同意书。

但今天的情况不同了，有的行业、有的地方实现了充分就业，生活水平也有较大幅度的提高。人口的迁徙率上升，经济的市场调节作用加强。国家立法保护了大多数人不会被饿死。金钱诚然是满足多种需要的主体，然而员工个人有很多选择的机会，不会死缠一个雇主以获得金钱。

在变化的社会条件下，金钱的支付不再遵从"工资钢铁"定律。到底雇主付多少合适呢？

"第一，金额的多少视劳动市场的供给而定；视生活费用高低等经济情势而定；需视税捐结构等因素而定。第二，金额的多少，还得看职位的相对重要性而定；换言之，是某一职位在组织的职位层次上的地位。第三，金额的多少，还必须看当事人的情况，看当事人贡献的高低——盖因职位虽然完全相同，但当事人不同，其生产力也有所不同。"②

可以看出，麦格雷戈仍然遵循了两条原则。一条是公平原则，另一条是激励原则。他的公平原则不是一种平均主义，也不是买卖公平的同义语。他的公平原则是指管理方提供的工资要与市场的情况相符合，要与职务重要性相符合。

---

① ［美］道格拉斯·麦格雷戈：《企业的人性面》，许是祥译，（台北）中华企业管理发展中心 1979 年版，第 108 页。

② ［美］道格拉斯·麦格雷戈：《企业的人性面》，许是祥译，（台北）中华企业管理发展中心 1979 年版，第 116 页。

这已经成为资本主义工资体制的哲学理念。如果不符合，要么当事人不肯就职，要么就职后工作没有那么热心——常表现出自己限制自己的能力，对组织的目标不感兴趣或者敌视。从经济上看，激励的目标是运用工资的手段期望员工努力程度增加。

4.3.3 "理论Y"与领导

企业的策略到底是在"理论X"指导下还是在"理论Y"指导下取决于领导人，麦格雷戈最后运用"理论Y"对领导人的个性和才能进行分析，把分析的成果浓缩成一句话，用以告诫领导人："领导是一种关系。"① 在分析中，麦格雷戈首先提出这样的问题：

"成功的经理人是天生的呢，还是后天培养的？一位经理人的成功，是他具备了某些能力和性格吗？还是说只是具备了某些特性的某种的组合，便可以产生一位成功的产业领导人了？所谓管理的领导才能，是一种个人具备的才能，还是一个人与人之间关系的名字？试问等到了二十年之后，担任管理职位的人士所需要的基本能力和性格，还会和今天所需要者相同吗？"②

麦格雷戈认为，历史越是遥远，大家都认为领导才能是一种个人的才能，只有极少数人具备这些能力和性格，而且都是天赋。关于领导者应该具有怎样的品德，近些年研究颇多，高达一百多个共性。自1930年以后，社会科学在这方面的研究已经转向了，不再以唯心主义为指导，而是立足于人性的发展和变化。领导人没有通行的模式，即使在同一产业的机构里，领导人也有不同的模式。这足以否认存在天赋的性格，不同领域的相同性格亦不能理解为天赋的性格，如雄心、判断力等，不是天赋予某些人的追求，而是在动态的环境中产生的。"领导"反映的不再是个人的品格，而是主管和部属的"关系"。这种关系是由四个方面的因素决定的。

(1) 领导人的特性；

(2) 受领导人（followers）的态度、需要及其他的个性特性；

(3) 组织本身的特性，例如组织的宗旨、结构、任务的性质等；

---

① ［美］道格拉斯·麦格雷戈：《企业的人性面》，许是祥译，（台北）中华企业管理发展中心1979年版，第239页。

② ［美］道格拉斯·麦格雷戈：《企业的人性面》，许是祥译，（台北）中华企业管理发展中心1979年版，第235页。

(4) 有关的社会环境、经济环境及政治环境等。①

麦格雷戈认为，这是一项重要的研究结果，这一结论具有重要方法论意义。领导人的性格、品质不是个人具有的先天品质，而是由许多变数交织成的复杂关系。过去总有针锋相对的争论，究竟是英雄造时势还是时势造英雄？"英雄造时势"是传统，以为领导人具有先天的魅力和品质，最后发现他只不过是凡人。

"有趣的是，在物理科学上也有类似的事例。物理学上许多过去被认为是物质的本性者，例如重量，例如电气的磁性，以及质量，等等，到头都被发现是种种外在因素与内在因素构成的复杂关系。"②

对"领导"的认识被先天的形式所蒙蔽，如同对"物质"的认识，被先天的固有的本性所蒙蔽。"这个问题现在可以由此一观念来解决了：在一定限度内，英雄造时势，时势也造英雄。"③

"从大的环境来说，同样有英雄造时势和时势造英雄的现象。例如早在1800年代的后期，当时的社会价值观，当时的经济环境和政治环境，当时的一般生活程度，当时的全民教育水平，以及当时的种种因素，均造就了那一时代中某些类型人物成为成功的产业领导人。那些产业领导人进而又塑造了一个新的产业环境。他们的影响所及，至今仍深远地及于我们的社会。"④

既然领导人是凡人，是他和下属共同创造和发展了组织，他受多种因素的影响和制约，那么领导不是由个人先天本性决定的，而是后天在相互关系中形成的，那么探讨领导方法不应该再从领导人的本质属性去寻找，而是从领导与下属的关系中去寻找。从领导人与下属的相互关系中寻找领导方法是麦格雷戈的创新，他具有如下告诫。

第一，管理阶层的主要任务是保持各类人力资源的供应，选择适当的人选，来应对各种无可预知的需要。

封建式的管理往往不准备人才库的培养，往往注重一套方案来解决问题，靠一套方案来扶植皇太子，可历史时不时出现扶不起来的阿斗。随着社会的发

---

① [美] 道格拉斯·麦格雷戈：《企业的人性面》，许是祥译，（台北）中华企业管理发展中心1979年版，第239页。
② [美] 道格拉斯·麦格雷戈：《企业的人性面》，许是祥译，（台北）中华企业管理发展中心1979年版，第241页。
③ [美] 道格拉斯·麦格雷戈：《企业的人性面》，许是祥译，（台北）中华企业管理发展中心1979年版，第240页。
④ [美] 道格拉斯·麦格雷戈：《企业的人性面》，许是祥译，（台北）中华企业管理发展中心1979年版，第241页。

展,光靠有重点地培养是靠不住的,不能应付变化了的情况。人员甄选的程序应着重于多方面人才。"不但要注重技术人才,还得要注意文理科的毕业学生;不但要注意有名气的大专,还得注意规模较少的学校;同时还得包括各式的机构。而且,如果要网罗各个方面的人才,则对于甄选大专毕业生的标准也有详加研究的必要。须知,倘使我们竟希望争取高才生,例如应聘应届毕业生成绩的10%内者,则寄望其将来能成为产业界的领导人才者,其范围就太有限了。请问:一位学生在班上的成绩尽属中等,也许只是因为他的某些功课成绩不佳,但别的功课却非常突出,这样的学生难道不能成才吗?又例如一位学生学业成绩平平,只是由于教育制度不能对他成为挑战,这样的学生难道不能成为领导人吗?"① 这一分析朴实有理,可惜麦格雷戈没能走得更远,没有跳出能者管理的圈子。麦格雷戈把挑选领导人的范围扩展到知识分子阶层,但没有扩展到整个社会阶层。

第二,"一个组织所订立的管理发展计划,必须在组织中有多人参加,而不能局限于少数经挑选的人士"②。

许多公司仅挑选少数的管理人士作为对象,用少数人的计划来发展公司,在某种情况下也能取得成功。麦格雷戈认为这种做法只是"自我充实"所获得的成功而已。这些公司本应把他们的管理计划书扩大,本该获得更大的发展成就,而避免更大的失败比率。

第三,不应把培养领导人的目标锁定在某个人身上,而应把标准应用于所有人身上。

"事实上,其中有些性格——例如正直、雄心、判断力等等,不但为领导人所具备,而且也是一个组织中的任何一位成功的人士所必须具备。"③ 仅有共性是不够的,不足以应付各种局面。具有共性是进入管理主体阶层的必备条件,但不是充分条件,"管理阶层的主要任务之一,就在于保持各种类型的人力资源的供应,才能从中选择适当的人选,来因应各种无可预知的需要"④。

从组织层面来说,领导人的培养在于环境,在于生态,不在于刻意培养。

---

① [美] 道格拉斯·麦格雷戈:《企业的人性面》,许是祥译,(台北) 中华企业管理发展中心1979年版,第245页。
② [美] 道格拉斯·麦格雷戈:《企业的人性面》,许是祥译,(台北) 中华企业管理发展中心1979年版,第246页。
③ [美] 道格拉斯·麦格雷戈:《企业的人性面》,许是祥译,(台北) 中华企业管理发展中心1979年版,第138页。
④ [美] 道格拉斯·麦格雷戈:《企业的人性面》,许是祥译,(台北) 中华企业管理发展中心1979年版,第144页。

如果刻意培养，有可能培养扶不起来的阿斗式的人物。

从技术层面来说，培养领导人一般有两种方法，一种是轮调，职位轮调能激发新的灵感和工作的热情，亦能找到新的发展机遇。不好的方面是被轮调的人有可能产生不求有功，但求无过的想法，等待下一次轮调。另一种就是培训，培训使同层经理人有交流的机会，发现彼此的异同，更为重要的是，在培训教授的指导下的讨论能发现管理中未曾发现的东西，改进原来的错误做法，产生新的创新点。如果离开教师指导性的讨论交流，许多经理人觉得他们的讨论也大为逊色。

着眼于个体定点培养还不如着眼于管理团队的培养。管理团队的有效性在于：（1）设定团队的目标，这是凝聚力的关键；（2）为团队中的每个个人提供最佳发展环境，使个人的努力和团队的目标结合起来；（3）把有害于组织间的恶性竞争降低到最低。

任何人对特定人的成长潜力是没法了解的。虽然个体在某些方面暴露其潜力，但有可能是他潜力的极限。我们常常感叹，当初把他看错了，就是这类情况。须知，人与人之间有各种不同的特点，所以没必要就哪个方面的特长而锁定一个人，让他得到"领导方法"的培养。这样会扼杀许多具有同类才能的人，和具有其他特质又具有潜在领导能力的人。

"公司的人事升迁政策，在遇有职位出缺时，也必须将此种异类型的领导人才储备情形列入实务的考虑。"① 如果做到这点，有针对性地培养就显得没有必要。人才处在变动中，人的品性是否适合某个阶段的领导不是靠培养就能干好，重要的是有一个好的选拔机制。

从企业内部来挑选领导人，这种做法也是值得怀疑的。既然，"我们知道领导乃是一种函数——是领导人及其情势之间的复杂关系。则我们应该了解：一位优秀的领导人并不一定来日能够成为高阶层中的一员。须知某些人在某些公司里，可以是一位极其优秀的领班，极其优秀的厂长，或极其优秀的专业人才。但他们在高阶层管理的职位上，却不一定成为一位有效的领导人——至少在他们的公司的当时现况下为然"②。挑选领导人的思路还可扩大到相关的系统之中，突破了本单位的限制，尤其对于产业组织而言。

---

① [美] 道格拉斯·麦格雷戈：《企业的人性面》，许是祥译，（台北）中华企业管理发展中心1979年版，第247页。

② [美] 道格拉斯·麦格雷戈：《企业的人性面》，许是祥译，（台北）中华企业管理发展中心1979年版，第248页。

第四，领导者以身作则，实施"参与管理"。

大家对于"参与管理"一直存在争论。赞成者持的观点是：参与是一种具有魔力的法术，可用来消除冲突和歧见，可以解决管理上任何解决不了的问题。反对者认为：多人参与，管理的职能削弱，控制削弱，效率降低。第三类人则运用了比较巧妙的方法，自己有了决策，常常叫别人参与，然后让别人觉得自己很民主，而最终的决策却没有听从参与者的意见。第三类人实际上是玩弄了别人的自尊，虽然在决策中有可能顾及一些影响，但根本上还是属于反对决策参与。麦格雷戈是个管理参与的理论鼓动家。他说，管理者应该注意两点："一是上级主管应该有发展部属的潜力的信任，一是管理阶层应认清他们有上对下的依赖性，同时应了解应该力求避免过分强调个人权威可能产生的不良后果。管理参与与我们讨论的理论Y完全相符——换言之，与'目标融合'与'自我控制'的管理原则完全相符。从基本上说，管理参与乃是创造一种机会，俾使有关人士在适当的条件下，对可能影响他们本身的各项决策得以有一份影响力。这份影响力可大可小，出入甚大。"①

"参与管理"的目的在于提高部属承担责任的能力。主管人员须慎选适当的方案，让参与者感兴趣，并与他们的利益切身相关。这样才能鼓励和激发部属去讨论和构想他所在岗位的生产和管理的创新。"参与"一词在一定意义上说也是一种放权，在上级主管的范围内，容许部署也能施展一部分影响力。"参与"的概念，对于员工来说，是提供了一种满足自我需要的机会，因此也影响了他们向组织目标努力的动机。可以说，"管理参与"是一项达成组织目标的动力。员工会发现，提供解决问题的答案也正是一种需要的满足，满足了自我设计的"独立感"（sense of independence），觉得自己对自己的命运有了若干的控制。除此之外，员工们在相互合作过程中得到彼此的赏识，得到了尊重的需要。总而言之，麦格雷戈理解的"管理参与"不是说是一种灵丹妙药，也不是玩弄别人的伎俩，也不是对现行管理阶层的权势的威胁，而是一种"目标融合"和"自我控制"的自我实现之路，是一种哲学方法。

麦格雷戈所倡导的领导方法是创造这样一种环境：给每个员工都有一个"公平机会的信心"。这对于部属的生产力和士气都有很大的关联。企业目标的实现与士气的变数有关，士气的培养在于造就一个在实现个人目标的过程中能与别人一样享有公平的机会。有的人可能认为不是这样，认为士气主要来自安

---

① ［美］道格拉斯·麦格雷戈：《企业的人性面》，许是祥译，（台北）中华企业管理发展中心1979年版，第162页。

全的需要。一些经理人则主要表演出对部属利益的关怀，问寒问暖，而没有给予他们真正智力和体力上的公平待遇。这些经理人往往对自己的伎俩自鸣得意，但失去了公平的环境，这种"关怀"实谈不上关切。"我们在考虑人在工作中的心理环境时，第一件想到的是主管和部属间的关系。"① 这层关系的基本特性是"相互依存性"。在相互依存的关系中，任何一方对他方达成目标的能力都有一种影响力。如果双方都能认清这点就能很好地合作，否则会发生一些妨碍目标的行为。

管理环境是相互创造的，对于管理方而言，做到"上对下信任"。在"理论X"的观念下，上对下是不信任的。经理人往往认为：自己是芸芸众生中了不起的人物，下属皆盛行懒惰，宁愿在他人的呵护之下，接受他人的强力督导，他们的志向不高，只是要求不被解雇而已。其结果是，被管理者满肚子的怨气，又找不到直接可以发泄的对象，往往表现对工作的消极抵制。经理人如果换一种思路，上对下信任，则认为人人都有相当的智慧和能力，自己也不是什么了不起的人才，需要和别人合作才能完成组织的目标，下属具有成长和发展的潜力，能承担应有的责任，他们是企业的资产。这种理念的经理人就会创造一种环境来，使组织共享所有的人力资源。"管理参与"使部属的才能得以发挥。

对于部属而言，"任何人都可决定主管和部属的关系环境"。"上对下信任"只是对主管而言，部属在建立管理环境中会不会起重大的影响呢？麦格雷戈认为，包括主管在内的任何人都对管理的环境产生影响。虽然主要矛盾在主管这一方，下属的人性特点、热情也是影响管理环境的重要因素。即使管理主体一方做到了上对下信任，也会出一些意想不到的问题。"总而言之，管理人士所持的基本假定——或基本的理论考虑，对管理的行为影响，不但深及于各项政策、程序和方法，而且还及于平日的每一项行为；而管理人士的行为，乃正是人群关系的'环境'的决定因素。它们由理论认识上及态度上所反映的行为表现，又从而影响部属的期望，影响部属在组织对于达成他们的目标及满足他们需要的能力。至于各项正规的政策、方案及程序，等等，其执行的方式及认知，均将依这种管理的环境而异。因此，管理的环境最基本的是其所具的重要性；执行的制度则居于其次。"② 一句话，哲学方法论是最重要的。只要思想上是用

---

① ［美］道格拉斯·麦格雷戈：《企业的人性面》，许是祥译，（台北）中华企业管理发展中心1979年版，第171页。
② ［美］道格拉斯·麦格雷戈：《企业的人性面》，许是祥译，（台北）中华企业管理发展中心1979年版，第186页。

"理论Y"来指导,"目标融合"的环境就能创造出来。

小　结

麦格雷戈的人性假设方法以科学假说为理论根据。科学假说能预言自然现象,人性假设则能推测人性的发展。人性假设方法强化了管理思想的理论地位,说明管理理论并不总是在总结经验。

"权威方法"的理论假设基础是"理论X"。"有效参与"的理论假设基础是"理论Y"。为什么要提倡"有效参与方法",因为工业社会人们之间已经建立"相互依存的关系",摆脱了"依赖关系"。

"领导是一种关系"说明了对领导行为的考察方法论的变化。仅仅探究领导人内在的固有品质,是唯心主义的方法。领导行为体现的是一种关系,而不是领导者的品质。所以,领导方法要建立在"理论Y"的基础上。

科学假说总被新假说所推翻,"理论Y"取代"理论X"是历史的进步。麦格雷戈把取代的基础定位在雇员与雇主依存关系的变化上,具有历史现实的根据。但遗憾的是,他把理论Y看作终极理论,带有形而上学的特点。

第 5 章　企业文化分析方法与超越

　　永远不要把文化变迁的念头放在第一位，你要想的第一件事情是组织所面临的问题。只有当你清楚了商业问题的时候，你才可以问自己文化是促进了还是阻碍了问题的解决。

——沙因

　　管理理论丛林化的一个分支，是企业文化理论。埃德加·H. 沙因①首先从文化的角度来探求管理的本质。这一研究方法受到了文化哲学的启迪和科学哲学的影响。沙因企业文化分析方法与亨廷顿世界文化分析方法具有相似性，只是论及范围不同。沙因企业文化分析方法的最大特点是融合了科学方法。企业文化的表象即组织的目标、流程、边界、整合等，这些受内在的文化本质所支配。文化的发展与科学的发展的规则是一样的，遵循证伪、扬弃、阻碍的过程。

5.1　企业文化分析的视角

　　沙因认为，文化至关重要，它是强大的、潜伏的而且经常是无意识的一组力量，它决定了个人和集体的行为方式、感知方式、思维模式和价值观。组织

---

① 埃德加·H. 沙因（Edgar H. Schein, 1928—），美国麻省理工学院斯隆商学院教授，企业文化与组织心理学领域的开创者和奠基人，1947 年毕业于芝加哥大学教育系，1949 年在斯坦福大学取得社会心理学硕士学位，1952 年在哈佛大学取得博士学位，此后一直任职于斯隆学院。在组织文化领域中，他率先提出了关于文化本质的概念。他的主要研究著作包括《组织文化和领导》（1992）、《企业文化生存指南》（1999 年，2004 年授权机械工业出版社出版中文版）。

文化特别重要，它决定了战略、目标和营运模式。① 感知文化要讲究一定的方法，正确对待文化的分离与整合。

5.1.1 "诊断性研究"

沙因《企业文化生存指南》的自序重在说明：由于了解文化的方式不对，人们不能由表及里把握文化的核心和实质，往往在形式上套用，或以某种差异替代了文化内涵。仅仅了解德国人的纪律性、意大利人的感情表达方式、美国人个人主义对于要进入这些国家工作的人来说是没有什么帮助的。文化是一些要素相互交互作用的形式，如果不能解读这些形式，根本无法了解文化。②

了解一个企业的文化比了解一个国家的文化要容易些，因为企业文化在引导员工思维的统一性和一致性要比国家文化清晰，甚至可以把它理解为"一个管理工具""一种新型的管理结构"，而我们却不能构想出诸如"法国需要的新文化"。③

企业文化结构较为清晰，导致了许多学者和咨询师对企业文化进行机械性的量化研究，制造些带有数字统计和棱角清晰的问卷，结果反映的都是表面的因素。文化的东西不是靠简单测量就能挖掘出来的东西，不能从表面上把它归于某一类别，它反映着特定组织的过程。④

怎样才能发现并把握企业文化的本质呢？沙因从他长期担任企业咨询师的经历中概括出一种"方法"——"诊断性研究"。诊断性研究不是研究者单方面的主动研究，也不是企业自主的研究，而是咨询师和寻求帮助的企业之间的互动。道理很简单，"非到你试图改变一个组织时，你才可能理解它"⑤。也就是说，企业和咨询师都在探究组织发展的途径时，通过互动，通过理论和实践的交融，才能发现企业文化。用事先设定的理想化图式去解决问题不切实际。"诊断性研究者为需要解决问题的客户带来理论和辅助性的技术，并在与客户的

---

① ［美］埃德加·H. 沙因：《企业文化生存指南》，郝继涛译，机械工业出版社 2004 年版，第 12 页。
② ［美］埃德加·H. 沙因：《企业文化生存指南》，郝继涛译，机械工业出版社 2004 年版，"自序"，Ⅴ。
③ ［美］埃德加·H. 沙因：《企业文化生存指南》，郝继涛译，机械工业出版社 2004 年版，"自序"，Ⅴ—Ⅵ。
④ ［美］埃德加·H. 沙因：《企业文化生存指南》，郝继涛译，机械工业出版社 2004 年版，"自序"，Ⅵ。
⑤ ［美］埃德加·H. 沙因：《企业文化生存指南》，郝继涛译，机械工业出版社 2004 年版，"自序"，Ⅶ。

互动中，发现各种各样的重要资料，使真实的运行情况浮出水面。根据这些材料进行整理、组织和演绎，是诊断性研究的精要，也是获得大部分文化知识的基础。"①

5.1.2 企业文化分离与思考

企业文化相对社会文化来说，其内部诸要素之间的一致性更为清晰，这并不意味着企业文化没有多元，企业文化同社会文化一样具有多元、分离的现象。但人们往往不能正确对待对企业文化存在的分离现象，总想消除分离合成统一的文化。

在合并、收购和合资公司中，听到这样的豪言壮语："我们将从两种文化中吸取最优秀的部分，合成我们的新文化"，其结果往往南辕北辙。② 这些豪言壮语一方面说明企业文化确实存在分离的现象，另一方面说明他们不知道怎样对待文化分离，一味地想合并和消融差异，不懂得文化哲学的意蕴。

企业文化分离是正常现象，企业文化整合也是正常的过程，这两者是一种辩证的关系，不能以整合去消除分离。文化本来的属性就是其内部诸要素具有相对的独立性，强行消除差异而合成新文化往往导致失败。"共同文化不仅是个很糟糕的主意，而且也不可能付诸实施。"③ 相反，应该让"大型企业集团允许附属公司保持其独立性"④。拿瑞典的一家制锁公司来说，它收购了欧洲当地许多制锁公司，但坚持让这些公司独立，并隐藏总公司对小公司的所有权。它相信顾客保持着对本地制锁公司的忠诚。这就是企业文化的分离，分公司融合了当地文化形成其独特性。⑤

公司合并之后，吸收两种文化的优点被认为是最理想的结果，但实际发生的情况更为复杂和可疑。⑥ 名义上的"文化混合"实际上意味着单方面创造一

---

① ［美］埃德加·H.沙因：《企业文化生存指南》，郝继涛译，机械工业出版社 2004 年版，"自序"，Ⅶ。
② ［美］埃德加·H.沙因：《企业文化生存指南》，郝继涛译，机械工业出版社 2004 年版，第 7 页。
③ ［美］埃德加·H.沙因：《企业文化生存指南》，郝继涛译，机械工业出版社 2004 年版，第 7 页。
④ ［美］埃德加·H.沙因：《企业文化生存指南》，郝继涛译，机械工业出版社 2004 年版，第 7 页。
⑤ ［美］埃德加·H.沙因：《企业文化生存指南》，郝继涛译，机械工业出版社 2004 年版，第 7 页。
⑥ ［美］埃德加·H.沙因：《企业文化生存指南》，郝继涛译，机械工业出版社 2004 年版，第 9 页。

个新型的文化并推广到各个文化单元。这一做法只是在特定的条件下才起作用,在会计体系中,技术性的推广是行得通的,对于销售习惯却不一定能行得通。有时候为了平衡权力,总裁和总经理往往来自两个不同的子公司,不论个人偏见,就文化底蕴来说,各自赞同各自的老一套而抵制变革是司空见惯的事情。两类文化中,如果一方强行征服另一方,获得政策制定的特权,往往会导致公司的解体。沙因举了一个普遍性的例子来说明这一现象。

"两个高科技领域的初创企业在各自最初的10年里获得成功后进行了合并。A公司的创始人信仰团队工作、一致同意和授权,并相信员工行为端正。B公司的创始人相信人必须要有高度的纪律性,这需要有良好的纪律制度来保证。为了获得A公司培养起来的技术人才,B公司收购了A公司。在没有仔细考虑这些文化情况下,B公司总裁把他那套等级结构、紧密的控制和严格的纪律强加到新的劳动者身上。结果6个月之后,他想要留下的那批人集体辞职了。这就是忽视文化带来的昂贵代价。"①

除了合并公司明显存在文化分离之外,原创组织也会演化出分离的过程。在组织的创立之初,文化反映了创始人的理念,并融合为组织的精神。组织在中期阶段经历了几代经理人的营运。企业中的组织要在业务、产品、市场等方面演化成许多部门,这些部门滋生出自身的亚文化,呈现文化分离的现象。②因而中期组织文化应关注三个问题:

1. 怎样维护那些继续适应组织并与组织成功相关联的文化?
2. 怎样整合或者调和各种亚文化?
3. 随着外部环境的变化,有些文化要素的功能越来越失调,怎样识别和改变它?③

随着公司的老化,文化也会发生分离。公司原来的文化将成为发展的障碍,原来的文化与员工的发展相抵触,与个体文化发生分离。要么员工选择离开组织,要么被开除。老化的组织最终破产或被收购,被一种新的企业文化所否

---

① [美]埃德加·H. 沙因:《企业文化生存指南》,郝继涛译,机械工业出版社2004年版,第10页。
② [美]埃德加·H. 沙因:《企业文化生存指南》,郝继涛译,机械工业出版社2004年版,第10页。
③ [美]埃德加·H. 沙因:《企业文化生存指南》,郝继涛译,机械工业出版社2004年版,第10页。

定掉。①

沙因对企业文化分离的分析不由得使人联想到亨廷顿对文明多样性的分析。从方法上讲，沙因和亨廷顿的分析具有相似性。沙因把企业文化分离看作是正常和必需的，而亨廷顿把世界文化的多样性看成是正常和必需的。亨廷顿劝说政客不要用一元文化或霸权文化去消融另一文化，而是要重建和接受文化多元来缓和冲突："多元文化的世界则是不可避免的，因为建立全球帝国是不可能的。维护美国和西方需要重建西方认同，维护世界安全则需要接受全球的多元文化性。"② 亨廷顿的文化哲学观点对于企业管理也具有一定的借鉴作用。

当然沙因与亨廷顿所研究的层次不一样，沙因针对的是企业文化，亨廷顿针对的是世界文化。沙因的文化研究的特点是融合了科学方法。

5.2 企业文化分析的手段

到哪里能发现企业文化呢（沙因原话为"文化何所依"）？沙因认为，文化不仅是"一种集体财富"，也是个人价值支持，因而在不同的组织层次和个体身上都能发现文化。组织只要经历一定的时空，员工和雇主共同经历一些事情，文化就自发形成了。家庭、车间、社团都有文化的踪影。具有共同职业背景的人对事物认识的相同点构成了文化。个体承载着文化，个体的行为文化产生于与组织交互作用的过程中，反映着组织文化的共同点。对个体行为的认同也要放在文化背景中才能理解。因为个体的信念、价值观和行为通常只有在文化认同的背景下才得以理解。总之，从社会、组织、个体行为中都能发现企业文化。发现企业文化是一种探索的过程，需要遵循科学规律，需要运用科学的手段。

5.2.1 区分企业文化层次

文化到底是什么呢？一般的回答是："我们这儿做事的方式""我们公司的仪式和礼节""公司的气氛""薪酬体系""基本价值观"。沙因认为这些都是文化表层的现象，是对文化肤浅的表达。文化是由各种不同层次组成的文化板块，

---

① [美] 埃德加·H. 沙因：《企业文化生存指南》，郝继涛译，机械工业出版社2004年版，第11页。
② [美] 塞缪尔·亨廷顿：《文明的冲突与世界秩序的重建》，周琪、刘绯、张立平、王圆译，新华出版社2002年版，第368页。

有浅层次的表象,有深层次的基本假设(思维的基础),还有本质和现象之间的价值层面,如下图所示①:

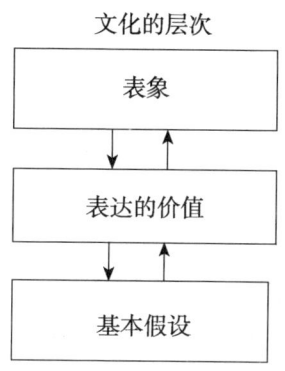

图1 文化的层次图

表象是你进入组织后所容易觉察到的现象,如公司的气氛是否忙碌、紧张,员工的衣着是否随便,装饰摆设是否讲究。表层现象是非常清晰具体的,对人具有直观的情感感染力。对表象进行考察,进入的是本质的问题:员工和公司的形象为什么如此?获得答案可不容易,仅仅走马观花是不能得出结论的。"你必须和公司内部人员进行谈话,就你观察和感受到的东西询问他们,只有这样你才能进入文化的下一个层次。"②

沙因认为,获得公司价值观的简单有效方式是和公司人员进行交谈。表象意味着公司所表达的价值观,需要对表象进行由表及里的探索。如果公司给你的印象是紧凑,通过交谈你所获得的印象是员工信任团队工作,这种思想甚至可以追溯到公司创始人那里。在公司开会时人们喜欢激情澎湃地进行自由讨论(表象),通过探究,这一过程有可能使你获得了他们在酝酿公司的价值观、原则、伦理和愿景。有的公司可能开会时严肃、正式,主要由高层人员决定会议的议题(表象),你只有深入其中才知道该公司体现的价值是什么。知识和实地调查是不一样的,以知识为背景的判断有可能失误。教科书常把公司描述成各种类型,如同把公司分为指令控制型和扁平化型一样。是否对应还得看实际情况,不要受知识类型的影响,不能因走马观花得出表面的结论而开具药方。即

---

① [美]埃德加·H.沙因:《企业文化生存指南》,郝继涛译,机械工业出版社2004年版,第13页。
② [美]埃德加·H.沙因:《企业文化生存指南》,郝继涛译,机械工业出版社2004年版,第14页。

使深入实际，表象也不见得反映实际。"你参观的时间越长，询问的问题越多，你看到的一些价值表达和行为表达不一致的地方就更多。两个组织都赞赏团队工作，而且看起来也都具有高度竞争性和个人主义的报酬、晋升和激励机制。两个公司都信奉以顾客为导向，然而它们的产品都不是特别容易弄懂和使用。而且它们的员工看起来都不是十分礼貌并具有服务意识。"

员工所声称的与你所看到的，你所看到的与实际表达的都有不一致的地方。这些不一致都来自深层次的文化本质，从正面或反面反映了这个本质。沙因把深层次的文化叫作"共同默认的假设"。

"文化的精髓就是这些共同习得的价值观、理念和假设。他们随着组织继续获得成功，而变成共享的和理所当然的。"① 探索"共同默认的假设"的方法从员工的价值观中挖掘集体所持有的假设。

沙因认为，公司最初"共同默认的假设"来自创始人的影响。组织是由个人或小团体创建的，最初这些人用自己的理念和价值观来招聘雇员和影响雇员。最初理念假设是公司文化的源头。例如，行动公司的创始人认为人都能把事情的来龙去脉搞清楚，在决策前能弄清楚必要的信息（假设），那么他就能吸引和留住这些有共同想法的员工。通过这种方式，随着产品的成功进入市场和扩大，这种价值信念就逐步演变成公司共有的并被认为是理所当然的，变成了他们共同默认的假设。

在多重公司，创始人也许是一位拥有专利的科学家，他靠设计了一条非常清晰的产品流程而获得成功。因而高度的纪律化和有效的执行力是他的理念，那么他的假设可能就是：等级结构、纪律和秩序是组织运行的方式。同样也会成为公司的"共同默认的假设"。

既然组织间"共同默认"的假说有差异，能否比较出企业文化的先进？亨廷顿认为世界文化有差异，但没有根据说哪个文化更优；沙因认为，既然文化是制造组织和营运组织的思维方式，那么只要组织有利于环境，要说哪类文化先进就很难说了，文化没有最优，也没有最正确。② 即便是现在提倡的"创造学习型组织、对员工进行授权"之类的新型价值观（文化）也不能说它是优越的。

---

① ［美］埃德加·H. 沙因：《企业文化生存指南》，郝继涛译，机械工业出版社 2004 年版，第 17 页。
② ［美］埃德加·H. 沙因：《企业文化生存指南》，郝继涛译，机械工业出版社 2004 年版，第 18 页。

沙因认为，民族文化是稳定的，企业文化也具有稳定性。之所以稳定，因为它走向了大众化的程度。改变大众和改变社会是比较难的，适应大众和适应社会则较容易。因此管理的方法是在适应大众文化的过程中掌握时机进行改革。这样做的理由是："更多的时候是文化控制着你，而不是你控制着文化。"① 沙因举了一个例子来说明文化的稳定及其对改革的影响。

例如，一家大保险公司雇用了一位新的首席执行官，他断定公司面临的主要问题是缺乏创新精神，于是公司采取了创造性的办法，员工却按照新办法照本宣科。一些以员工为核心的研究组分析了该组织的发展史，揭示出该组织过去的成功是基于过去严密的结构化体系。对于任何问题都计算出最优解决方案，准备资料，把方案写进手册里，预测可能出现的问题，然后根据手册的规则向员工支付报酬。日积月累，员工们认准成功的道路就是遵守规则。一系列手册，囊括了各种情况。对于不习惯手册的员工，企业鼓励他们离职。这就造就了适应结构化程序的文化力量。以往的首席执行官对这种工作体制给予肯定，在实践中也取得过成绩，人们理所当然地认为遵循手册的规定是最好的方式。新任的首席执行官看到了公司所处的环境正在变化，新情况无法适应程序化。员工在面对混沌的环境时必须学会思考。他发起了各种各样的活动来启动创新（如意见箱、创新奖等），但反应冷淡。他没能意识到，整个组织就是建立在遵守规则即是正确行为的假设之上。这个假设已经深入公司各层，存在于组织运行的结构中，与报酬和晋升体系融合一起。对这个组织来说，改变它的工作方式不能光靠创新，要对其文化进行全方位、现实的考究。②

这位新到任的首席执行官由于不了解文化的稳定性而改革受挫。沙因以此为例是想说明：企业文化是一个体系，它具有稳定性。不能仅把看到的表象当作本质，把表象等同于文化本质而贸然采取措施去更改，结果往往适得其反。

大多数评价企业文化的调查问卷都涉及诸如处理交流、团队工作、上下级关系、员工感知的自主权和授权程度以及创新性水平之类的问题及在此基础上衍生的控制问题、沟通渠道问题以及忠诚问题，等等。沙因认为，这些问题都涉及文化的问题，但仅仅是覆盖文化的一小部分，文化作为一种思维方式，它处在动态的变化之中。从"希望组织是什么样"这样的假设出发衍生出一系列

---

① ［美］埃德加·H. 沙因：《企业文化生存指南》，郝继涛译，机械工业出版社2004年版，第22页。
② ［美］埃德加·H. 沙因：《企业文化生存指南》，郝继涛译，机械工业出版社2004年版，第24页。

价值和表象。"文化假设"不仅涉及组织内部的工作方式,更重要的是,它还包括如何根据各种环境来审视自我。文化具有内在关系和外在关系统一的内涵。

5.2.2 文化表象量化

沙因按由浅入深的层次来研究企业文化的内涵,把"外部生存问题""内部整合问题"作为文化的"表象"和"要表达的价值"。沙因对企业文化的表象做了还原和量化的研究,从七个方面解读这些表象,有的以实例的形式分析。以下是他所列文化内涵的组成部分。①

表1 文化的内涵

外部生存问题	内部整合问题	深层次的基本假设
使命、战略和目标	共同语言和概念	人与自然的关系
手段:结构、系统和流程	集体边界和身份识别	现实和真理的本质
度量:纠偏和修正系统	权威和关系的本质	人性的本质
	报酬和地位的分配	人际关系的本质
		时间和空间的本质

关于"使命、战略和目标"。沙因认为企业的"使命、战略和目标"是围绕着自己的生存而展开的。一个组织虽然出于发起者的某种愿望,但这愿望的本身与周围环境的需要关系密切。发起者总是在捕捉某种需要,通过满足外部的需要而实现自身的需要。这种自我和环境的需要关系构成了营造组织的假设。这种假设演化出企业的金融政策、战略意图、自我定位、修正自我的目标等。组织创立之初,创始人和早期领导人都有一种强力的使命感,像是在完成周围环境赋予的使命。思考的问题是:什么样的产品才能满足环境的需要?自己是怎样的人,怎样证明自己。用自己的理念招募相信组织成功的人,待组织发展到一定规模的时候,深层次的使命感和认同感就变得清晰具体。

关于"手段:结构、系统和流程"。沙因认为"结构、系统和流程"是实现组织战略目标的手段。手段的制定、定型与公司最初成功所采用的方法有关。如最初采用的直线型结构,讲究上下等级的关系,则其结构便演变为控制和指定性结构。如最初采用的是扁平结构,则组织结构朝扁平网络型发展。只要这

---

① [美]埃德加·H. 沙因:《企业文化生存指南》,郝继涛译,机械工业出版社2004年版,第25页。

个系统继续起作用，那么结构流程被认为是合理的。当公司招聘外来人员时，往往看重赞赏这种结构的人，也提拔从这种模式中获得成功的人。

关于"度量：纠偏和修正系统"。沙因认为度量是涉及组织如何评价自己。评价自己，找到纠偏和修正的地方。组织在发展过程中总是从内部的员工中了解外界的评价情况，如从销售人员那里了解外部需求的变化，从采购部、科研单位等部门了解最新的产品和科技情报。这样形成了各个系统的独立经验，并以分系统的经验为基础建立起思维方式。如果每一个系统在对外的交往中取得了成功，就会确信它所运用的方式是正确的，否则就要纠偏和修正。

公司与公司之间差别很大，与文化内核有关。有的以利润指数作为偏差的判断标准，如利润指数跌了 0.5 个百分点，就宣布进入危机状态；非营利性组织以服务对象的信任度为标准。修正往往是从文化的角度来谈论的，当系统的相关反应不良时，"许多组织发展了所谓的问责文化（blaming culture）"①，要求文化理念纯正而具有引导性。"问责"的方法很多，有的要求管理者按因果的必然关系办事，谁承担某个环节的责任，有明确的责任追究；有的更为严厉，受到惩罚还有马上解雇；在众多雇佣制的公司里，惩罚的方式是不让其得到晋升的机会。

关于"整合人的组织"。沙因认为企业组织如同国家民族一样有其显著的语言和概念区别。一个新员工进入一个公司就会明显地感到这个公司具有一套话语体系和行为概念。从以下的细节中可以体会他对公司的共同话语和行为所蕴含的概念。"他总是试图弄清组织员工如何着装，怎样和老板说话，怎样在团体中表现，如何破译其他员工抛来的行话和缩略语，怎样保持自信，加班到多晚，等等。"② 这就是破译共同的语言和概念，也说明组织具有共同的语言和概念。管理上的应用就是，对新人进行业务和生活氛围的培训，让其尽快适应已经定型的企业语言和概念。

关于"组织边界：谁进谁出"。沙因认为组织的边界除了机械性的办公楼、产地、厂房外，更重要的是人的组织属性。只有具备一定身份属性的人才能被组织所接纳。为了识别方便，组织从外形上为员工制作制服、徽章到更高级的服务配置。从文化特征上，相同级别的人会进入同一组织，构成独特的文化。

---

① ［美］埃德加·H. 沙因：《企业文化生存指南》，郝继涛译，机械工业出版社 2004 年版，第 32 页。

② ［美］埃德加·H. 沙因：《企业文化生存指南》，郝继涛译，机械工业出版社 2004 年版，第 34 页。

关于"如何定义人际关系"。沙因认为，组织关于权力关系的假设具有很大的文化差异性。一些文化中的组织是"极端的平均主义"，老板和下属之间的心理距离达到了最小化。虽有组织结构，但鼓励员工叫老板的姓氏，甚至跨越等级，即使不服从命令也要做正确的事。在其他组织中，要求正式遵从组织结构，层级之间的关系非常正式，跨越层级和挑战上司是不可想象的。与权威关系紧密相连的是组织中人际关系的公开化程度。

"有些组织期望员工对所有的事情都公开，包括他们对老板和彼此的态度。但更普遍的情况是有规范明确的工作中人际关系的界限：哪些可以谈；哪些可以不谈；哪些可以对老板谈；哪些可以对下属谈。有些组织的假定是：员工一旦进入工作场合，就必须把个人和家庭生活留在门外。我知道一个例子：一位员工的妻子自杀了，但他继续工作，就像什么事都没有发生一样，而组织中的其他人整整六个月都没有发现他的悲伤。"①

关于"报酬与地位如何分配"。沙因认为每个组织都发展了一套报酬和地位系统，这同样具有组织文化的差异性。在一些组织中，晋升和物质报酬（薪水、津贴、分股、分利）是首要的报酬形式，也是地位的象征；另一些组织中，官衔或拥有多少下级更为重要；还有一些组织对能力的实现程度以及工作时间的自由度等比工资和官衔更显人的等级。有的报酬系统的关系是透明和公开的，人们努力工作能得到与他付出的力量成正比；有的是模糊的、解释不清的或者不方便解释的。人们常为这样的问题犯难：哪种行为是组织或者人们期望的行为；怎样知道是做对了还是做错了；哪种行为可以得到回报；我付出的努力比别人还多为什么得不到提拔；为什么很难读懂组织晋升的信息；奖或罚的标准是什么。这些都蕴含在组织文化或者社会文化中。弄懂这些需要破译深层次的假设，"只有了解这些才能全面地了解文化"②。

5.2.3 假说推测

沙因对企业文化现象的分析，从事例出发；对于企业文化本质的研究运用的是假说的方法，侧重于理性推导。沙因把深层次文化假设的内涵概括为"关于现实、时间、空间、真理、人性和人际关系的假说"，然后对这些概念进行理

---

① [美]埃德加·H. 沙因：《企业文化生存指南》，郝继涛译，机械工业出版社2004年版，第36页。
② [美]埃德加·H. 沙因：《企业文化生存指南》，郝继涛译，机械工业出版社2004年版，第39页。

性具体的阐释和说明（个别附有实例）。

所有人的行为都可以用假说来解释，都可以问这样的问题：是什么推动了员工的表象行为；假设方法所考究的对象是个人还是团体。如果激励和惩罚的措施是针对个人行为，那么人性假设是针对个人的。这仅仅是合乎逻辑的简单必然推理。还有一些隐藏的推理难以破译，如管理层把员工看成是可替代的资源，其假设是什么？这些都涉及企业文化本质的假设，沙因从以下几个方面进行了分析。

"关于人与自然关系的假说"的分析。

各种文化对人与自然关系有不同的诠释，并影响企业经营理念。人们考虑的问题围绕在人与自然的关系是支配性的还是共生性的。西方社会受工业革命的影响，普遍认为人能够主宰自然，人对自然来说，一切皆有可能。

"美国海军陆战队的口号是敢做敢为，它体现了这种导向，反映在进一步的口号中就是不可能的事情也只是多花点时间。许多亚洲人则认为人与自然应该融合，人应该顺应自然。自然环境是不朽的，最佳的人为之道就是融入自然。"①

在组织关系中，人与自然关系的不同假设主导着管理方法。一些组织认为应该采取支配性的市场定位，由我来规范市场，其假设就是人支配并主宰自然。②工业革命早期的厂家都有这种霸道行为，这种理念甚至影响到法律的建立。霸道性组织是对人力过于自信，全球性的商业哲学很大程度上反映了这种观念：谁在商业中占有支配地位谁就是领先者，谁就是老大。这种哲学同样遭遇到客观事实的抵抗，随着商品的可选购性的增加，商家的正确途径往往是找到一个利基市场并融入它。③另一些组织则认为自己尽可能适应市场，市场是组织的指南针，其假设是人应该适应自然。

"关于人性的假设"的分析。

不同的人性假设决定了不同的管理方法。历史上人性的假设多围绕性善与性恶。美国管理学家麦格雷戈一改这做法，走向更具体的人性假设的维度，从人是否懒惰和值得信任的角度来论述。如果认为人是懒惰的，只好去管理和督

---

① ［美］埃德加·H. 沙因：《企业文化生存指南》，郝继涛译，机械工业出版社2004年版，第40页。
② ［美］埃德加·H. 沙因：《企业文化生存指南》，郝继涛译，机械工业出版社2004年版，第41页。
③ ［美］埃德加·H. 沙因：《企业文化生存指南》，郝继涛译，机械工业出版社2004年版，第41页。

导他；如果认为人有工作动机，那就让他自由发挥。

沙因提倡从人性发展的角度来研究，应关注人性能否改变，改变的程度有多大。如果相信人性是变化的，并且提高的幅度较大，则管理方法是积极的；反之则是消极的。"大多数西方文化特别是美国文化赞成人们可以成为任何自己想要的样子，机场书摊上数以千计的《怎样提高你的——》类型的图书就说明这一点。"① 还有一些文化，如亚洲文化多相信人性难以改变，相信"江山易改，本性难移"，其管理方法也难以发展。

"关于人际关系假说"的分析。

从对以下问题的不同回答中可以看出其假设："一个社会是围绕着团队（集体）来组织的，还是围绕着个人来组织的？如果个人利益与集体（国家）利益发生抵触，人们会希望哪一方做出牺牲？"②

在中国或者日本，集体主义的理念深入骨髓，整体文化希望个人作出牺牲。在崇尚个人主义的美国，集体必须让步，因为个人权利被认为是社会的终极的基础。因而在美国，公民起诉政府这种事情是可能的，这种观念在强烈的社群主义社会的思想里是根本不存在的。③

组织强调员工的忠诚程度以及给予个人主义的程度正是对以上假说的反映。例如，"在强烈的家长制公司里，如汽巴嘉基，员工可以期望公司关怀你，反过来你要忠诚于公司，必要时作出牺牲。另一方面，在苹果公司和其它许多硅谷的公司里，这个假设则演变为公司不提供雇用保障，也不期望员工的忠诚。惠普公司则突出地显示了相反的假设，从一开始就表达和实践着集体主义和家长作风的哲学，最明显的标志性事件是 20 世纪 70 年代，每个人都被削减了工资，但没有员工被解雇。但与此同时，在它的许多工作领域，个人主义的假设支配了报酬、激励和控制系统，这些系统全都基于个人绩效。"④ 可见，人际关系的假设支配着公司的管理方法。

"关于现实和真理本质的假说"的分析。

沙因把科学的概念和真理的概念等同起来，认为真理的观念影响着组织的

---

① ［美］埃德加·H. 沙因：《企业文化生存指南》，郝继涛译，机械工业出版社 2004 年版，第 42 页。
② ［美］埃德加·H. 沙因：《企业文化生存指南》，郝继涛译，机械工业出版社 2004 年版，第 42 页。
③ ［美］埃德加·H. 沙因：《企业文化生存指南》，郝继涛译，机械工业出版社 2004 年版，第 42 页。
④ ［美］埃德加·H. 沙因：《企业文化生存指南》，郝继涛译，机械工业出版社 2004 年版，第 43 页。

行为。科学本身也是一种信仰,相信它能解决问题并超越主观的妄为。对真理的信仰和看法引导着人们的行为方式。美国的实用主义源自对真理的假说。它假定真理是有用的,人们相信有用的东西。

组织行为无不体现了真理假说。例如,企业行为中提倡"所有的事情都要辩个明白,只有在争论中脱颖而出的思想才是足够真实的,经得住检验的"①。组织采用谁的思想来经营,都必须经过争论,在争论中胜出的计划、方案才能被组织采纳。这是典型的实用主义真理观。

一些公司认为真理并不掌握在普通人手里,而是在专家学者手里,认为受过教育的和具有经验的人才有资格确定什么是真理,确定怎样做才是合理的。这显然是对真理崇拜的另一种方式。

还有些组织选择方案不是靠崇尚科学,而是"靠传统、准则、宗教戒律和其他终极权威"。人们把权威看作比经验更可靠的东西、更真实的东西。道德、宗教和权威可以决定商业决策、奖惩办法、人事升迁、对某一行为是否符合道德的判断。

"关于时间和空间的假说"的分析。

沙因认为时间和空间假设是最直观也最难破译的。在不同的文化里,人们对时间一维性理解的程度是不同的。一些文化把时间看作线形资源,逝去很难追回。折射到组织行为时,表现为把时间看作金钱,惜时如金;按照时间的流逝的一维性在特定时间内完成一件事。在另一些文化里,对时间的假定不同,认为"时间是循环的",时间还具有并行性,人在同一时间里可以做几件事,正如一位资深人士当班时,就能同时处理几位下属的事情。

时间的观念还影响着价值评价。"拉丁美洲人认为迟到是时髦的、合适的,而在北欧国家则认为这是对别人的羞辱。不同背景,工作中的早到晚退也会有不同的象征意义,它可能被视为具有高度的责任心,也有可能被看作是没有效率的表现。"

空间假说亦同理。开放的办公室意味着人们能够自如地彼此交流,而私人办公室和紧闭的房门则象征着独立思考。在一些文化中,私人空间意味着脱离人们的视线;在另一文化中私人空间是指脱离了听觉范围,即使看见也没有关系。

办公室的空间布局意味着员工的身份、等级。在西方文化中,办公室在大

---

① [美]埃德加·H.沙因:《企业文化生存指南》,郝继涛译,机械工业出版社2004年版,第44页。

厦中的位置越高，表示身份越高。办公室的布局、颜色、配套设施都折射了公司对空间假设的含义。①

5.3 企业文化的规律与超越

沙因研究企业文化的目的之一是向人们提供规律性的认识，并把这些认识转化为可实用的工具理性。他所总结企业文化的规律就是：在初期，缔造文化；在转型期，扬弃与学习；在成熟期，阻碍与改造。获得每一阶段的认识都要注意方法，总体来说从员工的"表象"入手，即从员工的"衣着""礼节""会议方式""冲突方法与解决方法"入手去抽象、判断隐藏在背后的本质。沙因把这种方法叫作"表象识别"。

表2 表象识别的一些项目②

衣着服饰
权力关系的正式化程度
工作时间
会议（频率、进行方式、持续时间）
决策方式
沟通：怎样学习工作内容
社会事件
行话、制服、身份标志
礼仪和礼节
怎样化解不同意见和冲突
工作与家庭的平衡

文化"表象"可以通过"小组访谈"来获得，不能通过机械性的问卷调查方式来获得。因为人们不知道该问什么问题，也不知道判断答案的可靠性和有效性。问卷的答案只能让人局限在表象之中。文化表象的背后总是隐藏着价值观的假设，这些假设总是与具体行为联系起来。通过咨询互动和访谈，并对相关的行为进行抽象，才能通达深层次假设理论（本质）。

---

① ［美］埃德加·H. 沙因：《企业文化生存指南》，郝继涛译，机械工业出版社2004年版，第45页。
② ［美］埃德加·H. 沙因：《企业文化生存指南》，郝继涛译，机械工业出版社2004年版，第53页。

5.3.1 初期：缔造文化

初期企业文化的缔造需要激发创新，通过对企业发展问题的逐一解决从而获得共同的认识。如果把文化理念转为一个可以运用的方法，那么成员就能做到心中有数，有的放矢。沙因认为，应该注意一下具体方法。

第一，"通过激发顿悟来引导文化演进"。

激发成员的顿悟，用成功的事例促进共有认识的演进。沙因以佳玛科技为例说明这一方法的实用性。

"以佳玛科技为例，佳玛科技一开始存在这样的理念：相对其他业务而言，市场营销是次要的。随着竞争的加剧，公司的存储要依赖先进的市场营销，该公司的营销存在问题。在评价公司文化时，高级经理们发现他们所原有市场营销的概念十分狭隘，仅仅定义在把商品销售出去。通过外部顾问的帮助和自身的学习，他们顿悟出市场营销新的理念：它包括树立公司形象、增进消费者和研发部门的联系、根据新产品培训一线销售员、建立长远的产品战略和预测产品生产线等。"①

佳玛科技管理层的有关市场营销理念的更新是通过顿悟获得的。顿悟来自对问题的反思，顿悟的成果是新方法的开始。他们开始以一种全新的眼光审视市场营销，也开始以一种平衡的心态去评价市场营销的同僚，并把市场营销同其他部分的工作联系起来。

第二，提拔改革派进入管理阶层推动管理的演进。

沙因把改革派比喻为"混血"，因为"混血"既是公司一员又是具有适应环境变化的异己力量。提升"混血"的理由是："环境变化往往导致不均衡，迫使组织进行实质性的变革。那么变革的力量源泉除了内部自发性的顿悟外，还有一个办法，就是提升混血。组织与外界是个互动的过程，交换着物质、能量和人员。有的人员是相对稳定的，组织改革的机制之一就是有系统地提升那些个人头脑中的假设适合于新的外部现实的人员，把他们导入渐进的组织量变的过程中。因为是内部人员，他们吸收了组织的内核，具有可靠性。同时，他们的个性经历或者亚文化经历，他们所持的假设有别于组织的核心假设，因此，重用他们可以使组织逐渐转向新的文化、新的思维和行动方式。提拔这些改革派，组织成员易于接受他，如果这类经理被安排到关键岗位上，往往使成员产

---

① ［美］埃德加·H. 沙因：《企业文化生存指南》，郝继涛译，机械工业出版社 2004 年版，第 82 页。

生接受的感觉：我们并不喜欢他职务提升后的所作所为，但他至少是我们成员中的一员。"①

提升"混血"推行管理的演进，对于领导层来说是明智的也是难以取舍的。要使这项机制起作用，公司领导人会明白他将失去什么。"这意味着，他们首先必须在自己的组织中尽量靠边站，以便正确感知公司文化。"② 领导者如果能悟出这个道理，就可以从现有的文化中挑选一些在组织假设上与他们有异的一些成员担任要职。这是新陈代谢的必然过程。

第三，公司主流文化要注意从内部的亚文化中吸收养分。

用沙因的话来说就是"利用亚文化的成长"。如果企业创始人的信念适应外界变化的环境，组织的变化是有序而活跃的。组织在不断成长中成熟，许多适应外界的新现象就会随之而来。企业的子系统也会逐渐强大，子系统的领导人在跟外界的接触过程中，逐步演变出有别于组织核心层的理念。子系统下的员工也演变出一些不同于核心层的经营和组织理念。由于共同的经历，子系统成员拥有了群体的假设基础。子系统员工的假设不同于核心层的假设，也与其他子系统的假设有区别。一线管理人员形成他们共有的假设基础，计划人员、财务人员、工程人员都会形成各自的假设基础。组织往往通过亚文化与外界接触，了解这些亚文化是特别重要的，可以突破上层假设的局限。首席执行官往往与财务、中层管理人员的接触较多，往往把工作的重点放在财务和决策上，其假设的内容也在人性方面多一点。在开放性的组织中，组织的适应性要求给予亚文化更大的发展空间，让其有伸展的机会，甚至让其影响整个组织的走势。③

第四，公司创立人交接权力要做到不在其位，不谋其政。

从创始人和家族管理，再到中期总经理掌管，再到第三代、第四代总经理的转换，其过程包含许多文化的变数。按常理，创始人很难割舍自己的事业。无论接班人是亲属还是外界人士，他都会尽量显示其影响力。施展影响力分为三种类型：第一种，功成身退，挑选能人接替职位；第二种是身退心不甘，甚至无意识地破坏自己缔造的组织，以证明自己是多么不可或缺；第三种是半退，

---

① ［美］埃德加·H. 沙因：《企业文化生存指南》，郝继涛译，机械工业出版社 2004 年版，第 84 页。
② ［美］埃德加·H. 沙因：《企业文化生存指南》，郝继涛译，机械工业出版社 2004 年版，第 84 页。
③ ［美］埃德加·H. 沙因：《企业文化生存指南》，郝继涛译，机械工业出版社 2004 年版，第 86 页。

交出经营权,却不交出人事任免权。①

组织领导人的更替阶段也是组织文化的冲突阶段,有拥护原来领导人的保守派同拥护一心要改变组织文化结构的激进派之间的斗争。领导人的情感通过具体事件宣泄于外,员工会感知他的意图,并有相应的反应。潜在的领导人和现任的领导人之间也会有一些文化冲突。现任领导人一方面公开推荐或指定接任人,但又不肯让他行使某种职责。"就像当年维多利亚女王没有给他的儿子足够的机会去锻炼如何成为一国之君。"②

组织创始人迟早要面对挑选继承人的问题,内在的文化冲突问题也就自然显现出来了。文化的变迁也通过领导人的更替而变迁,如果组织创始人或者家族仍在组织中占据领导地位,文化就不可能有很大的变迁,只能是小范围内的阐释、整合、维护。如果创始人或家族放弃领导权,继承人又是组织内的"混血"时,文化的变迁既代表了原核心文化继续存在的需要,又代表了革新文化发展的要求。"混血"成员所表现出来的文化易为组织成员所接受。如果组织发展过程中遇到困难,那么文化冲突将更为明显,代表外界势力的文化可能影响组织文化,董事会可能会抛开自身利益的考虑,聘请原本不属于组织成员的首席执行官。文化问题终究将融入社会,组织的发展也就步入中期的文化阶段。

5.3.2 转型期:扬弃与学习

企业文化从初期到成熟期要历经转型期,这个时期是文化解构到建构的过程,对原来初期企业文化的"证伪"到新文化"内化"为组织文化。沙因把转型期过程分为三个阶段:第一阶段,旧文化解冻;第二阶段,形成新概念;第三阶段,内化新概念(见如表3)。

---

① [美]埃德加·H. 沙因:《企业文化生存指南》,郝继涛译,机械工业出版社2004年版,第89页。
② [美]埃德加·H. 沙因:《企业文化生存指南》,郝继涛译,机械工业出版社2004年版,第90页。

表 3　转变性变迁的模型①

第一阶段
解冻：创造变迁的动机
　　·证伪
　　·创造生存焦虑或愧疚
　　·创造心理安全感从而克服学习焦虑
第二阶段
学习新概念及旧概念的新含义
　　·模仿和认同行为榜样
　　·搜寻解决方案，试错学习
第三阶段
内化新概念和新意义
　　·内化到自我观念和认同感之中
　　·内化到现行的关系模式中

以上"模型"把转型期文化发展的三个阶段看作是文化自我演进的过程，这一过程与科学思想演进的三个阶段是一样的，加上沙因使用了证伪方法，可以推测沙因受到波普尔的"科学知识进化"的影响。

波普尔不赞成维也纳的实证原则，提出证伪原则，认为实证原则的最大困难是概括逻辑原则不确定性，也就是普遍科学原则不可能由有限经验事实证实。因为理论上概括的普遍性的东西是具有真理性的，但要证明这个真理性是有困难的。为了区分人的普遍思维的真理与否，波普尔提出了他的证伪学说，认为区分科学和非科学的标准不是可证实性，而是可证伪性，因为理论的概括性程度很高，具体试验总是有限制的，不可能一一证明理论所涵盖的内容和真理性的原则。一个科学理论，只有当它可证伪时，它才是经验的科学的。这种思想似乎是一个矛盾，但他的证伪学说却具有理论发展的力量，因为任何科学虽然有真理的成分，也有猜想的内容。理论要解释事物的现象时，总要趋于完备。这个完备就包含着主观臆断和想象，因而自然科学理论、社会科学理论只要是有生命力的、发展的，就是可证伪的。

"科学并不是一个确定无疑的、已为公众接受的陈述系统，也不是一个向某种终极状态稳步前进的系统。我们的科学并不是知识（指绝对可靠的知识）：它

---

① ［美］埃德加·H. 沙因：《企业文化生存指南》，郝继涛译，机械工业出版社 2004 年版，第 93 页。

永远也不能声称已达到真理，它甚至可以用或然性等词来代替。"①

波普认为，世界分为："第一，物理客体或物理状态的世界；第二，意识状态或精神状态的世界；第三，思想的客观内容的世界，尤其是科学思想、诗的思想和艺术作品的世界。"②"在'我知道'的意义上，知识属于'第二世界'，即主体世界，而科学知识属于第三世界，即客观理论、客观问题和客观论据的世界。"

也就是说，第一世界是物质，第二世界是主观思想，第三世界是科学知识（也包括社会科学知识）。从科学知识到主观思想的过程是"从我们的创造物到我们自己"，从第三世界到第二世界，有一种最为重要的反馈作用。因为新问题的突现推动我们去做新的创造。这个过程可以用下列有点过于简单化的方式来描述：P1—TT—EE—P2。

这就是说我们从某个问题 P1 出发，进而有一个试验性解决或试验性理论 TT，它也许（部分或整个）是错误的；不管怎样都有待于排除谬误 EE，这可以由批判讨论或实验检验组成；而这些新问题并不是由我们有意创造的，它们是自主地从新的关系领域中突现的，我们不得不使这种关系同每一个行动一起产生，尽管我们并非有意这样做。③ 波普把"第三世界"看成是人造的和变化的。它不仅包含真实的理论，也包含虚假的理论，尤其是对尚待解决的问题、猜测和反驳。④

波普尔的证伪原则对于管理理论的启示是，任何管理理论都不是完备的。尽管针对的具体的某次实践，它的操作性是成功的，但针对另一次管理实践，这一模式是可证伪的。沙因在企业文化的研究中强调了文化的证伪，以此为基础进一步提出了转型期企业文化发展的具体方法。

第一，把企业文化看作是可证伪的，把引起证伪的因素看作是企业的动力。

沙因借用科学研究中的"证伪"一词，用来说明原来的文化中的某些因素不适合变迁了的环境。组织成员最终会意识到这一点，"任何变迁都是从证伪开始"。发现不适合环境变化的文化因素不是靠集体顿悟，而是从成员的某一个人

---

① ［英］波普尔：《科学知识进化论》，纪树立译，生活·读书·新知三联书店 1987 年版，第 43 页。
② ［英］波普尔：《科学知识进化论》，纪树立译，生活·读书·新知三联书店 1987 年版，第 311 页。
③ ［英］波普尔：《科学知识进化论》，纪树立译，生活·读书·新知三联书店 1987 年版，第 323 页。
④ ［英］波普尔：《科学知识进化论》，纪树立译，生活·读书·新知三联书店 1987 年版，第 326 页。

或少数人开始怀疑组织原来的信条开始。从企业文化的角度来看,"证伪"来自于"不满与威胁""丑闻""兼并与收购",等等。

有哪些"不满与威胁"呢?

(1) 经济威胁——除非你改变,否则就破产,失去市场份额或者遭受其他损失。

(2) 政治威胁——除非你改变,否则某个更大的群体会胜过你或者赢得某种优势。

(3) 技术威胁——除非你改变,否则你就落伍了。

(4) 法律威胁——除非你改变,否则你将进监狱或者支付高额罚款。

(5) 道德威胁——除非你改变,否则你会被认为自私自利、邪恶、没有社会责任感。

(6) 内在的不满——除非你改变,否则你不会实现自己的某些目标和理想。①

内在的不满是个体自发性学习和自觉性改变的动力,以不满来激励自我,渴望做得更好,从而实现自己的理想。同样丑闻也是一种动力。"对于一个企业来说,意外事件或者丑闻(例如限价大曝光或者总裁自杀)的发生,会强有力地触发变革。这些事件揭示了组织所信奉的一些理想和价值观在实践中行不通了,这就导致了对正在运行的更深层次的文化假设进行重新评估。"②

沙因认为丑闻是一种动力可能更适合于西方的文化,中国文化可能对自杀这样的丑闻不太重视。很多人认为因工作自杀是不可想象的,地位更低的人渴望拥有自杀者的原来位置,即使吃更大的苦也愿意。西方文化认为是文化的原因导致了工作选择上的矛盾冲突。一个丑闻往往会导致职业规划体系的价值观和假设的重新审视。

此外,"兼并、收购""领导方式""教育和培训"都是激发组织文化变迁的源泉。寻找需要证伪的观念并不难,因为在日常的活动中总有一些问题是原来的观念解释不了的。问题是怎样去寻找背后的文化依据,弄清潜在原因和表象之间是必然的联系还是偶然的联系。如果把偶然的联系加以夸大化,就会遮蔽文化中的必然现象。

---

① [美] 埃德加·H. 沙因:《企业文化生存指南》,郝继涛译,机械工业出版社2004年版,第95页。

② [美] 埃德加·H. 沙因:《企业文化生存指南》,郝继涛译,机械工业出版社2004年版,第95页。

第二，把"生存焦虑与学习焦虑"看作变革的力量并处理好两者之间的矛盾。

如果证伪的资料达到了量的积累，就会引起文化心理的质变，在质变的前夜，产生生存焦虑。"当你感受到需要学习新的思维方式，你就体会出学习焦虑。这两种焦虑相互作用就产生了复杂的变迁的动力。"①

学习焦虑在个体身上反映不一，一般会产生以下的心理紧张："害怕暂时难以胜任，害怕失职，惧怕丧失个人的身份，惧怕失去集体成员的资格。"个体应对这些消极的心理焦虑，往往有消极性的心理防御反应。如拒绝承认事实、推卸责任、讨价还价等。生存焦虑和学习焦虑是组织变迁中必须经历的一个过程，采取必要的应对措施，这一过程中就能跨越。

生存焦虑与学习焦虑似乎就成了一对矛盾，生存焦虑促使组织或个体前进，而学习焦虑的结果使个体产生了消极的心理防御，阻碍了个体的前进。面对文化的更新，自我成了革命的对象。怎样处理这个矛盾呢？沙因认为，组织变迁的管理者，应该遵循两个原则：

原则一：生存焦虑必须大于学习焦虑。

原则二：必须减少学习焦虑，而不是增加生存焦虑。②

原则一是动力大于阻力。变革是文化的变革，涉及员工头脑里的知识、思维方式的革新。过程是痛苦的，如果动力大于阻力，这一过程自然会更新。否则就要等待新一批人员的进入，更换血液才能完成。原则二是减少阻力，根据实际情况确立更新的目标，不要不切实际夸大和超越目标，否则会增加学习焦虑。

如果压力过大，还可以通过营造心理安全感，可以克服心理焦虑。营造心理安全感对于那些正在经历转型学习组织成员来说包括几个步骤，而且这些步骤必须同时进行："1. 强行乐观的愿景。2. 正式培训。3. 学习者的参与。4. '家庭'一样的集体和团队观念的非正式培训。5. 实践场地、教练和反馈。6. 积极的行为榜样。7. 支持小组。8. 一致的体系和结构。"③

---

① ［美］埃德加·H. 沙因：《企业文化生存指南》，郝继涛译，机械工业出版社 2004 年版，第 97 页。

② ［美］埃德加·H. 沙因：《企业文化生存指南》，郝继涛译，机械工业出版社 2004 年版，第 99 页。

③ ［美］埃德加·H. 沙因：《企业文化生存指南》，郝继涛译，机械工业出版社 2004 年版，第 100 页。

第三，根据具体情况"仿效、认同、审视、试错"先进企业文化。

先进总是后进的学习榜样，后进可以通过模仿一个行为榜样并在心理上认同来进行学习。"或者发明某种有用的方法，直到有用的东西对你有用为止。"①

当然，模仿并不是个性化组织的唯一学习模式。有的组织去模仿反而不如以前的效率，于是恢复了以前的行为习惯。这时组织就要注意个性化特征，鼓励审视环境，寻找适合自己的解决办法。组织在学习的过程中可以选择适合自己的发展道路。

学习的成果将一步一步地被巩固下来，最后将导致"新行为新概念内在化"。如果新行为符合组织的发展趋势又与社会大环境相吻合，就会变成稳定的部分并最终成为这个组织群体的稳定部分，同时新的概念和价值标准也将稳定下来。如果新的理念导致的行为不能与组织发展，不能与周围环境相融合，那么这些行为将被抛弃，新思想也将受到质疑而抛弃，这就是试错法。

第四，鼓励组织中的"边缘人"学习并提出改革方案。

按沙因的话说就是实施"暂时平行的学习体系"。演进性的学习和变迁是组织发展的必经状态，这一过程不是组织成员同步的过程，而是逐步演进的过程，从"边缘人"开始拥有企业发展的新思想。

"暂时平行的学习体系"是组织通向转变性变迁的前期阶段。当证伪程度迫使组织跟随环境而动时，组织成员要放弃以前的假设。为尚未被证实的新假设而放弃原来假设，确实比较痛苦。这个时期，组织的转变往往先通过某些个体去学习先进的思想，并在一定的范围内证明是可行的时候，替代的方案才慢慢注入组织的主体。有了这个缓冲，大部分的组织成员不会因为突然改变而产生难以适应的心理焦虑。暂时平行的学习体系是通过局部的"试错"才巩固下来。

"暂时平行的学习体系概念的实质是，组织的某个部分必须处在边缘的位置，把自己充分暴露在新的思维面前，这样就能客观地面对现有文化因素的强势和弱势，以及他们如何促进或阻碍即将发生的变迁。"②

为什么要"边缘人"作为暂时平行学习体系的先锋呢？因为"全身心投入的局内人难以充分看清他深陷其中的文化，因而不能客观评价和判断文化因素。另一方面，完全的外部文化评价同样也不能有结果，因为外部人不能了解文化

---

① [美] 埃德加·H. 沙因：《企业文化生存指南》，郝继涛译，机械工业出版社 2004 年版，第 102 页。
② [美] 埃德加·H. 沙因：《企业文化生存指南》，郝继涛译，机械工业出版社 2004 年版，第 105 页。

的细微差别，难以作出评价"①。

边缘人的范围很广，有的是原来核心层的人物，有的是兼职工作者，有的是财务预算人员。他们虽然不是核心层，但是具有独到的、核心层想不到的思想。有的组织认识到这个群体的重要性，成立特别工作组专门比较组织内的文化，研究变迁的动力。

除了鼓励边缘人通过自我学习提出新思维外，领导者也可以有意识地站在边缘人的位置上换位思考。如果领导本身不学习，何谈整个组织学习新东西？领导人需要设身处地变换角色，站在边缘位置，产生顿悟，这对于维系"暂时平行学习体系"非常重要。

5.3.3 成熟期：阻碍与改造

文化随着公司的成熟而成熟。当公司的所有权从家族制走向一般管理结构的时候，公司成熟了。这时，组织发展的显著特点是，由选拔的总经理，而不是由企业主、创始人或其家族来建立管理流程。组织发展的成熟阶段是指，创始家族不再居于所有者或者支配者的位置；或者组织至少经历两代人的变化走向了一般社会化的管理模型；或者组织通过融资，其规模已经发展到社会资本超过家族资本，社会成员的数量远超过家族成员的数量。

成熟的公司仍然要向前发展，可内在文化将起阻碍的作用。沙因提醒：要意识到成熟期的文化将变成公司发展的阻碍力量并有意识地进行改造。

当科学新的范式形成以后，又会阻碍科学的继续研究。企业文化走向成熟亦会如此。跨越家族阶段的组织往后的发展，会不断缔造固执的共同假设，形成新的强大的组织文化。如果内部环境与外部环境处于协调和共生，文化就成为组织发展的一种优势。然而，一旦环境发生改变，原来共同的假设就成为一种负担，成了潜在的阻碍力量。当企业曾经辉煌时，即使面对下坡，组织成员也可望坚守原来的假设。即使公司顾问能道出公司业绩下降的文化因素时，这些也不能得到理解。一些新的假设难以在组织中自上而下地贯彻下去，因为人们不愿意接受新的战略挑战。因此，企业领导人应该有意识地认识到这些阻碍力量。

"如果组织文化元素已经失误，这就意味着文化元素已经功能失调，必须作出改变。但是评判文化合适与否的标准是一种实用主义方法，即什么使得组织

---

① ［美］埃德加·H.沙因：《企业文化生存指南》，郝继涛译，机械工业出版社2004年版，第102页。

成功地完成了主要的任务。"①

文化的覆盖面很广，体现在组织的方方面面，如使命、战略、管理方法、评价系统、修正系统、语言，集体接纳和排斥成员的规范，地位和报酬系统，时间、空间、工作和人性的概念等。文化是整体，整体决定部分，却不能等同部分。文化是一种默认的假设，只有从表象入手，经过理性思维才能认识和把握企业文化。

最后，沙因对企业研究中文化研究的地位做了比较公正的定位。把文化看作观念的东西，在组织变迁过程中，它随生产方式的变迁而变迁。因此，领导人在实际工作中，首先从解决问题入手，随后有意识地想到文化的影响。

"永远不要把文化变迁的念头放在第一位，你要想的第一件事情是组织所面临的问题。只有当你清楚了商业问题的时候，你才可以问自己文化是促进了还是阻碍了问题的解决。"②

文化问题虽然不会首先进入经理人的工作历程，但是，获得了文化视角，他们会吃惊地发现它给管理带来了很大的回报，世界突然变得更加清晰了，异乎寻常的事情现在可以解释了，冲突可以理解了，对变迁的抵制看起来寻常了。更重要的是，领导人更加谦虚了，在谦虚中，寻找到了智慧。③

小　结

从文化角度研究管理是西方管理思想新的视角。沙因的企业文化理论从研究方法上来说，受当代文化哲学的影响和科学哲学的影响。世界范围内的文化冲突与企业文化冲突本质上是一回事，只不过范围不同而已。但沙因对企业文化的量化研究引进了科学方法，举例具有经验基础。文化的分层理论和发展理论对于管理团队认清自己的深层次的假设具有重要的方法论意义。

假说、证伪、形成新的范式这一科学方法在沙因的企业文化研究中几乎可以找到，可以推测他的企业文化理论借鉴了西方科学哲学的方法，是运用科学

---

① ［美］埃德加·H. 沙因：《企业文化生存指南》，郝继涛译，机械工业出版社2004年版，第149页。
② ［美］埃德加·H. 沙因：《企业文化生存指南》，郝继涛译，机械工业出版社2004年版，第151页。
③ ［美］埃德加·H. 沙因：《企业文化生存指南》，郝继涛译，机械工业出版社2004年版，第152页。

演进的规律对企业文化的具体和深化。他对企业文化的变迁的分析值得经理人和员工学习、反省。

寻找组织文化,可以从以下几个方面入手:(1)组织缔造者的力量和声望;(2)组织成员共同经历的事件及关系亲密程度;(3)组织取得的成功程度。文化是共同的,因此不能创造一种文化,只能施加影响并顺应环境的潮流。在文化变迁的潮流中与组织的目标结合起来,组织成员在成功的过程中,内化新的要素,建构新的文化。

融合科学方法的文化分析方法对于组织的持续发展有积极的意义,但这一方法有其局限性,它受生产方式的制约。变革组织文化应从生产方式的大环境入手,组织积极顺应潮流,找到自己的文化定位。

第6章　有限理性决策的方法与超越

> 单独一个人的行为，不可能达到任何较高程度的理性。①
>
> ——西蒙

决策理论学派是关于组织决策微观研究和宏观研究相结合的理论学派，代表人物是赫伯特·A. 西蒙②。西蒙提倡的"人—机决策系统"涉及计算机的作用。在信息浪潮下③，对"计算机能否管理公司"存在技术、经济、哲学三方面的争论，"这三方面都有极端"。西蒙在论述其决策理论之前首先表明态度："我是技术、经济、哲学这三方面的调和者"，"我是个技术方面的激进派、经济方面的保守派和哲学方面的实用主义者"，"我相信计算机能执行人所执行的同样任务"。④ 西蒙确实进行了"调和"，他"技术方面的激进"是有保留的，既肯定技术的作用，又不赞成决定论，提出实用的"人—机决策系统"。理论上的论证涉及权威决策、决策行为，西蒙把他的根据立足于"理性""理性限制"之上，内含"有限理性"方法。这一方法在现实中转化为"调和""实用"，在理论上类似复杂性思维。

---

① Herbert A Simon. *Administrative Behavior*：*A Study of Decision-making Processes in Administrative Organization*. Free Press, 1976. p. 79.
② 赫伯特·A. 西蒙（Herbert A. Simon, 1916—2001），美国卡内基-梅隆大学计算机与心理学教授，1943年获加利福尼亚大学哲学博士学位。由于"对经济组织内的决策程序所进行的开创性研究"，获瑞典皇家科学院颁发的1978年诺贝尔经济学奖。《管理行为》1947年正式出版。书中的"管理行为中的理性"和"管理决策心理学"是他的理论核心。
③ 托夫勒在《第三次浪潮》中把信息革命称之为第三次浪潮，前两次浪潮为农业革命和工业革命。
④ ［美］赫伯特·A. 西蒙：《管理决策新科学》，李柱流译，中国社会科学出版社1982年版，第6页。

6.1　有限理性的决策

提倡一种方法一般先论述原因后提出方法，西蒙《管理行为》和《管理决策新科学》却是反过来的，顺其逻辑本章亦先从西蒙的决策的方法追索到原因的解释。即使是具体方法，西蒙亦做了较深层次的哲学解释。

6.1.1　权威决策

信息科学的渗入，组织决策利用程序，而程序靠权威①制定，程序决策与权威决策似乎等同了。权威决策是分工导致的，对于未知的和不确定的事情去请教和接受内行的意见就接受了权威。"行使权威是组织生活中最普通的现象之一。当一个人允许他的决策由别人向他提供决策前提（或由计算机提供）去指导时，权威即得到了行使。由于现代组织里，在行动过程和决策的制定过程存在大量的劳动分工，因而决策前提就不断地在组织的一个部门与另一个部门的交往过程中产生出来。这些部门都会对决策产生影响。每个这样的例子就是行使一次权威。"② 在这里，权威是从技术层面而不是从政治层面来说，组织进化管理职业只是技术权威的职能。

用计算机来管理公司，人们面对的是程序权威，这似乎异化了人的本质力量，使人在心理上难以接受。这主要是在思想上没有解决对权威决策的认识，潜意识排除权威决策，自然排斥程序决策。如果要肯定由计算机主导的程序化决策的意义，那么先要肯定权威决策的意义，相信程序与遵循权威在信仰上似乎是一样的。可是管理理论却有两类理论否认权威的作用，一种是霍桑试验以来提倡的广泛参与制理论，这种理论认为权威会导致组织拒绝员工参与，而参与是提高组织效率的关键；另一种理论是以马斯洛所提倡的激励理论为代表，认为屈服于权威有碍于自我价值的实现。③

西蒙对权威决策的意义给予了充分的肯定：没有一定的权威组织结构，人

---

① 权威决策与计算机决策在西蒙眼里是等同的，计算机编程依靠权威。西蒙的"权威"不是指具有最终决策权的业主或者总经理，而是运用技术手段的技术权威。
② ［美］赫伯特·A. 西蒙：《管理决策新科学》，李柱流译，中国社会科学出版社1982年版，第84页。
③ ［美］赫伯特·A. 西蒙：《管理决策新科学》，李柱流译，中国社会科学出版社1982年版，第85页。

的"创造力也不会旺盛";一个人工作的乐处,不仅在于处理困难问题的愉悦,还在于灵活地运用权威程序"去解决那些只了解其深层结构而不熟悉其细节的问题的一种愉快"①。

西蒙肯定权威决策的思想与福利特"被统治阶级认同并非民主的恰当表现"的思想是一致的。这一思想在企业管理中保持了较为务实的作风,提倡权威不能因民主而降低其职能。这一观点继承了密尔的政治思想,密尔有过类似的论述。他认为绝对的民主无论在工业组织和社会组织的管理中都是有缺陷的,追求绝对民主的代议制政体也是如此。"和其他政府形式一样,代议制政府的积极缺陷和危险可以概括为两条:第一,议会中普遍的无知和无能,或者说得温和一点,智力条件不充分;第二,有受到和社会普遍福利不同利益影响的危险。"②

权威决策的作用不用质疑,问题是怎样确定谁是权威。无论是普通人还是领导都盲从"抱有坚定信仰和坚持己见的专家"。一般人很难判断专家们的意见的对与错,除非"亲自成为专家"。这个时候就要运用民主了,民主化程度越高越能找到接近真理的专家。"然而,我相信民主,肯定能作出可能性的判断。这是完全可能的。"③ 专家的方法与民主的方法实质上是统一的,专家在阐述决策的方法时,"许多推理都来自世界的普通知识,而这些知识又为大家所了解的"④。也就是说接近群众思维的专家才被认为和选定是专家。

对权威作用的激烈争论源自信息革命的影响,有一股思潮批判了权威决策,其中就有两个人物和一个流派。"国外有种荒唐的说法,认为计算机和自动化对于上述范围(指包括工作场所在内的各种影响)的影响是极大的,而且影响几乎是坏的。""这种说法的大致轮廓如后:计算机和自动化使工作非人道化,而这种非人道化又转而导致人与工作和社会的脱离。这个鲜明的轮廓可以用各种方式赋予血和肉,而这些方式并不都是协调一致的。一种说明认为,计算机的使用导致许多组织高度集中,并使雇员们严重地囿于权威的支配之下。组织中的权威气氛对于那些不得不在组织中逍遥生命的人来说是非人道的,并且导致

---

① [美]赫伯特·A. 西蒙:《管理决策新科学》,李柱流译,中国社会科学出版社1982年版,第86页。
② [英] J. S. 密尔(1806—1873):《代议制政府》,汪瑄译,商务印书馆1982年版,第85页。
③ [美]赫伯特·A. 西蒙:《管理决策新科学》,李柱流译,中国社会科学出版社1982年版,第7页。
④ [美]赫伯特·A. 西蒙:《管理决策新科学》,李柱流译,中国社会科学出版社1982年版,第7页。

了他们与组织的疏远。这就是人际关系管理学派支持者们所说的戏剧性场面。第二个更为华丽戏剧性的场面是托夫勒著的《未来的冲击》①。照托夫勒的看法，计算机和自动化，以及技术上的其它发明和革新，在人类社会引起的变化是如此之迅速，以致人们在心理上不能抗拒来自新信息的轰击和不能抗衡在他们生活中产生的反复的变化和破坏。这种场面被作者勾画得如此淋漓尽致，不仅此书登上了最畅销书的宝座，还引起了一位美国总统的如此深切的关注，致使这位总统在1971年要求他的科学顾问委员会对该书进行评价。第三个戏剧性的场面也许是最为人们所广泛接受的，就是计算机和自动化，通过作业常规化，使工作场所变得极为单调，从而使其非人道化，终而导致雇员对工作的疏远。"②

西蒙所指的"美国总统"，可对号入座，美国总统就是理查德·尼克松（执政时间为1969—1974）。西蒙没有明说"国外荒唐的说法"指的是哪一流派，故无从考证。但从西蒙概括"国外荒唐说法"的"大致轮廓"来看，这一"说法"与法兰克福学派③马尔库塞④等人对技术的批判性分析具有一致性。无论是否对应，因涉及对技术的哲学分析，有必要把马尔库塞关于技术对人影响的分析纳入了解西蒙思想的前提。

马尔库塞认为，在发达工业社会（信息社会），各种批判性的想变革社会的理论都被技术的进步所消融，信息社会有能力遏制一切试图对抗的因素，任何想促使社会质变的理论都会被遏制。这就是发达工业社会的成就，使多元主义衰落，使劳资对立消解而成为一体化。

"在这里，发达工业社会却使批判面临一种被剥夺基础的状况。技术的进步扩展到整个统治和协调制度，创造出种种生活（和权力）形式，这些生活形式似乎调着反对这一制度的各种势力，并击败和拒斥以摆脱劳役和统治，获得自由的历史前景的名义而提出的所有抗议。当代社会似乎有能力遏制社会变

---

① 即《第三次浪潮》。
② ［美］赫伯特·A. 西蒙：《管理决策新科学》，李柱流译，中国社会科学出版社1982年版，第72—73页。
③ 法兰克福学派是由德国的法兰克福大学社会研究所构成的学术团体，以对现代社会，特别是对当代资本主义社会进行多学科综合性研究与批判为主要任务的哲学—社会学学派。
④ 马尔库塞（Herbert Marcuse，1898—1979），美籍德裔哲学家，法兰克福学派主要代表人物之一。1922年获哲学博士学位，1933年进入法兰克福社会研究所，1940年加入美国籍，其主要著作有《理性和革命》（1949）、《单向度的人》（1964）。1979年应马克斯－普朗克研究所之邀赴西德讲学。

化——将确立根本不同的制度、确立生产发展的新方向和人类生存的新方式的质变。这种遏止社会变化的能力或许是发达工业社会最为突出的成就；在强大的国家范围内，大多数人对民族目标和由两党支持的政策的接受，多元主义的衰落，企业和劳工组织的沟通，都证明了对立面的一体化，这种一体化既是发达工业社会取得成就的结果，又是其取得成就的前提。"①

马尔库塞进一步认为，人的个性在机械化的劳动作业下必须"受到压抑"，这也许是人类文明的"最大成就"，对个性的压抑换来了社会化生产的一致性，人们按照程序进行作业和生活，并导致对社会生活的程序性控制，结果人是单向度的人。"个性在社会必须的但却令人厌烦的机械化劳动过程中受到压抑；个体企业集中为更有效、生产效率更高的大公司；对设备不平衡的经济单位间的自由竞争加以调节；削减对组织国际资源起阻碍作用的各种特权和国家主权。这种技术秩序还包含着政治上和知识上的协调，这是一种可悲又有前途的发展。"②

这种技术控制甚至消除了传统意义上的经济自由、政治自由和思想自由。"当代的工业文明已经达到了这样一个阶段：'自由社会'已经不再能用经济自由、政治自由和思想自由这样一些传统概念来说明。"③

技术愈是进步，工人的个性愈是受到抑制，反抗、变革的意识也被抑制在员工可容许的范围内。对社会的管理变成了"抑制性的社会管理"，"抑制性的社会管理愈是合理、愈是有效、愈是技术性强、愈是全面，受管理的个人用以打破奴隶状态并获得自由的手段与方法愈是不可想象"。④ 只要管理得当，工人想反叛简直是不可想象。社会已经进化了一系列政治、经济、军事体制来完善对抑制性需要人群的管理，这种管理愈来愈向技术性和统计性方面发展，运用了现代科技的手段，使这个人群的满意度、自由度、创新度控制在一个可忍耐的范围，其任何革新反叛的斗志都被消融。

西蒙对技术帮助机械化、程序化，对信息技术帮助决策本很乐观，对社会思潮中对技术负面作用的诉苦和悲观性的满意甚为不满，以"荒唐性的说法"

---

① ［美］赫伯特·马尔库塞：《单向度的人》，刘继译，上海译文出版社 1989 年版，导言第 3—4 页。
② ［美］赫伯特·马尔库塞：《单向度的人》，刘继译，上海译文出版社 1989 年版，第 3 页。
③ ［美］赫伯特·马尔库塞：《单向度的人》，刘继译，上海译文出版社 1989 年版，第 5 页。
④ ［美］赫伯特·马尔库塞：《单向度的人》，刘继译，上海译文出版社 1989 年版，第 8 页。

来称呼之。

马尔库塞通过对技术异化的分析间接指出了权威决策的负面影响，德国的哈贝马斯①和美国的托夫勒还有直接批驳的思想。哈贝马斯认为，科学化的技术统治模式（权威决策），在民主的过程中，强化了专家和政治掌权者的作用。专家依靠自动化的工具给政治领袖提出了合乎规律性的建议，这一过程应当承认。但是，技术统治模式的缺陷是明显的。它以科技代替了一切，它不可能反映现实的复杂联系性。哈贝马斯以下两段话反映了这一思想。

"今天的问题是，这种决定论的模式在统治合理化的第二阶段上是否仍然是令人信服和有效的。系统研究（尤其是决断论）不仅为政治实践提供新的技术和对传统工具的改进，而且通过它们所制定的周密的战略和自动的决断装置使选举本身实现了合理化；随着这种情况的出现，专家们针对领袖人物的决断提出的事物发展的必然规律性，看来得到承认。"②

"但是，这种技术统治论的模式的缺陷是明显的。一方面，它假想了技术进步的内在强制，而技术进步把这种虚假的独立性仅仅归功于在技术进步中起作用的社会利益的自发性；另一方面，这种模式以解决技术问题和实践问题中的根本不可能存在的合理性的连续性为前提。也就是说，描述统治的合理化在其第二阶段上的特征的新方法，并不能全部解决与实践问题的决断联系在一起的问题。"③

通过民主以法定的形式把权力转给了少数制定者和执行者，如果说这是科学的，也是以牺牲全民理性为代价的。只要当政治家和科学家严格地服从于事物的发展规律时，才能是符合科学的。否则，科学家和政治家从事的劳动，代替了人民的政治意志，变成了不科学。科学家受自我理性的制约，制定决策的标准不可能与大众的标准是一样的，因而依靠科学家制定决策是不科学的。为什么大众标准是科学的？因为科学性与决策之间的转化过程，最终关系到整个组织个体的利益。科学性的目的是从现有的各种关系中抽象出普遍的原则，以应付发展的实践。"专家不能代替那些由于自身的生活经历为重新解释社会需求

---

① 尤尔根·哈贝马斯（Jürgen Habermas，1929—），德国哲学家、社会学家，法兰克福学派第二代重要人物之一，曾任法兰克福大学社会所所长，其主要代表作有《公共领域的结构变化》《交往行为理论》《作为"意识形态"的技术与科学》《现代性的哲学话语》等。
② ［德］哈贝马斯：《作为"意识形态"的技术与科学》，李黎、郭官义译，上海：学林出版社 2002 年版，第 98—99 页。
③ ［德］哈贝马斯：《作为"意识形态"的技术与科学》，李黎、郭官义译，上海：学林出版社 2002 年版，第 99—100 页。

和为克服有问题的社会状况而采用的手段承担责任的人来认可这种活动。"①

托夫勒则认为,自然界是复杂的,其本身没有必然的决定结构。"在任何一个复杂的系统中,从液体分子到脑神经原,到城市交通,其中有一部分始终在进行小规模的变化;他们持续不断地流动。任何系统的内部始终因这种流动而振动着。"② 有时候,偶然性成了事物发展的决定因素,使整个系统发生彻底的改变。"有时,当消极反馈起作用时,这些波动被消除或被压制了,系统又保持在平衡状态中。但是,当积极反馈起作用时,某些波动可能惊人地增大,直到威胁整个系统的平衡。这时,外部环境波动可能升高并击中系统,使正在激增的振动进一步扩大,直到全部的均势被破坏,现存的结构被粉碎。"③ 系统没有稳定的结构,去模仿其结构来用于人类决策,是不科学的。

西蒙对反对权威决策的思潮作了观点上的回应,他认为马克思关于资本主义制度下机器生产对工人的负面影响在依靠技术权威进行决策的信息时代并未加深。"马克思在《共产党宣言》(1848)中曾说过,'由于机器的推广和分工的发展,无产者的劳动已经失去了任何独立的性质,因而也就失去了对工人的任何吸引力。工人变成了机器的单纯附属品,要求他做的只是极其简单,极其单调和极容易学会的操作。'④ 但是,1963—1973 年在美国劳工部授意下的八次"盖洛普"民意调查都说明"在过去十年中工作满意度的总体水平没有出现任何意义的下降趋势"。这一说法是保守的,"应该不存在丝毫的下降"。"百分之八十到九十的工人投票表明,他们对他们的工作至少是'中等程度满意'的。"⑤ 西蒙是想说明计算机参与决策并不像人们想象的那样糟,计算机并没有使人们"疏远"工作,计算机决策有其进步意义,权威决策具有合理性。

在信息社会,对于计算机决策"哲学方面"存在着"激进的看法和保守的看法"。⑥ 激进派认为,计算机达到和超越了人的能力,使决策理性化;保守派

---

① [德] 哈贝马斯:《作为"意识形态"的技术与科学》,李黎、郭官义译,上海:学林出版社 2002 年版,第 110 页。
② [美] 阿尔温·托夫勒:《第三次浪潮》,朱志焱、潘琪、张炎译,生活·读书·新知三联书店 1983 年版,第 379 页。
③ [美] 阿尔温·托夫勒:《第三次浪潮》,朱志焱、潘琪、张炎译,生活·读书·新知三联书店 1983 年版,第 379 页。
④ [美] 赫伯特·A. 西蒙:《管理决策新科学》,李柱流译,中国社会科学出版社 1982 年版,第 74 页。
⑤ [美] 赫伯特·A. 西蒙:《管理决策新科学》,李柱流译,中国社会科学出版社 1982 年版,第 74—75 页。
⑥ [美] 赫伯特·A. 西蒙:《管理决策新科学》,李柱流译,中国社会科学出版社 1982 年版,第 5 页。

认为，人与机器存在一道明确的界限，哥德尔现代逻辑定理也证明了有些实际问题是不能用机器来解决和证明的。①

西蒙声明自己是哲学观点上的调和者，是实用主义者。② 他对计算机决策做了"实用主义"的解释：计算机能执行人所能执行的任务，能够学习和创造。利用计算机决策是形成决策的程序化，即依赖科学技术提供一套决策的理性化路径。如果没有科学技术，管理者往往依靠简单的心理思维趋势来进行决策。这些趋势包括：习惯、记忆、成功的经验。这些主管因素导致对同一问题的多样性决策。随着现代技术的渗入，尤其是计算机科学的渗入，决策逐步进入程序化，相同的资料输入，得出的决策结论往往一致，排斥了主观随意性。程序化决策的新技术包括：运筹学、数学工具、计算机系统。③

西蒙认为，有许多人都了解计算机，懂得设计和运用，但是不一定懂得计算机应用的意义。回顾一下飞机、汽车、无线电的历史才能看出，懂得一门新技术跟分析这一技术的社会价值存在多么大的差异。即使重视技术的应用，但对技术价值的评价差异却千差万别。这不足为怪，对于计算机自动化这个领域，专家之间的差别很大。④ 有的学者总是带有情感去评论计算机，例如，哲学家赫伯特·德赖弗斯，他花了很长时间研究计算机不能做的事是什么，有些评论充满了指控、控告，有时是相互控告。精神病理学家对技术控告的墨迹是"令人生畏的"，"因此，我极力反对这种倾向"。⑤ 在哲学方面，西蒙并不相信计算机不适用于人类这一说法。⑥

虽然西蒙肯定权威决策的作用，但他仍然做了"调和"，这正是体现其有限理性的地方。西蒙对权威的作用的肯定是有限度的，他既不否定权威的作用，又不赞同权威作用的加强。计算机进入决策系统，既可理解权威的加强，因权威用程序化来证明其科学性；又可理解权威的削弱，因为排除了专家的主观任

---

① ［美］赫伯特·A. 西蒙：《管理决策新科学》，李柱流译，中国社会科学出版社1982年版，第6页。
② ［美］赫伯特·A. 西蒙：《管理决策新科学》，李柱流译，中国社会科学出版社1982年版，第6页。
③ ［美］赫伯特·A. 西蒙：《管理决策新科学》，李柱流译，中国社会科学出版社1982年版，第42—47页。
④ ［美］赫伯特·A. 西蒙：《管理决策新科学》，李柱流译，中国社会科学出版社1982年版，第2页。
⑤ ［美］赫伯特·A. 西蒙：《管理决策新科学》，李柱流译，中国社会科学出版社1982年版，第3页。
⑥ ［美］赫伯特·A. 西蒙：《管理决策新科学》，李柱流译，中国社会科学出版社1982年版，第6页。

意性。理想的状况是"组织在自由和限制之间取得平衡,它们就将是最有人情味、最有人道的,而且也将是最有利于自我实现的"①。西蒙把理想的决策称之为"人—机决策系统",这就是他要倡导的"管理决策新科学"。其"三层蛋糕"理论和"有限理性"思想体现了这一调和。既肯定计算机在决策中的意义,又认可高层在决策中的选择作用。

6.1.2 引入"人—机"决策系统

西蒙在《管理决策新科学》中对为什么要引入"信息技术"做了哲学上的分析。他认为,过去对新技术应用的主要顾虑是其可能导致广泛的失业,今天关注的是新技术可能导致资源的枯竭和大地因污染丧失再生产的能力。② 新技术导致失业的观点"根本没有将各种不同的技术区分开来",而且事实上,"在欧洲、美国和日本,一个多世纪以来,每个工人所提供的产品和对每个工人所投入的资本量都在稳步增长。这个时期的大部分时期里,通常的情况是95%的劳动力得以就业,大规模的失业时期则是例外"③。

至于对资源将被耗尽和污染的"这些忧虑需要引起认真的注意",但社会本身会进化一些措施来对付这些问题:"(1)很可能在不久的将来,资源的限度将迫使世界人口保持稳定——或是通过计划,或是通过自然灾害;(2)即使稳定了人口,资源的限制,看来也可能对用到产品中,或者排泄到环境中的物质材料数量规定一个最高限额(上限);(3)乱猜一下,那种上限可能是不许物质生产超过目前世界生产率的十倍,或按人口计算,大致要少于美国目前平均生产率。"④

西蒙关于计划生育的预测在我国已经实现了;关于控制产品污染的预测也部分地实现了,先进国家的环保法已经规定了排污的上限;关于限制产量的上限几乎没法实现,大概是人类的竞争和欲望所致。美国也不会规定生产率的最高限额,发展中国家和第三世界国家更没有理由这样做。西蒙认为,计算机系统下的决策导致人类整个生态系统都发生了改变。以后计算机将把环境问题纳

---

① [美]赫伯特·A. 西蒙:《管理决策新科学》,李柱流译,中国社会科学出版社1982年版,第86页。
② [美]赫伯特·A. 西蒙:《管理决策新科学》,李柱流译,中国社会科学出版社1982年版,第119页。
③ [美]赫伯特·A. 西蒙:《管理决策新科学》,李柱流译,中国社会科学出版社1982年版,第120页。
④ [美]赫伯特·A. 西蒙:《管理决策新科学》,李柱流译,中国社会科学出版社1982年版,第125页。

入组织系统考虑的范围，资源和环境问题将被列入决策的重要因素。

西蒙以乐观的态度看待了信息科学的应用，认为"资源和环境限制不会阻碍我们为信息工作引进改进了的技术"，"所以，我们今天存在的关于可得资源和环境能力的限度的担心一般不适用于信息技术。相反，信息处理技术的不断发展将会提出一些使可得能源和材料做到物尽其用的新的重要方法"。①

用计算机决策考虑环境问题，体现了一种合作思维，及决策平衡的道路。考虑到组织发展的逻辑点是持久的发展，平衡要考虑的问题是组织与环境的平衡以及各层之间的平衡。每个人都可以把决策的依据和数据输入计算机，让机器寻找到最佳方案。

西蒙并没有因计算机决策而排除人的决策，他的贡献在于结合。西蒙"人—机决策系统"把组织看成了"三层蛋糕"："最下层，是基本工作过程——在生产型组织里面，是指取得原材料，生产物质产品，储存和运输的过程；中间一层，是程序化决策制定过程——指控制日常生产操作和分配的系统；最上一层是非程序化决策制定过程——这一过程要对整个系统进行设计和再设计，为系统提供基本目标和目的，并对其活动加以监控。"②

显然，西蒙的三层蛋糕理论给上层（经理阶层）的空间最大，可以跳跃程序进入非程序，把底层（员工）的空间限制在程序的范围内。上层和中层的权利关系涉及集权和分权问题。分权是管理活动的一个新的趋势。一般说来，分权被认为是好事，集权被认为是坏事；分权与自治、创新、自我实现联系起来，集权与官僚主义联系起来。因为计算机系统的介入，西蒙反对分权的极度细化。他把现实中有的企业从分权又走向集权的趋势的原因归结为"计算机和自动化的引进"。管理者把各种问题和个体的意见输入数据库，运用现代数学工具和运筹学等就可以作出预测，然后权力集中在决策者手里。在分权的基础上的集权反而加强了。西蒙曾预测"中层管理的未来"，认为"当计算机首次用于中层管理决策时，出现某种中层管理'衰亡'的征兆"③。事实上中层管理衰亡并未出现，相反出现了中层管理扩大的趋势。

德鲁克对电子计算机参与决策是另一番解释。他认为，现在的企业与过去

---

① [美]赫伯特·A. 西蒙：《管理决策新科学》，李柱流译，中国社会科学出版社1982年版，第145页。
② [美]赫伯特·A. 西蒙：《管理决策新科学》，李柱流译，中国社会科学出版社1982年版，第96页。
③ [美]赫伯特·A. 西蒙：《管理决策新科学》，李柱流译，中国社会科学出版社1982年版，第108页。

的组织截然不同，组织的每一层都聚集着具有决策能力的人。无论组织采取什么样的形式，这些人都会对决策产生影响。电子计算机用于决策，也不能改变中下层的决策参与。因为，"电子计算机使得高层管理的决策更加依赖下层的决策输入——下层的决策输入成了电子计算机的数据"①。

德鲁克曾有针对性地提到了"决策新工具"②。"决策新工具有个令人困惑的名称——运筹学，它既非作业也非研究，而是系统化的数学分析工具。事实上，我们甚至不应该说这是新工具，因为作业研究和中世纪高等数学家所用的工具没有太大差别，只是采用新的数学和逻辑技巧罢了。因此，仅仅训练员工懂得运用新工具来作管理决策还不够，管理决策终究要由管理者来制订，而且要以判断力为决策的基础。"③

因此，实践中以"新工具"为资本更为有害。"最可悲的事莫过于年轻人在商学院中学了人力资源管理课程以后，就自认为具备了管理别人的资格，最有百害而无一利的事莫此为甚。"④

再回到人机决策系统中"最高层蛋糕"问题。为什么要有最高层"蛋糕"？西蒙"理性的限制"对此做了解释（随后介绍），"理性限制"把技术决策看作是不完备的，需要人的主观参与。西蒙的这一观点体现了他对技术决策与人决策之间的"调和"，体现了对程序化决策和非程序化决策的调和，也体现了对技术决定论于非决定论之间的"调和"。

关于程序化决策和非程序化决策的调和。西蒙说："我从计算机行业借来程序（program）一词，并按其原意给以使用。程序即一种战略，或是一种详尽的战略指示；它控制该系统对某复杂工作环境作出的一系列反应。而多数控制组织的反应程序都不如计算机程序那么详尽和精确。但其目的相同，即允许该系统对环境给出适应性反应。"⑤

"决策可以程序化到呈现重复和例行状态，可以程序化到制定一套处理这些决策的固定程序，以致每当它出现时，不需要再重复处理它们。而为什么程序化决策趋向重复性和反复性？其道理很明显：假如某特定问题反复出现多次，

---

① Peter Drucker. *Management*：*Tasks*，*Responsiblities*，*Practices*. New York：Harper & Row，1974. p. 76.
② 主要针对西蒙《管理决策新科学》中所谈及的决策新工具。
③ ［美］德鲁克：《管理的实践》，齐诺兰译，机械工业出版社 2006 年版，第 305 页。
④ ［美］德鲁克：《管理的实践》，齐诺兰译，机械工业出版社 2006 年版，第 312 页。
⑤ ［美］赫伯特·A. 西蒙：《管理决策新科学》，李柱流译，中国社会科学出版社 1982 年版，第 39—40 页。

那么人们就会制定出一套例行程序来解决它。"①

"决策可非程序化到使它们表现为新颖、无结构,据有不寻常影响的程度。处理这类问题没有灵丹妙药,因为这类问题在过去尚未发生过;或因为其确切的性质和结构尚捉摸不定或很为复杂;或因为其十分重要而需要用现裁现做的方式加以处理。"②

"那么在何种意义上,我们可以说某系统对环境之反应是非程序化的呢","所谓非程序化,是指一种反应,即某系统处理目前环境时,不具备特定的过程;而该系统必须求助于它所具有的一般的理解、适应、面对问题的行动。除了特殊技术和知识之外,人还有某种一般解决问题的能力。在任何特定的情况下,无论如何新奇和复杂,人们都能开始对目的与手段进行推理研究"。③

把以上思想概括一下就是:程序是组织对情况的反映过程;程序化是固定的程序;非程序化是灵活的应急反应;非程序化依靠人的"目的—手段"的推理。非程序化是最高层"蛋糕"的理论根据,需要它意味着决策的调和。

关于技术决定论与非决定论之间的调和。在技术决定论看来,包括管理科学在内的社会科学的缺点是"不能摆脱人类现象的表面复杂性以便上升到自然科学的高度;自然科学能够提出简单的规律、简单的原理并让决定性的秩序在其理论中占据统治地位"④。

在非技术决定论看来,这些指责是没有根据的,即使在自然科学领域依靠决定性来探索未知现象被证明是失败的比比皆是。在物理学领域中,经典力学曾提炼出简单必然的原则,但用这些原理却无法解释光量子。19世纪,由于冶金以及照明设备制造等的需要,人们急需找到黑体辐射强度和辐射频率的关系。英国人瑞利根据经典力学的原理给出了一个公式,在经典力学理论背景下的这个公式只适合于长波,"它在长波部分渐进于实验曲线,但在短波部分却相差甚远,即理论数值趋于无穷大,实验数值却趋于零"⑤。实验的结果和古典物理学理论发生了矛盾。1911年出生的有犹太血统的荷兰物理学家埃伦菲特斯

---

① [美]赫伯特·A.西蒙:《管理决策新科学》,李柱流译,中国社会科学出版社1982年版,第39页。
② [美]赫伯特·A.西蒙:《管理决策新科学》,李柱流译,中国社会科学出版社1982年版,第39页。
③ [美]赫伯特·A.西蒙:《管理决策新科学》,李柱流译,中国社会科学出版社1982年版,第40页。
④ [法]埃德加·莫兰:《复杂思想:自觉的科学》,陈一壮译,北京大学出版社2001年版,第138页。
⑤ 王士舫,董自励:《科学技术发展间史》,北京大学出版社1997年版,第156页。

(P. Ehrenfest)把这个矛盾称为"紫外灾难"。"紫外灾难"导致了物理学的一场革命,"打破了经典物理学中关于能量连续的概念"①,导致了光量子理论的诞生。在生物学领域一样也遇到简单必然性解释不了生物进化的危机。在达尔文进化论以前,占统治地位的是神学生物观,所有的生物是上帝创造的,而且也没有什么进化。这种简单必然的决定论随后被进化论所取代,进化论又作为新的决定论被人们所接受,但这个理论同样又遇到了危机。无数次的实验观察表明:后天获得的进化,怎么也不会遗传给下一代;既然不能把后天获得的进化遗传给下一代,生物怎么能进化呢?后来生物学研究中出现的基因突变理论在达尔文进化论的基础上找到了解释这一现象的突破口。后天获得性的进化虽然不能遗传给下一代,却能在基因突变中起催化作用。

西蒙在《管理决策新科学》对"技术方面的激进看法"和"技术方面的保守看法"立足于计算机技术进行了分类和比较,② 对哲学方面的激进和保守看法也进行了比较。③ 他都不反对两者的观点,主动做个"调和者"④。他的理由在于"有限理性",从有限理性的要素和原因中可见其端倪。

6.2　有限理性的要素

西蒙的有限理性主要指的是决策方法,每一项决策都包含"事实要素"和"价值要素"。⑤ 有限理性提倡技术理性,因为其科学性和普适性,它源自"事实要素",哲学根据是"逻辑实证主义"⑥;有限理性也提倡人文理性,它源自"价值要素",涉及复杂性思维。

---

① 王鸿生:《世界科学技术史》,中国人民大学出版社 2001 年版,第 225 页。
② [美] 赫伯特·A. 西蒙:《管理决策新科学》,李柱流译,中国社会科学出版社 1982 年版,第 4 页。
③ [美] 赫伯特·A. 西蒙:《管理决策新科学》,李柱流译,中国社会科学出版社 1982 年版,第 5—6 页。
④ [美] 赫伯特·A. 西蒙:《管理决策新科学》,李柱流译,中国社会科学出版社 1982 年版,第 6 页。
⑤ [美] 赫伯特·A. 西蒙:《管理行为——管理组织决策过程的研究》,杨砾等译,北京经济学院出版社 1988 年版,第 44 页。
⑥ [美] 赫伯特·A. 西蒙:《管理行为——管理组织决策过程的研究》,杨砾等译,北京经济学院出版社 1988 年版,第 44 页。

6.2.1 "事实要素"

人们对管理有一些公认原则：将集体业务工作专业化，会使管理效率得到提高；将集体人员纳入一个明确的职权等级当中，能使管理效率得到提高；限制管理层级的管理幅度，管理效率就会提高。按照目标、过程、用户、地点来组织工作者，能提高管理效率。① 这些公认的原则是决策输入数据的根据，而且效率原则是计算机选择目标的最高原则。

西蒙认为，计算机决策程序以"事实要素"为根据，选择的是最佳方案，即效率至上的方案。但是，这个方案在现实过程之中不一定行得通，因为人类斟酌是不是应该把效率作为第一。"实际上，效率原则不应视为一种原则，而应看作定义，它是好的和正确的管理定义。它并没有定义为要我们获得最大的成就，只是说获得最大的成就是管理的目标。"②

这似乎是矛盾的，计算机之所以科学是因为它能根据数据选择效率最优的方案，可是人却认为不应该追求效率最优。西蒙辩证地解释了这一矛盾。"决策不仅包括事实命题，也包括说明未来状态的描述性命题。这种描述不像具有严格经验意义上的可以辨别真伪的判断。但是，描述还是具有某种规范性。事实性命题也好描述性命题也好，它们都选定未来的某种状态作为最佳者，并让行为直接指向最佳。简而言之，决策既有事实判断也有价值判断。"③ 也就是说，"事实要素"和"价值要素"之间的关系导致了决策在理论上追求最佳，在现实上追求满意。

"事实要素"从两个方面来理解，一方面是指决策符合科学程序；另一方面决策是为了实现目标，决策是事实过程。④ 尽管在最终选择上存在事实要素与价值要素之间的矛盾，但从"事实"要素出发这一原则是要坚持的。"事实要素"在决策中被翻译成"描述性命题"，尽管没有像自然科学那样具有严格的真伪判断，但它使决策具有规范性。"事实要素"是西蒙提倡引入计算机进行决策

---

① Herbert A. Simon. *Administrative Behavior: A Study of Decision-making Processes in Administrative Organization*, Free Press, 1976. p：20—21.

② Herbert A Simon. *Administrative Behavior: A Study of Decision-making Processes in Administrative Organization*. Free Press，1976. p. 39. （参阅杨砾等译，北京经济学院出版社 1988 年版，第 39 页。）

③ Herbert A Simon. *Administrative Behavior: A Study of Decision-making Processes in Administrative Organization*. Free Press，1976. p. 46.

④ ［美］赫伯特·A. 西蒙，《管理行为——管理组织决策过程的研究》，詹正茂译，机械工业出版社 2008 年版，第 4 页。

的科学根据。选择方案完全可以翻译为"描述性命题","描述性命题原则上可以通过检验来确定其真伪"。

如同坚持计算机决策的原则性一样,给予专家的必要的权威也是一条原则。为了发挥专业技能的优势,必须将组织中的业务细分,由特定的技术专家来制定决策程序。技术专家如同政治事务和法律事务的人员,必须具有权威,能够强制组织成员共同遵守组织的规章制度。下级人员的权力,受到高层管理人士制定政策的限制。同理,对于决策技术人员,应该让他们有行政的自由裁量权,处理那些像立法机关的外行人士无法胜任的技术问题。①

6.2.2 "价值要素"

西蒙认为,决策不仅仅是事实命题,决策命题还是一个描述性的命题。描述者不同,决策的价值就不同;角度不同,结果也不同。因此,决策的评价便转为对决策是"只能如此""最佳""好"之类的判断了。② 不过对"好"的理解存在哲学的分歧,边心(Bentham)把"好"定义为"有助于幸福",是从心理学的角度来定义的。从心理学角度定义"好"不能起到伦理学角度的效果,因为不能表达一个方案优于另一个方案的意思。边心的"好"只能说明一种情况比另一种情况更觉幸福,而不能证明应当更幸福。亚里士多德把"好"定义为使人接近他作为理性动物的本质的事,这也没有突破心理学的局限。③ 西蒙把"好"的定义定格在伦理关系上。"好"只保留伦理学的意义,不用考虑事实命题的根据,不用考虑真理性的程度。④ 西蒙在这里强调的是"价值要素"的单独影响。

在决策中,由于伦理关系是不能完全转化为事实关系,以逻辑实证的方式来求得最佳,其往往被伦理关系修正为不行或者折中。影响价值要素有"决策评价""道德陈述的混合特征"。⑤

---

① [美] 赫伯特·A. 西蒙:《管理行为——管理组织决策过程的研究》,詹正茂译,机械工业出版社 2008 年版,第 8 页。
② [美] 赫伯特·A. 西蒙:《管理行为——管理组织决策过程的研究》,詹正茂译,机械工业出版社 2008 年版,第 49 页。
③ [美] 赫伯特·A. 西蒙:《管理行为——管理组织决策过程的研究》,杨砾等译,北京经济学院出版社 1988 年版,第 46 页。
④ [美] 赫伯特·A. 西蒙:《管理行为——管理组织决策过程的研究》,杨砾等译,北京经济学院出版社 1988 年版,第 46 页。
⑤ [美] 赫伯特·A. 西蒙:《管理行为——管理组织决策过程的研究》,詹正茂译,机械工业出版社 2008 年版,第 51 页。

正因为价值要素对事实要素的修正，因此管理决策的原则性是由"事实要素"决策的，灵活性是由"价值要素"决定的。在同一过程中是不可分离的整体。"道德命题要对理性决策行为起到作用：（1）设定为组织目标的价值必须清楚明确，这样才能对目标在任何情况下的实现程度进行评价；（2）必须能判断特定行为方案实现目标的概率。"①

所以从严格的意义上说，管理的价值不能用科学的办法来评价的。②"那么管理可以不用科学的方法了吗？回答恰恰是否定的。"断言任何决策包含伦理因素并不是断言它仅含有伦理因素，科学方法是决策必备的工具。③ 西蒙在坚持认为决策方法是"事实要素"和"价值要素"的统一，是程序化和非程序化的统一。

6.2.3 融合与区分

在实践中，伦理要素和事实要素不可能被分离得很清楚，因为管理决策中的价值很少是心理学或者哲学上的最终价值，由于"目的—手段"的关系，价值的过程要经历中间阶段，而中间阶段的价值既有伦理成分又有事实成分。④对于决策是否正确，事实要素和伦理要素的角度是不同的。伦理要素的正确度只有在人类主观价值中才有意义，而事实要素角度的准确性意味着客观真理。如果两个人对同一事实给出了不同答案，从事实要素的角度来看至少一个是错误的，但从价值要素的角度却不是如此。⑤

如果能够理解决策"正确"一词有价值要素和事实要素的区分，那么就能理解"政策问题"和"管理问题"的区分，政治学家如古德诺和查尔斯·梅里亚姆都没有划清两者之间的界限。⑥ 西蒙的理解是：价值要素更多涉及到政策问题，而事实要素更多涉及到管理问题。

---

① ［美］赫伯特·A. 西蒙：《管理行为——管理组织决策过程的研究》，詹正茂译，机械工业出版社2008年版，第52页。
② ［美］赫伯特·A. 西蒙：《管理行为——管理组织决策过程的研究》，杨砾等译，北京经济学院出版社1988年版，第46页。
③ ［美］赫伯特·A. 西蒙：《管理行为——管理组织决策过程的研究》，杨砾等译，北京经济学院出版社1988年版，第46页。
④ ［美］赫伯特·A. 西蒙：《管理行为——管理组织决策过程的研究》，杨砾等译，北京经济学院出版社1988年版，第51—52页。
⑤ ［美］赫伯特·A. 西蒙：《管理行为——管理组织决策过程的研究》，杨砾等译，北京经济学院出版社1988年版，第52页。
⑥ ［美］赫伯特·A. 西蒙：《管理行为——管理组织决策过程的研究》，杨砾等译，北京经济学院出版社1988年版，第51—52页。

如果事实要素和价值要素能够分开，许多组织或其代理人的职能便更具体，如立法机构的代理人的作用就会变得非常简单和明晰，但这个假设是不成立的。第一，大多数价值判断是依照中间价值作出的，而中间价值却包含事实要素。第二，如果把事实决策委托给代理人（专家）去办，那就必须有可靠的法律手段来保证专家们信守民主形式产生的价值判断。①

在此，西蒙似乎陷入了矛盾，一方面他认为区分价值要素和事实要素是区分职能的根据，另一方面又认为现实中的严格划分"太幼稚了"。如何处理这一矛盾的呢？他从立法机构和管理机构的关系谈起。使价值判断形成程序是立法机构存在的理由，但是价值判断的科学方法和技巧却不存在，导致程序低效。现实中已经存在针对程序低效的批评，但不能因此认为这些程序根本无用。立法机关设立了对社会各机构管理者进行审查的程序，尽管不能一一审查，管理者潜在的"受审预期"对管理者产生强烈的控制作用。② 试图对现有程序进行改进，建立一个满意的最终程序，这也是不可能的，但从改进的角度，应考虑事实要素和价值要素的区分，这种区分的好处可以有以下四个方面的结论：

（1）立法机构的价值判断的职责，可以通过发明一定的程序机制而得到加强。这种程序机制能更有效地把决策中的事实要素和伦理要素分离出来。

（2）把一个问题交给立法机构还是管理机构取决于事实要素和伦理要素的相对重要性。

（3）由于立法机关也必须作出许多必要的事实判断，所以它必须获得信息和建议，包括行动方案和被选方案的建议。

（4）由于管理机构也必须要作出许多价值判断，所以它必须对超出法律规定范围的社会价值负责。管理机构把权力委托给管理者，但必须保证管理者在出现意见分歧情况下完全负责。③

如果要保留"政策"和"管理"的叫法，有必要从决策的"价值"与"事实"角度来理解，虽然不能完全对应，但"政策"与"管理"的区别依赖于"价值"与"事实"的区分。要是建议公共机构严格地划分为立法机构和管理机构未免太不现实了。在实际过程中，立法机构可能出于政治原因常常避免制

---

① ［美］赫伯特·A. 西蒙：《管理行为——管理组织决策过程的研究》，杨砾等译，北京经济学院出版社1988年版，第56页。
② ［美］赫伯特·A. 西蒙：《管理行为——管理组织决策过程的研究》，杨砾等译，北京经济学院出版社1988年版，第56页。
③ ［美］赫伯特·A. 西蒙：《管理行为——管理组织决策过程的研究》，杨砾等译，北京经济学院出版社1988年版，第57页。

定具体的政策而把这些工作推给管理机构去做；管理者也受个人价值观的影响，希望管理组织按照他的意图行事，还可能故意破坏立法机关的决定。①

怎样协调区分的好处与现实阻碍之间的关系呢？这样说可能比较公正：要履行现代政府的民主职责，就要大致划出立法机关和管理机构之间的分界线。这就是西蒙对"政策"与"管理"的"模糊区别"法。②

西蒙认为价值要素和事实要素是政策问题和管理问题划界的根据，他这样区分的最终落脚点在于前面所论述的权威决策，把价值方面的事情交给立法机构，由这些机构来处理社会的伦理关系，把具体的管理交给技术权威和计算机权威，由他们来完成事实命题，并通过立法机构和管理机构的制约来执行新时代的决策。

6.3 有限理性的原因

决策的正确性只有相对的意义：一项决策正确，指的是它选择了达到目的的"适当手段"。③ 为了说明决策是选择适当手段而不是最佳手段，有必要探寻有限理性的原因。追求最佳策略，那是理性主义的追求，充满着功利主义的理念，心理学和社会学的发展已经给它致命的批驳。④ 理性因素是逻辑实证主义的命脉，没有它决策将失去方向。西蒙认为，合理的决策是有限理性，基于理性因素和非理性因素的双重制约。

6.3.1 理性因素

西蒙认为决策理性是管理行为的主要方面，决策理性是指决策符合规律、程序、标准的行为。因为符合了事物、组织发展的规律，决策的行为才算为理性的行为。对人而言，理性有价值的内涵。"粗略地讲，理性就是评价行为后果

---

① ［美］赫伯特·A. 西蒙：《管理行为——管理组织决策过程的研究》，杨砾等译，北京经济学院出版社1988年版，第58页。
② ［美］赫伯特·A. 西蒙：《管理行为——管理组织决策过程的研究》，杨砾等译，北京经济学院出版社1988年版，第58页。
③ ［美］赫伯特·A. 西蒙：《管理行为——管理组织决策过程的研究》，杨砾等译，北京经济学院出版社1988年版，第60页。
④ ［美］赫伯特·A. 西蒙：《管理行为——管理组织决策过程的研究》，杨砾等译，北京经济学院出版社1988年版，第60页。

的价值体系，选择令人满意的备选方案。"① 但这并不意味着人的行为就是遵循这样的过程，有时还有不自觉的过程。即使理性显示的是无与伦比的方案，但许多步骤受潜意识支配而背离了理性。西蒙认为，对于理性的判断标准很难说清楚，因为受个体的经验影响。

不如对理性加上限定词，可以这样来区分：一项决策如果能在指定的情况下价值最大，就叫客观理性；如果依赖主管者的经验，就叫主观理性；如果达到目标是自觉的过程，叫作自觉理性；如果过程是有意进行的，叫作有意理性；如果决策指向组织目标，叫作组织理性；如果属于个人行为，则叫作个人理性。②

从逻辑实证主义的角度来说，决策的根据是客观理性。它基于决策的手段与目的关系而展开。尽管手段和目的并不完全对应事实和价值，但从分析的角度有必要重视和理解，它是决策的事实导向。总的来说，决策理性因素包括以下几个方面。

第一，手段与目的。

西蒙的意思是决策中运用"手段与目的"是理性行为。从逻辑上讲，"事实和价值"是同"手段和目的"相联系的。人们在决策过程中选取方案被认为是达成预期目的的合适手段，而目的是实现更大目标的工具。③ 目的与手段具有层级结构，它引导意识进入错综复杂的网络结构。它通常只是动机元素很弱的集合。元素在系统中层次越高，越趋向终极目的，元素之间的整合就越弱。④ "手段—目的"层级系统很少是整合化的、完全连接起来的链。无论是针对个人还是组织，都是这样。组织活动与最终目的通常是含糊不清的，造成这种模糊性的原因很多，包括：组织对最终目标建构不完整、最终目标之间存在矛盾冲突、达成目标的手段有矛盾冲突等。⑤

西蒙特别提醒，运用"手段—目的"去进行理性分析时，要小心谨慎才行，

---

① [美]赫伯特·A. 西蒙：《管理行为——管理组织决策过程的研究》，杨砾等译，北京经济学院出版社1988年版，第74页。
② Herbert A Simon. *Administrative Behavior*: *A Study of Decision-making Processes in Administrative Organization.* Free Press，1976. p. 77.
③ [美]赫伯特·A. 西蒙：《管理行为——管理组织决策过程的研究》，杨砾等译，北京经济学院出版社1988年版，第61页。
④ [美]赫伯特·A. 西蒙：《管理行为——管理组织决策过程的研究》，杨砾等译，北京经济学院出版社1988年版，第62页。
⑤ [美]赫伯特·A. 西蒙：《管理行为——管理组织决策过程的研究》，杨砾等译，北京经济学院出版社1988年版，第63页。

否则会导致不正确的结论。原因是："（1）选择方案的行动目标被错误地表达了；（2）手段并不一定符合目的；（3）时间因素使决策过程的作用含糊不清。"①

第二，备选行为。

西蒙的意思是：建立管理备选方案是理性行为。通常管理是建立手段，目的是决策导向。如果单用既定的目的引导理性，不能保证理性的科学性。备选行为主要是针对"手段—目的"图式，人们追求这一图式的缺点在于："（1）它使决策过程中的比较含糊不清；（2）它使决策过程中的比较因素含糊不清；（3）它没有充分承认有目的行为中的时间变量。采用备选行为的可能性和后果这样的术语去描述决策，决策理论就可以避免那些缺点。"②

因为个体的目的不一样，或者组织目的争论，或者对达到同一目的的争论，都表示着最佳方案的选择面临事实和价值的双重因素的干扰。综合考虑这两者的因素，决策任务包含三个步骤："（1）列出全部被选策略；（2）确定其中每一项决策的后果；（3）对这些后果进行对比评价。"③ 当然要知道全部的后果是不可能的，只能是根据所提方案的一个预先推论。

第三，"时间是理性思考的必要条件"。

西蒙的意思是：以时间为依据进行决策是理性行为。不同时间段上思考问题的性质不同，有的思考是无退路的思考。比如职业选择，花上20年时间踏上的职业人不会去思考要不要选择这个职业，只能思考怎样做好这个职业。已经投入生产的企业，只能思考现有条件的生产最佳，而不会思考改做其他，除非是某种特例。④

第四，知识与行为。

西蒙的意思是：掌握知识是决策的前提，这是决策理性行为。有比较才有鉴别，知识储备是进行比较的先决条件，知识是作出理性决策的必备条件。"一个人要想完全理智地行事，就不得不具备有关每个备选所导致后果的完备知识，

---

① ［美］赫伯特·A. 西蒙：《管理行为——管理组织决策过程的研究》，杨砾等译，北京经济学院出版社1988年版，第63—64页。

② Herbert A Simon. *Administrative Behavior*: *A Study of Decision-making Processes in Administrative Organization*. Free Press，1976. p. 66.

③ Herbert A Simon. *Administrative behavior*: *a study of decision-making processes in administrative organization*. Free Press，1976. p. 67.

④ ［美］赫伯特·A. 西蒙：《管理行为——管理组织决策过程的研究》，杨砾等译，北京经济学院出版社1988年版，第66页。

然后根据知识，一一比较这些后果。"①

即使具备决策知识条件也不一定导致理性的行为，因为人要受到外界的诸多因素的干扰。科学知识的储备对于科学决策可能导致理性行为，例如在实验室，科学家分离出封闭的系统，这个系统不太干扰原来的理想试验，可以把理想实验还原为真实实验。

纯科学上的知识与行为可以达到一致，但是管理上的决策与行为并非能这样。因为科学实验条件下的研究排除了其他干扰，只研究特定的原因和结果，而管理的决策与行为受到个体、团体、全体、环境的影响，不能完全按照设计来进行。②

第五，群体行为。

西蒙的意思是：决策遵照群体互动模式，在相互影响的过程中输出自己的决策方案，通过比较而产生，这是理性行为。

"管理组织乃是协作行为系统。组织成员的行为，一般被认为是指向组织目标的。这就出现了协调其行为的问题，也就是向某个成员提供别人行为的信息，使之依此作出自己的决策问题。在一个协作体系中，即使所有的参加者都赞同一个目标，也不能自行选择达到目标的策略。因为协同的作用，他必须了解其他人的行为而作出调整。"③

第六，评价与选择。

西蒙的意思是，对方案进行评价和选择是理性行为。"每一项策略，都有唯一的一组后果与之对应。理性行为包括按照偏好顺序排列各个后果，并选取导致最佳后果的那个策略。"④ 从技术层面来看，有两个过程。

首先，描绘"效用曲面"图，用一组无差异的曲线把每个个体或者群体的方案描述出来。"对于抉择者来说，那些可能的结果先设定为等价的。这种曲线符合了经济学家使用的个人货物储存与价格的关系概念。先假定个人一开始就拥有一定数量的核桃和苹果，个人可以按照特定的交换比率去交换两种商品，

---

① ［美］赫伯特·A. 西蒙：《管理行为——管理组织决策过程的研究》，杨砾等译，北京经济学院出版社 1988 年版，第 67 页。
② ［美］赫伯特·A. 西蒙：《管理行为——管理组织决策过程的研究》，杨砾等译，北京经济学院出版社 1988 年版，第 67—69 页。
③ Herbert A. Simon. *Administrative Behavior*: *A Study of Decision-making Processes in Administrative Organization*. Free Press, 1976. p. 73.
④ ［美］赫伯特·A. 西蒙：《管理行为——管理组织决策过程的研究》，杨砾等译，北京经济学院出版社 1988 年版，第 71 页。

再假定任何个体都试图抉择一个使其偏好最大的量。"①

其次，经验决定行为。在评价备选方案时，人们常用一定的价值指标去衡量备选方案。这里所说的价值指标，一般是同价值本身的现实相联系的。决策不能完全是经济学上的曲线图那样的简单认定，它同个人经验价值密切相关，往往不会取图表中的最佳。

西蒙认为，群体行为是决策理性的保证，使决策客观化，排除了个体的主观随意性。群体行为使决策主体将决策行为"浇铸"成一个整体，考虑到每一个决策可能导致的后果，备选方案的最后选定也体现了群体价值和合力。"客观理性一词，表示行为主体将其行为浇铸成一个整体行为模式，有几层含义：(1) 在决策之前，寻找备选方案；(2) 考查每一个可能的决策所导致的后果；(3) 用一套价值体系作为从备选方案中选定的准则。"②

6.3.2　理性限制的因素

事实上这种客观理性在现实中很难连贯，人的行为不可能表现这样一幅理想化的图景。人的行为往往是片段式的，只能表示片段间的理性连贯，很难体现整体性。尤其是个体的行为更是片段式的，因为个体对后果的预测和了解总是零碎的，对价值的预测是不完整的，个体不可能了解全部的备选方案，"单独一个人的行为，不可能达到任何较高程度的理性"③。

西蒙对"客观理性"的分析可以说是主观思想客观化。通过群体博弈，在互动中输入各自的决策方案，运用现代科技选择最优的方案，同时还建立对立的备选方案，这是理性的、符合群体利益和组织规律。同时，西蒙看到了这一理性的限度，符合了规律但仍然是有缺陷的，具体表现在以下几个方面。

第一，知识的不完备性。

西蒙的意思是：一个人对导致自己行为的了解总是零碎的，致使他无法推测导致结果的法则。人们总是习惯于从所见到的现象中推知因果链的法则，但不一定是准确的。对于一个医生检查一个病人，从简单的因果出发可以得出正确的结论。对于复杂的经济决策和组织行为决策则很难从个人所见到的现象中

---

① Herbert A Simon. *Administrative Behavior*: *A Study of Decision-making Processes in Administrative Organization*. Free Press, 1976. p. 74.
② Herbert A Simon. *Administrative Behavior*: *A Study of Decision-making Processes in Administrative Organization*. Free Press, 1976. p. 80.
③ Herbert A Simon. *Administrative Behavior*: *A Study of Decision-making Processes in Administrative Organization*. Free Press, 1976. p. 79.

得出正确的判断。人们力争理性，又被束缚在知识的范围内，摆脱这种情形的有效办法是：（1）局部从整体中分离出来，仅从局部推断，得出符合理性的逻辑的结论；（2）局部上升为整体，运用整体性思维，多个个体的集体思维达到理性的高度。医生检查病人符合方法（1）；制定全国的经济政策符合方法（2）。

第二，预期的难题。

西蒙的意思是：有些结果无法预期，有时完整描绘了决策的结果，也会在情感上和实际上带来偏差。其中的一个原因是，主体的头脑无法掌握所有的结果。而且随着主体的偏好，其注意力也从一个价值要素跳到另一个价值要素，有时还更改、修正所追求的目标。再说评价的准确性和一致性还受个人能力的影响，例如，在风险投资中，失败的结果来自以往的经验操作。经验对于预测越来越不可取，而决策的最后拍板往往依赖的是经验。①

第三，行为的可行性范围。

西蒙的意思是：任何时刻，主体都只能想出非常有限的几个措施作为行为方案。由于每个方案都有独特的结果和要求独特的实践条件，所以许多可能的结果都无法进入实践的阶段。被夭折了的方案，人们也没法知道它可能的结果。②

西蒙有限理性是理性因素和理性限制因素的统一，这一理论在应用上是有所指的。西蒙崇尚的是权威决策，与其理论的一致性，有限决策在转为现实的时候，仍然是从权威决策的角度来说的。以下两点可以说明其权威决策的现实落脚点。

第一，决策理性是管理阶层的决策理性，不包括员工。西蒙解释说，对于非志愿者组织的雇员而言，组织对个人最明显的刺激因素，就是薪水或工资。作为这一诱因的交换，与其说他向组织提供某种服务，还不如说他贡献无差异的时间和精力。这是雇员同组织关系的一个重要特征。雇员将自己的时间和精力交给组织者，听任他们的安排。尽管顾客关系和雇员关系都源自合同，但性质截然不同。雇佣合同形成了一种权力关系。权力关系体现在对组织目标的制定上，雇主有绝对的权威。

"组织用诱因换取的是雇员愿意接受组织的决策，把组织的决策视为受雇行

---

① ［美］赫伯特·A. 西蒙：《管理行为——管理组织决策过程的研究》，詹正茂译，机械工业出版社 2008 年版，第 85 页。
② ［美］赫伯特·A. 西蒙：《管理行为——管理组织决策过程的研究》，詹正茂译，机械工业出版社 2008 年版，第 86 页。

为的依据。组织权威与向雇员提供的刺激是一致的，雇员接受领导要看作提供的刺激的程度，而不看组织目标的更改。组织目标的更改不会影响雇员参加组织的意愿。因此，雇员对组织目标的制定没有多少影响。"①

第二，政府决策主要靠信息技术和专家，而不是靠形式上的民主。"选民冷漠的态度和把政府还给民众"近来一直是舆论界讨论美国制度的突出话题，当然这些话题并不新鲜。对政治玩世不恭在美国文化中有很深的根基。有关政治改革的建议都集中在控制官员和选民直接参政方面。② 随着信息技术服务于政府的作用越来越强，确保选民参与以及选举官员太容易了，但问题的核心仍然是在专家和外行之间的关系上。③

靠公众参与去解决问题而受挫已有无数的事例，含磷清洗剂事件就是其一。为解决问题提出建立消费者组织或者技术监督机关是受欢迎的建议，但不应期望能从这些建议中得到好处。要建立的组织同过去已经建立的政府组织恰恰是同样的东西，并不会摆脱官僚制的法则。④

如果想创造奇迹，就不能仅仅依靠新建立的组织，因为问题不在于加强控制而在于发现有效的途径，我们需要的是新的决策过程，这需要专家利用技术来做系统分析。⑤

"政府机构当今面临的重大问题，并不是部门化问题和工作单位的协调问题。相反，这些重大问题乃是对信息存贮和信息处理进行组织的问题——他们不是劳工分工问题，而是决策制定职能的分解问题。考察那些从机构和部门机构中抽象出来的信息系统，是着手解决这些问题的最佳途径。

随着信息处理技术的迅猛发展，企业决策和公共决策的制定过程比过去精深、理智得多了。随着信息处理技术的发展，我们的能力正在不断地加强，其中包括考虑备选方案及其后果，还包括把各个部分纳入一个综合模型，从而不

---

① Herbert A Simon. *Administrative Behavior*: *A Study of Decision-making Processes in Administrative Organization*. Free Press，1976. p. 117. （参阅杨砾等译，北京经济学院出版社 1988 年版，第 113—114 页。）
② ［美］赫伯特·A. 西蒙：《管理行为——管理组织决策过程的研究》，杨砾等译，北京经济学院出版社 1988 年版，第 292 页。
③ ［美］赫伯特·A. 西蒙：《管理行为——管理组织决策过程的研究》，杨砾等译，北京经济学院出版社 1988 年版，第 292 页。
④ ［美］赫伯特·A. 西蒙：《管理行为——管理组织决策过程的研究》，杨砾等译，北京经济学院出版社 1988 年版，第 293—294 页。
⑤ ［美］赫伯特·A. 西蒙：《管理行为——管理组织决策过程的研究》，杨砾等译，北京经济学院出版社 1988 年版，第 294 页。

断丰富对各个部分的理解能力。"①

6.3.3　有限理性方法与复杂性方法

复杂性思维的诞生本身与计算机科学的影响紧密相连，现代电子计算机之父冯·诺依曼曾经指出，就像19世纪的"熵和能量"概念一样，复杂性概念应当是20世纪科学的任务。西蒙以计算机科学的应用为出发点研究管理行为，莫兰和普利高津等人在计算机科学的背景下探索系统的生成与演变，初步形成复杂性思维的思想。复杂性的思维涉及管理问题，这一思维把管理当作一个相互联系的整体来看待。在管理系统中，既有一般的规律、常规科学，又有弥补、非难、革命性、复杂偶然性。复杂性思维不仅仅是管理的思维方式的重要参数，也是其他学科的通用思维。

通过对《管理决策新科学》和《管理行为——管理组织决策过程的研究》的分析，可以看出西蒙有限理性方法与当时流行的复杂性思维有相似之处。要么西蒙受到影响，要么他们的思维殊途同归。西蒙也曾直接论述过复杂系统的等级："复杂系统的组成差不多普遍存在着等级分层现象，这说明在结构原理上，存在着某种超出人类组织特性之外的基本东西。"②

西蒙的"价值要素"可以理解为对系统决策的偶然的、序参数的、个别事件的影响（复杂性思维观点）。正因为价值要素的渗入，故要坚持决策灵活性。

因为理性的限度，没有最正确的答案，没有最优的答案，只有满意或者基本满意的答案，但决策须讲究理性，还要明白它是有限的。西蒙看似矛盾的思想，实质上是辩证的观点，是类似复杂性的观点。

莫兰认为组织中的有序和无序的统一，任何组织都如此，包括"社会学领域"、管理领域。"有序是稳定性、规律性、重复性，等等；对于无序是无规律性、旋涡、动荡、离轨运动。而这些特点你们可以在生物学的层次、社会学的层次、人类学的层次发现。但是从物理学到生物学、从生物学到人类—社会学，以及在人类—社会学领域里从一个社会到另一个社会，有序的类型、无序的类

---

① Herbert A Simon. *Administrative Behavior*: *A Study of Decision-making Processes in Administrative Organization*. Free Press, 1976. p. 308. （参阅杨砾等译，北京经济学院出版社1988年版，第295—296页。

② [美] 赫伯特·A. 西蒙：《管理决策新科学》，李柱流译，中国社会科学出版社1982年版，第97页。

型和组织的类型可能有所不同。"①

莫兰的宏观组织观与西蒙的决策理论的原则性与灵活性的原理是相通的。莫兰认为组织具有序性、必然性,与此对应西蒙认为决策具有科学性、程序性;莫兰认为组织具有偶然性、无序性,② 与此对应西蒙认为决策个体具有主观性、价值性。

普利高津③把系统的各个要素描绘成一个多方位的非线性的相互作用的关系,当系统的一个要素发生变革或者出现异常后,由于非线性的影响,可以预料事情的后果又有几个分支,表现出一系列错综复杂的分支现象。社会个体对周围环境的反映是有限的反映,这种不完全的有限反映开始作为一个动力又改变着环境。"在多重的可能性中记录下一种特殊的历史,并不一定会是企图让某些总体功能最佳化的'整体设计者'的作用得到反映,实际上该特殊的构型只是一种稳定而可变的行为模式。"④

"与作为物理—化学体系的'角色'的分子相反,甚至也与蚂蚁或任何其他动物社会的成员不同的是,人类确实产生了个人的计划和要求。其中的一些起源于对将来可能是个什么样子的估计以及关于其他角色的猜想。因此,符合需要的行为与真实行为的差别就像一种新型的约束一样起作用,它与环境一起形成了动力学的特征。"⑤

因此,个人对社会带有复杂性的推动力。"既然如此,就可以提出一个带根本性的问题,是否总的演化可以导致某种整体的最佳类型,抑或相反,每一种人类体系的演进都构成了一个唯一可实现的而其规律无法预先构思的复杂随机过程。"⑥

显然,普利高津在这里不赞成人类社会有规律、有最佳的发展模式,人不

---

① [法]埃德加·莫兰:《复杂思想:自觉的科学》,陈一壮译,北京大学出版社2001年版,第173页。
② [法]埃德加·莫兰:《复杂思想:自觉的科学》,陈一壮译,北京大学出版社2001年版,第173页。
③ 普利高津1917年生于莫斯科,1945年在比利时布鲁塞尔自由大学获得博士学位后留校工作,两年后被聘为教授。他主要研究非平衡态的不可逆过程热力学,提出了"耗散结构"理论,并因此于1977年获得诺贝尔化学奖,哲学的突出成就是复杂性思维。
④ [比]尼科里斯、普利高津:《探索复杂性》,罗久里、陈奎宁译,四川教育出版社1986年版,第271页。
⑤ [比]尼科里斯、普利高津:《探索复杂性》,罗久里、陈奎宁译,四川教育出版社1986年版,第267页。
⑥ [比]尼科里斯、普利高津:《探索复杂性》,罗久里、陈奎宁译,四川教育出版社1986年版,第267页。

能决策和预知必然的决策。"不管是就个人学识的层次还是就集体创造历史的层次来说，人类所冒险的实质正在于未来的高度的不可预测性。"① 西蒙的有限理性正体现了这一思维。西蒙认为决策行为受实践条件、"知识不完备性""预期的难题""可能行为的范围"的制约，导致必然的决策被放弃、修改。

因为世界本身是复杂的，故不必去死抱简单必然的原则。普利高津最后的立场是把对立的东西调和起来而不用否定它们。"世界既不是一个自动机，也不是一片混沌。它是一个具有不确定性的世界，但也是这样的一个世界，集中个别的行动并非注定无意义的。它不是一个用单个真理所描述的世界。因此我觉得，令人感到非常满意的是：科学能帮助我们建立起桥梁，并且把对立的东西调和起来而不用否定它们。"② 西蒙的立场也是调和，他是对"技术激进派"和"技术保守派"的"调和"，他是对必然性和偶然性的调和，是对决策理性因素和限制因素的调和。虽然其落脚点是论述技术和权威决策的作用，却提醒人们看到其限度。

小　结

有限理性的决策是权威决策，这个权威是人格技术权威和程序权威的统一，转为科技，它是程序，在现代是计算机程序；转为人格，它是技术专家、管理专家。对人格技术权威和程序权威的信仰是一致的，否定其一则否定其二。西蒙继承了福利特的决策理论，认为民主尤其是绝对的民主与决策科学性不符，权威决策具有技术的合理性。在信息时代，权威被赋予新的含义，权威代表着技术和理性，也说明管理"是一门科学"而"不是一门艺术"。③ 无论是人格技术权威还是程序权威我们都不应否定其作用，否则决策没有科学性和合理性。西蒙用"调和"的办法来处理对权威决策的争论，引入"人—机决策"。他认为高层可以跳出程序进入非程序，而中层和下层主要是适应程序。

有限理性方法在决策上涉及"事实要素"和"价值要素"，这两者之间的

---

① ［比］尼科里斯、普利高津：《探索复杂性》，罗久里、陈奎宁译，四川教育出版社1986年版，第268页。
② ［比］伊·普利高津：《从存在到演化——自然科学中的时间及复杂性》，曾庆宏等译，上海科学技术出版社1986年版，第216页。
③ ［美］赫伯特·A. 西蒙：《管理行为——管理组织决策过程的研究》，杨砾等译，北京经济学院出版社1988年版，第43页。

关系决定了决策目标的方向，从事实要素出发的最佳方案往往被价值要素修正为满意方案。事实要素指的是决策符合科学程序和目标的事实根据。价值要素是决策的伦理要素，它把描述性的命题转变为"好""最佳"之类的判断。

从实践过程来看，"事实要素"和"价值要素"是相互融合的，但对它们有必要进行区分，这一区分能使我们懂得决策正确性的含义，能使我们懂得政策问题和管理问题的区分①，也为权威决策找到了理论根据。把伦理关系的决策交给立法机关，把事实关系的决策交给管理机关，管理机关按照科学程序行事。

之所以提倡有限理性是因为决策受理性因素和非理性因素的制约。决策的理性因素是指决策符合目的和科学的推理程序诸要素，包括运用"目的—手段""备选行为""时间与行为""知识与行为""评价与选择"等。理性限制因素是指限制理性达成的因素，包括知识的缺陷、时间和空间的限制等。

有限理性方法与复杂性方法具有时代的渊源关系，都以信息科学为时代背景，前者思考管理决策问题，后者着重系统组织问题，但两者具有相似之处。

有限理性方法是一种可借鉴的方法，既看到技术理性的不足，又不完全否认它；既强调人的能动性又尊重客观规律。在借鉴这一方法时避免对"事实要素"和"价值要素"做绝对的形而上学的划分。

为了弥补和佐证上述结论，现把西蒙自己对有限理性的意义阐述附后，西蒙表达了"管理人"决策，即人格权威决策的意义。

"管理理论所关注的焦点，是人的社会行为的理性方面与非理性方面的界线。管理理论，是关于意向性和有限性的一种独特理论——是关于那些因缺乏寻求最优的才智而转向寻求满意的人类行为的理论。"②

过去20年，心理学界出现了人类理性的一次大复兴，与此有关的讨论都是在认知心理学的旗帜下进行的。在此背景下考虑建立一个人的真实特征的理性抉择模式是可行的。《管理行为——管理组织决策过程的研究》探求了从"经济人"到"管理人"理性决策模式的转换。这一模式体现了两个转变：（1）经济人寻求最优——从可为他所用的一切备选方案当中，择其最优者，而经济人的堂弟——管理人，则寻求满意——寻找一个令人满意的或足够好的行动程序；

---

① ［美］赫伯特·A. 西蒙：《管理行为——管理组织决策过程的研究》，杨砾等译，北京经济学院出版社1988年版，序第44页。
② ［美］赫伯特·A. 西蒙：《管理行为——管理组织决策过程的研究》，杨砾等译，北京经济学院出版社1988年版，序第20页。

（2）经济人同真实世界的一切复杂事物打交道，而管理人则满足于简化的事情模型。①

管理人这两个特征的意义何在呢？首先，因为他寻找满意而非最优，所以，他不用考虑一切备选行动方案，也不用确认存在着的每一备选方案便可以进行选择。其次，管理人不考虑一切事物的联系，只用相对简单的经验方法来制定决策，这些方法不会加重思想负担。②

---

① ［美］赫伯特·A. 西蒙：《管理行为——管理组织决策过程的研究》，杨砾等译，北京经济学院出版社1988年版，序第20—21页。
② ［美］赫伯特·A. 西蒙：《管理行为——管理组织决策过程的研究》，杨砾等译，北京经济学院出版社1988年版，序第21页。

第7章 经验主义方法与超越

管理是一门学科。

与其寻找恰当的组织形式,还不如学会寻找、发展和检验适合有关任务的组织形式。

——德鲁克

经验主义学派的管理思想方法论是从经验中形成理论,其奠基人物是彼得·德鲁克。[①] 经验主义学派强调管理理论来自经验而不是纯粹的理论思维。德鲁克的经验主义方法与实践决定认识的原理具有相似性;不同的地方是,德鲁克针对的是管理领域,强调成果导向。德鲁克的"经验"来自对具体的事例分析,在普遍性上不及"实践"涵盖之广阔。德鲁克的经验主义方法体现在以下三个方面:经验性理论立足于现实的根据、管理范式根据实践发展而建构、从经验中提出具体的管理方法。德鲁克多以事例阐述哲理,其寓意深刻,具有现实的借鉴性。

7.1 经验决定管理的"任务"

德鲁克曾总结自己的方法论,写了一本《成果导向——有效的管理思路和

---

① 彼得·德鲁克(Peter F. Drucker,1909—2005),奥地利籍美国管理学家,早年学习法律,1929 年成为伦敦一家国际性银行的记者和经济学家,1931 年获法兰克福大学法学博士学位,为躲避德国纳粹迫害于 1937 年移居美国,1943 年加入美国国籍,后担任通用汽车公司、克莱斯勒汽车公司等大公司的顾问,1942—1949 年任本宁顿学院政治和哲学教授,并在纽约大学研究生院担任了二十多年的管理学教授,1945 年创办德鲁克管理咨询公司,自任董事长。他的主要作品有:《管理的实践》《管理:任务、责任、实践》《21 世纪的管理挑战》《有效的管理者》等。

分析方法》的小册子。他说该书的方法是经过实践验证的，对于指导实践能有效地发挥作用。① "成果导向" 源自一个基本命题，即："经济营运是企业的特殊职能和奉献，也是企业生存的理由。企业营运的目的在于取得经济成果。"② 也就是说，管理方法围绕成果而形成。德鲁克对方法进一步说明，"归根结底，管理是一种实践，其本质并不在于知而在于行；其验证不在于逻辑，而在于成果；其唯一权威就是成就"③。这已表明其经验主义的哲学倾向：理论不在于逻辑的验证，而在于以成果来检验。经验主义方法认为古典管理理论和行为科学都不能完全适应企业管理发展的需要。有关企业管理的科学应该从实际出发，以管理经验为研究对象，形成管理的指导原则。④

通过了解德鲁克的具体管理方法才能体会其经验主义方法，这也难免产生误会，以为他提出的是终极的方法，既是终极方法则不能归结为经验主义方法论。其实德鲁克针对是目前的情况，至少在他看来当前情况下应该做哪些改动，与其方法论并不矛盾。

德鲁克经验主义方法的根据在于现实性上，德鲁克把管理的任务、责任看作是随着经济关系、社会关系的发展而变化。管理方法的变化源自管理任务的变化，管理任务的变化源自经济关系、社会关系的变化。

7.1.1 经济关系与管理任务

德鲁克在《管理：使命、任务、务实》中，以 "代替专制的唯一选择" 为序，把管理的作用上升到最高层次，认为管理能消除专制。他说：无论在社会还是在工厂，到处都有一种反抗权威和宣扬个性自由与解放的宣传。人们的怨气直指专制，发现社会结构导演了专制，激起了打倒组织的愤怒反应。⑤

德鲁克认为摧毁具体组织形式是可能的，只要求助于管理。通过组织目标的达成，管理帮助人们达成自己的目标。就具体组织而言，管理的目标是取得

---

① ［美］彼得·德鲁克：《成果导向——有效的管理思路和分析方法》，霍心一译，中国财政经济出版社 1990 年版，第 1 页。
② ［美］彼得·德鲁克：《成果导向——有效的管理思路和分析方法》，霍心一译，中国财政经济出版社 1990 年版，第 2 页。
③ Peter Drucker. Management: Tasks, Responsiblities, Practices. New York: Harper & Row, 1974. p. XIV.
④ 马洪："国外经济管理名著丛书前言"，见［美］彼得·德鲁克：《管理：任务、责任、实践》，孙耀君等译，中国社会科学出版社 1987 年版，第 12 页。
⑤ Peter Drucker. Management: Tasks, Responsiblities, Practices. New York: Harper & Row, 1974. p. iv.

"成果"("任务""绩效""成就"),这也是管理存在的理由。"离开组织的成就,就谈不上管理。管理的任务是管理存在的理由,是管理的决定性方面,是管理权力和合法地位的基础。"① 具体来说,"成果"是指经济上取得成就,使职工有所成就和对社会有所贡献。②

德鲁克对管理作用和管理应该达成效果的认识还不足以体现其经验主义方法,其经验主义方法体现在把管理的任务(也就是成果、绩效、成就)看作是发展变化的,认为管理应根据不同的时代要求去刷新管理的任务,这样才能真正实现管理的任务。在经济关系与管理任务的关系上,德鲁克经验主义方法体现在:经济关系的发展决定了管理取得经济成就方式的变化。

对于一个像企业这样的组织,要定义绩效太简单不过了,就是收入对应劳动力支出的比例。但如果把价值因素和分配因素考虑进去,这个问题就复杂了。也正是这一复杂关系使德鲁克考虑把企业的绩效标准从取得最大化利润变为取得发展所需的利润。

流行的经济理论的基本假设是:每个企业的基本目标都是追求最大利润。德鲁克认为这个假设是错误的,利润并不能解释所有的企业活动与决策的原因,而是检验企业效能的指标。企业的问题不在于如何获得最大利润,而在于如何获得充分的利润,以应对经济活动的风险,避免亏损。③ 企业的目的只有一个正确而有效的定义:创造顾客(create a customer)。④ 理由是顾客决定了企业是什么。当顾客愿意付钱购买商品或服务时,才能把经济资源转为财富,把物品转为商品。因此,"我们不能单单从利润的角度来定义或解释企业"⑤。

以前,管理上的经济成就往往等同利益最大化,利润最大化似乎是一切工商企业的目标。不过,经济理论已经根据情况变化对其理论作了修正。当代最有成果的企业经济学家乔尔·迪安(Joel Dean)曾一直坚持利润最大化这一理论,还是对原来的概念作了修正。

"经济理论中的一个假设是,使利润最大化是每家企业的目标。但是,利润最大化已由理论家作了修正,用来指长期的利润;指经营管理的收入,而不是

---

① Peter Drucker. *Management*: *Tasks*, *Responsiblities*, *Practices*. New York: Harper & Row, 1974. p. 37.
② 德鲁克在《管理:任务、责任、实践》第一部"任务"中,第一篇论述了经济上的成就,第三篇论述了使职工有所成就,第四篇论述了对社会的贡献。
③ Peter Drucker. *The Practice of Management*. Harper & Row, Publishers, 1986. p. 36.
④ Peter Drucker. *The Practice of Management*. Harper & Row, Publishers, 1986. p. 37.
⑤ [美]彼得·德鲁克:《管理的实践》,齐诺兰译,机械工业出版社2006年版,第29页。

指企业所有者的收入；还包括一些非财务上的收益，如休闲增加、关系和睦；还应包括限制竞争、维持控制、提高工资、避免形成托拉斯。这个概念已经走向笼统，包括了生活中大部分目标。这种修正了的概念，表示企业家并不是按照边际成本和边际收入来经营的。"①

德鲁克认为，修正了的概念太笼统，不足以反映变化了的情况。对原来的概念加那么多的限制，原来的和被修正了的概念本身都没有什么意义了。与其这样，还不如给企业管理的经济目标来一个直接具体的定义。"任何企业的第一项考验不是使利润最大化，而是获得足够的利润来应付经济活动上的各种风险，从而防止亏损。"②

德鲁克实际上定义了企业的最低目标，之所以这样定义，是因为企业的目的要求。企业的目的在企业之外，工商企业是社会组织中的一个器官，企业的目的只有一个适当的定义：创造顾客。顾客是一个企业的基础并使它继续存在。只有顾客才能提供就业。正是为了满足顾客的要求和需要，社会才把物质生产资源托付给工商企业。③

不拿利润最大化作为经济成就的标准，企业管理的空间就大了，以至于很多理论家都怀疑管理是不是科学。德鲁克认为，不采用效率最大化标准，同样可以定义管理，同样管理是具有科学性的。"什么是管理一个企业呢？企业活动是通过市场推销和创新来创造顾客。由此可以推论，管理一个企业必须始终带有兴建企业的性质。有必要取得经营上的成就，但首先必须有兴建企业的目标。先有战略，然后才有目标。"④ 也就是说，凡有利于企业发展和取得经营成就的管理都具有其科学性。这里的空间很大，也很难走向精确化，同样不能使怀疑者释怀，但德鲁克这样定义管理考虑到了企业和顾客之间的关系发展。顾客与企业存在着利益的平衡问题，企业与顾客的关系已经犬牙交错，任何一个企业不能单独把顾客和企业分割出来。从理论上讲，企业抽取太多，顾客就会减少，最终损害企业。从竞争的角度和长远经营的角度，德鲁克的最低目标定义是有战略眼光的。

---

① Joel Dean. *Managerial Economics*. Prentice-Hall, 1951. p. 28.

② Peter Drucker. *Management: Tasks, Responsiblities, Practices*. New York: Harper & Row, 1974. p. 60.

③ Peter Drucker. *Management: Tasks, Responsiblities, Practices*. New York: Harper & Row, 1974. p. 61.

④ Peter Drucker. *Management: Tasks, Responsiblities, Practices*. New York: Harper & Row, 1974. p. 73.

英国政治哲学家詹姆士·哈林顿的一句名言"财富是权力的来源",说明经济关系决定了管理(权力)关系。德鲁克对这一名言十分欣赏,在《退休基金革命》(*The Pension Fund Revolution*)中,他分析了社会经济关系的变化和分配关系的变化。美国管理退休金的机构,拥有了美国所有上市公司至少40%的资产,而且拥有大型上市公司资产的比例可能超过60%。这些公司在英国、日本等国都有自己的财产。退休金的份额反映了财富的转移,也会影响权力的转移(管理方法)。①

由于经济关系的变化,人们应该审视管理的价值和衡量标准,应该重新思考公司该为谁的利益服务?在美国,年轻人靠国家或者家庭抚养成人之后,他作为一个"无产者"进入社会,没有分摊的股票,只有向社会提供劳动,换取工资,并且挣回自己的养老保险,直到45岁差不多有了一定的积蓄,考虑购买基金以贴补未来的退休金的不足。这样就造成了一个矛盾,企业的股份基本掌握在老年人手里,干活的年轻人基本上没有股份,或者股份很少。公司利益分配上,如果倾向劳动者,投资者不满;如果倾向于投资者,劳动者不满。

德鲁克对这一矛盾分析如下:"迄今为止,任何国家都不认为,企业,特别是大企业的经营活动应完全或主要代表股东的权益。在美国,20世纪20年代后期,人们普遍认为企业的经营活动应均衡地代表各方(客户、员工和股东等)。这种观点实际上含糊其词,也就是说企业不用对任何人负责。英国或多或少也有同样的经历。在日本和斯堪的纳维亚半岛,人们一直认为大企业的主要任务是创造和保持和谐社会,其实际含义是,大企业代表着体力劳动者的利益。"②

公司应该代表股东的利益,似乎是不容置疑的。公司组建之初的目的就是要让投资者获得利润,至少不让他们的钱的增值速度低于银行的存款利息。按最低的市场价格支付劳动力之后,剩余的部分归投资者所有,按股分红。

现在情况有所变化,越来越多的人的养老经济保障取决于他们的投资。这些股东想要的不是短期的暴利,而是长期的回报。他们需要退休后的30年左右取得稳定的投资回报。因此,股东(尤其是老年人)也不赞成短期利润最大化。老年人需要股息来补充养老,股息稳定与企业不实行竭泽而渔的方式相关。

德鲁克认为,有关绩效标准与股权关系的讨论才刚刚开始,企业是长久经

---

① [美]彼得·德鲁克:《21世纪的管理挑战》,朱雁斌译,机械工业出版社2006年版,第42页。

② [美]彼得·德鲁克:《21世纪的管理挑战》,朱雁斌译,机械工业出版社2006年版,第42页。

营还是短期暴利这一问题体现了这层关系。现在公司的平均寿命都没有超过30年，美国人从60岁开始退休，需要30年的保障。公司寿命影响了老年人收入的稳定。因此，大部分股东希望长久经营，不求短期的利益。①

除了股权关系的变化之外，还有劳资关系的变化决定了企业绩效标准的变化。劳资矛盾在美国表现为年轻人与老年人的矛盾。老年人握有大部分的企业股票，等到老年人与耶稣握手，部分股票转到儿女手里，儿女这时也是老年人了。公司为了留住人才，吸引年轻人干活，需要提高待遇。只有在相互合作中才能取得双赢，资本利润最大化的理论应该重新斟酌。资本和劳动力分配比例问题在美国一直没有解决。德鲁克提醒，现在该是战略性思考的时候，公司的绩效应该在长久的回报上。

其实我们国家同样面临这一问题。从理论上讲，中国的股份公司，国家股占有的比例较大，不存在资本分红和劳动力报酬的根本矛盾。股份提成多一点，还是国家所有，用在人民身上可以调节、救济低收入群体。股份提成少一点，让员工多挣点，钱还在国民手里。工资高还可以通过税收来调节，这似乎不存在矛盾，可现实的情况是复杂的。这种复杂性体现在：第一，公司对国家资源分割是不均衡的，公司可以凭借资源的优势，提高股价和工资；第二，受益的群体是不均衡的，不握有高利润公司的股票和不在这些公司工作的人自然吃亏，没有得到国家股的应有好处；第三，国家股夹带着社会股，社会股的持有者可能凭借公司对资源的独享而无形得到了其他人得不到的好处。这也可以解释，为什么最先进入股市的人成为富人。股市上财富的来源不仅仅是炒出来的，而在于凭借公司对资源的优势占了国家股的光。

从战略上讲，中国共产党十七大报告已经有了方向。对于分配的次序重新做了调整。把劳动分配放在第一位，股票等资本分配放在第二，其次才是技术、管理要素等。"深化收入分配制度改革，增加城乡居民收入。合理的收入分配制度是社会公平的重要体现。要坚持和完善按劳分配为主体、多种分配方式并存的分配制度，健全劳动、资本、技术、管理等生产要素按贡献参与分配的制度，初次分配和再分配都要处理好效率和公平的关系，再分配更加注重公平。逐步提高居民收入在国民收入分配中的比重，提高劳动报酬在初次分配中的比

---

① ［美］彼得·德鲁克：《21世纪的管理挑战》，朱雁斌译，机械工业出版社2006年版，第43页。

重。"① 这具有战略的意义，随后影响了股市。

所以，无论是整个社会还是企业都需要重新思考绩效的含义。公司代表原来意义上的股东的利益看来需要重新斟酌，融入社会责任和尊重劳动者是新的要素，应当权衡。

7.1.2 社会关系与管理任务

在社会关系与管理任务的关系上，德鲁克经验主义方法体现在：（1）社会对企业责任的要求导致了企业管理任务的变化；（2）管理任务因组织的性质不同而不同。

关于社会对企业的责任要求与管理任务。

20世纪60年代以来，"工商企业社会责任"这个词的含义已经改变了。早期关于社会责任的讨论涉及三个问题：第一个是关于公德与私德的问题；第二个是雇主对职工所负的社会责任问题；第三个问题是，工商业者对社会文化的资助问题，如资助教育、艺术、文化保护等问题。②

第二次世界大战以后，由于税法的调整，个人积累大量财富的速度得到控制。③ 社会大众希望个人对社会捐款的想法变为希望企业对社会有较大的贡献。西方社会的政府首脑对企业没有人事、决策方面的干预权，但常常呼吁企业改变用人制度，招聘黑人等弱势群体，解决某些失业问题。"目前讨论社会责任时，着重点完全不同了。它所着重的是企业在处理和解决社会问题方面应该或可能做些什么贡献。"④

20世纪60年代以前社会要求企业作贡献的解释是，企业获得了成功，社会上的其他人群敌视这种成功，希望企业为社会做贡献以获得心理和物质上的平衡。德鲁克不满意"敌视"动机解释，他认为："由于工商企业的成功导致了人们对企业提出了新的要求，有时要求是过分的。这是企业成功要付出的

---

① 胡锦涛：《高举中国特色社会主义伟大旗帜　为夺取全面建设小康社会新胜利而奋斗》（在中国共产党第十七次全国代表大会上的报告），2007年10月15日。
② [美] 彼得·德鲁克：《管理：任务、责任、实践》，孙耀君等译，中国社会科学出版社1987年版，第396页。
③ [美] 彼得·德鲁克：《管理：任务、责任、实践》，孙耀君等译，中国社会科学出版社1987年版，第397页。
④ [美] 彼得·德鲁克：《管理：任务、责任、实践》，孙耀君等译，中国社会科学出版社1987年版，第397页。

代价。"①

很难看出德鲁克的解释与"敌视"动机解释的区别。只不过"敌视"动机解释把企业对社会的责任和贡献看作是被迫的，德鲁克的解释把它看成是自觉的。德鲁克得出近乎友善的解释："要求企业承担社会责任的呼声越高，其根源不是来自于敌视，而是对管理人员和管理当局的信任越高。"② 除此之外，人们"对政府不再抱有幻想，日益不再相信政府能解决重大问题"③。德鲁克这个解释，接近了马克思对资本主义社会的分析。当资本主义进入垄断社会以后，经济寡头、银行寡头成了主宰政治的幕后力量，政府的措施要看这些寡头的利益，对政府提出要求还不如对企业提出要求。

工商企业所负社会责任的变化还体现在"管理当局继承了社会中的领导职位"④。政府中形成的新的领导集团大多来自工商企业的成功管理者，这些人进入领导集团，肩负两方面职责，一方面是社会，另一方面是企业。在协调政府与企业的关系中，这些新的领导成员必须兼顾社会责任。德鲁克这一解释有空想的成分。无论民主程度多么高，企业成功人士一旦步入政界，利用权力牟取公司利益与敦促公司向社会做贡献相比，可能更卖力于前者。企业是一个经济实体机构，如果直接向社会弱势群体捐款和资助，那无可厚非；如果通过渗入政府机构的办法向社会作贡献，那么企业就取得了超合法权力的权力了。在资本主义社会，企业成功人士成为政治家有可能使企业的股东的利益保持在社会的最高水平。只有在当不满呼声高涨的时候，才看到政治家敦促企业捐款。

总之，现代企业的管理任务因经济关系的制约增加了其社会责任的内容，"必须对社会影响和社会责任进行管理"⑤。这一责任体现在经济上对社会其他团体的友爱和帮助以及对技术副作用承担自觉的责任（下文"对技术的自觉管理"涉及）。

---

① Peter Drucker. *Management*：*Tasks*，*Responsiblities*，*Practices*. New York：Harper & Row, 1974. p. 316.

② Peter Drucker. *Management*：*Tasks*，*Responsiblities*，*Practices*. New York：Harper & Row, 1974. p. 318. （参阅 [美] 彼得·德鲁克：《管理：任务、责任、实践》，孙耀君等译，中国社会科学出版社 1987 年版，第 402 页）

③ [美] 彼得·德鲁克：《管理：任务、责任、实践》，孙耀君等译，中国社会科学出版社 1987 年版，第 402 页。

④ [美] 彼得·德鲁克：《管理：任务、责任、实践》，孙耀君等译，中国社会科学出版社 1987 年版，第 403 页。

⑤ [美] 彼得·德鲁克：《管理：任务、责任、实践》，孙耀君等译，中国社会科学出版社 1987 年版，第 411 页。

关于组织性质与管理任务。

不同的组织交织着不同的社会关系，承载着不同的使命。德鲁克把社会组织划分为政府、工商企业、其他机构。政府和其他机构属于服务性机构。① 关于服务性机构怎样取得绩效，人们认为有两种途径：一种是用企业经营的方式来管理服务性机构就会取得成绩；一种是用更好的人来管理取得更好的成绩。②

德鲁克对第一种途径做了分析，认为工商企业是创造财富的机构，而服务性机构不能像企业那样取得看得见的成绩。企业经营是以成果和效率来衡量；服务机构很难获得直接效果，不能通过提高效率的方式来获得成果；服务性机构和工商企业成就其目标的方法是不同的，服务性机构不应以经济成就作为目标。③ 这一方法在美国得到了体现。20 世纪五六十年代的中国认为政府的成绩可以通过产业的成果来表示。粮食产量、钢产量、煤产量能说明地方官员的政务。客观上造成了上报"卫星数字"。政府的最大绩效在于平衡和公平，而不是用企业的标准来衡量政绩。如果那样，政府可能姑息污染。事实上，污染问题未能解决，在于管理中的服务性机构的绩效定位问题没有解决。

关于第二种途径，即靠能人来管理能提高服务性机构的绩效，德鲁克亦做了分析。西方社会曾一度认为，用更好的人来当官能使政府取得更好的成绩，这一思想在最早的中国有关政府的书籍中也能找到它。④ 美国所有的改革家，从内战以后的亨利·亚当斯（Henry Adams）到今日的拉尔夫·纳得（Ralph Nader），一直这样要求，他们全都认为政府机构中所缺少的就是更好的人员。德鲁克可不这么认为："服务机构正好像企业一样，不能指望用超人或驯兽师来充实各种管理职位和行政职位。社会机构之多，期望每一所医院的院长都是伟人是荒谬的。"⑤

德鲁克认为，绩效取决于体制，而不是取决于用什么人。事实上，就目前

---

① ［美］彼得·德鲁克：《管理：任务、责任、实践》，孙耀君等译，中国社会科学出版社 1987 年版，第 172 页。
② ［美］彼得·德鲁克：《管理：任务、责任、实践》，孙耀君等译，中国社会科学出版社 1987 年版，第 179—181 页。
③ Peter Drucker. Management：Tasks，Responsiblities，Practices. New York：Harper & Row，1974. p. 138.
④ ［美］彼得·德鲁克：《管理：任务、责任、实践》，孙耀君等译，中国社会科学出版社 1987 年版，第 181 页。
⑤ Peter Drucker. Management：Tasks，Responsiblities，Practices. New York：Harper & Row，1974. p. 139.（参阅德鲁克：《管理：任务、责任、实践》，孙耀君等译，中国社会科学出版社 1987 年版，第 181 页）

的情况来看,没有理由认为服务机构的人员一定比企业管理人员差,也没有理由认为企业管理人员要比政府官员有能力。一些企业经理很快就成了企业的官僚,反而模仿了行政的那一套。"二战以后的美国,许多在企业取得成绩的经理转入政府部分工作,人还是原来的人,却不能用企业的那一套改变政府的文件生产流程。"①

这说明,政府有了像企业这样的杰出人才也不能改观绩效。靠能人去治理,就能搞好一个社会,似乎逻辑不成立。德鲁克还有两段批评依靠能者执政的精辟分析。

"一个组织的目标在于使平常的人做出不平常的事来。组织不能依赖于天才,天才是很少的,依赖天才是靠不住的。对一个组织的考验就是使平常人能取得比他们看来取得更大的成就,要使其成员的长处都能发挥出来,并利用每一个人的长处帮助其他人取得成就。组织的人物还在于使其成员的缺点互相抵消。对组织的考验就是取得成就的精神。"②

"说明服务机构需要更好的人员这一论点没有什么根据。法国政府机构的人员配备就是例子。没有一个国家像法国那样为它的高级职位配备这样的精选人才。法国政府机构有影响和重要职位是专为法国最有声望的学校——技术学院的优秀毕业生保留的。但是,法国政府虽然由技术学院毕业的优秀毕业生来主导管理,但是办事效率低下和官僚主义确是很少政府机构能与之相比的。政府官员的假公济私是法国最尖锐的讽刺材料。工科院校的毕业生本身并不是天生的官僚,绝大多数由政府转入企业的人才,在企业都能取得很好的成绩。技术学院的毕业生可能不会使每一个人都喜欢。他们有一种学识出众的样子,自高自大,有些狭隘,自命不凡。法国政府的问题肯定不是因为缺少人才。事实上,法国政府有了这些更好的人才,也没有发生多大的改变。问题在于制度而不在于人。"③

7.1.3 管理的合法性之基础

德鲁克用"管理合法性"一词来说明管理职能和管理人员在组织生活中之

---

① Peter Drucker. *Management*:*Tasks*,*Responsiblities*,*Practices*. New York:Harper & Row,1974. p. 139. (参阅德鲁克:《管理:任务、责任、实践》,孙耀君等译,中国社会科学出版社1987年版,第181页)

② Peter Drucker. *Management*:*Tasks*,*Responsiblities*,*Practices*. New York:Harper & Row,1974. p. 455.

③ Peter Drucker. *Management*:*Tasks*,*Responsiblities*,*Practices*. New York:Harper & Row,1974. pp. 139—140.

必需。"成果"应该是合法性的现实根据。就企业管理而言,"管理层的首要职能是经济绩效",管理层只有以创造经济成果来证明自己存在的价值和权威。一切非经济性成果都依赖于经济成果之上。"管理层如果未能创造经济成果,就是管理的失败。如果不能以顾客愿意支付的价格提供顾客需要的产品和服务,就是管理的失败。如果管理层未能令交付于它的经济资源提高或至少保持其创造财富的能力,也是管理的失败。"①

取得成果即取得合法性的地位,组织职能的出现和职业经理阶层的出现都能证明合法地位被认可,这一切都源自组织发展的需要。经验主义方法强调理论随实践变化而变化,管理合法性的形成也体现了经验主义所提倡的现实根据。

第一,技术统治不足,需要一般管理职能。

管理上的技术统治是指组织和激励、财务控制和其他控制、管理科学和管理人员培训。管理上的技术统治把管理的方向放在技术性上,这是可以理解的,也是正确的。一个人应该了解自己的本行。再没有比那种由于不了解自己的工作而想要改正世界的人更无用的了。但是,管理人员仅作为一个技术统治论者是不够的。管理人员的首要任务,是对机构进行管理,使它完成原来为之设计的使命,因此管理人员的首要职责就是取得经济上的成绩。另一方面,他还有着以下的任务:使工作有生产性和职工有成就,并为社会和个人提供高质量的生活。而这就大大超出了技术统治的范围。②

第二,社会道德的进化产生管理阶层。

管理人员管理一个组织没有任何传统上的合法依据。他们不能以出身、普选、财产所有权为依据,他们之所以能掌握权力是因为他们取得成就的能力。③但是能力不是传统上或法律上取得管理权的依据。管理人员之所以掌权是因为这些人的管理体现了社会道德的要求,他们履行了对社会和团体、个人道德的承诺。④

德鲁克表达了这样一种意思:随着组织的出现,组织的目标呈现了团体性和社会性,经营组织不能只顾组织名义上所有者的利益,传统的封建家庭式的

---

① [美]彼得·德鲁克:《管理的实践》,齐诺兰译,机械工业出版社2006年版,第7页。
② [美]彼得·德鲁克:《管理:任务、责任、实践》,孙耀君等译,中国社会科学出版社1987年版,第988页。
③ [美]彼得·德鲁克:《管理:任务、责任、实践》,孙耀君等译,中国社会科学出版社1987年版,第990页。
④ [美]彼得·德鲁克:《管理:任务、责任、实践》,孙耀君等译,中国社会科学出版社1987年版,第990页。

财产权关系和权力关系被现代的多种利益体的交织所打破，业主本人受利益制约已经不能驾驭多种利益的冲突，社会需要一个能承担大众和协调利益的管理阶层出来，这个阶层履行了道德的规范和所有个人的期望，管理人员的合法性由此而诞生。可以把德鲁克的意思进一步浓缩为：管理人员成为组织的掌权者的合法性根据是他们体现了社会道德要求。

也正是社会道德的要求使经济组织的管理任务从追求利润最大化到取得发展所需的利润。完成这一转变的是社会的要求和职能化管理阶层的出现，如果权力仍是封建家长式的，就体现不出社会的道德要求。

300年前英国作家曼德维尔（Mandeville）在《蜜蜂的寓言》中提出了一项原则，即个人所做的坏事能促进公众的福利。这项原则在100年之后成了资本主义的原则，即个人贪婪追求利润的行为，通过看不见的手，促进了公众的福利。① 从道德观点来看这项原则是不受欢迎的，如果基于贪婪而成功，"资本主义愈是成功则愈是不受欢迎"。从伦理层面讲，"利润最大化"或者"利润动机"是不道德的是反社会的。②

但是，今天的情况不同了，个人对利益的追求通过组织的目标而实现。业主和员工都得加入组织而获得各自的目标，组织目标已经不是个人或者少数人的目标，它是团体的目标、社会的目标。企业经理人员的职责在于把公众的需要转化为企业发展的机会，在于预测、确定、满足市场和个人的需要、消费者和职工的需要。也就是说，经理人员之所以成为掌权者，在于其职位动机不再是那种个人的贪婪，而是满足了企业和社会的需要。管理人员的出现，使300年前那种"个人做的坏事能促进公众的福利"变为了"个人力量能促进公众的福利"。"这可以作为管理人员合法性的依据，作为建立权力的道德准则。"③

第三，管理人员是组织发展不可或缺的宝贵资源。

德鲁克以福特公司的兴衰为例，说明管理团队对于组织发展的重要性。亨利·福特在1905年时从一无所有开始，15年后建立起了一个世界上最大且盈利最多的汽车制造业企业（福特公司）。该公司在20世纪初叶几乎垄断了整个市场，从利润里面积累了十亿美元的现金储备。但是过了几年，到了1927年，这

---

① ［美］彼得·德鲁克：《管理：任务、责任、实践》，孙耀君等译，中国社会科学出版社1987年版，第990页。
② ［美］彼得·德鲁克：《管理：任务、责任、实践》，孙耀君等译，中国社会科学出版社1987年版，第990页。
③ Peter Drucker. Management：Tasks, Responsiblities, Practices. New York：Harper & Row, 1974. p. 810.

个几乎是不可摧毁的企业王国已摇摇欲坠了。在随后十多年的时间，每年都赔钱。1944年，福特公司创立人26岁的孙子福特二世，接管了这家公司，两年后经过一次宫廷政变把他的祖父推下了宝座，引进了一套新的管理班子并拯救了公司。福特一世之所以失败是由于他坚信一个企业无须管理人员和管理。任何一个助手如果敢于像一个管理人员那样行事和作出决定，福特不管这个人有多么能干，都会开除他。福特有十几亿美元支持他不要管理人员的信念。福特的失败不是因为个性或气质，而是拒绝承认管理人员和管理是必要的，拒绝承认管理人员和管理要以职能为依据，而不能以上司的授权为依据。① 德鲁克举这个例子的目的在于说明管理人员的"合法性"。"在绝大多数的企业中，管理人员是最昂贵的资源，而且是折旧最快、最需要予以补充的资源。"②

如果不重视管理团队，给企业甚至给整个国家都会造成巨大的损失。英国在19世纪之后之所以从世界经济领先地位上跌落下来，主要不是由于它技术上的差距，而是由于它在管理上的差距，它未能在一种真正的管理的基础上改组其庞大复杂的工商企业。英国不是改组公司，而是采取了一种妥协的办法。公司董事会既不是一个监察机关又不是管理机构，而是两种的混杂，职权关系不清。德国人则不同，一开始就把同财务、家族、权势有关的人排除在管理机构之外，这些人进入监事会，职权关系十分明确。③

德鲁克把管理职能化的过程叫作"相位的转变"（change of phase），类似于物质形态从液态到固态的转变，它是管理中的革命，意味着多种改变。"归根结底，管理意味着用思想代替体力，用知识代替惯例和迷信，用合作代替强力。它意味着用责任代替等级的服从，用取得成就的职权代替权力的职权。"④

7.2　经验决定管理的范式

管理理论随着经验变化而变化是德鲁克经验主义方法之要诀。按此逻辑，

---

① Peter Drucker. *Management*：*Tasks*，*Responsiblities*，*Practices*. New York：Harper & Row, 1974. p. 381.

② Peter Drucker. *Management*：*Tasks*，*Responsiblities*，*Practices*. New York：Harper & Row, 1974. p. 379.

③ ［美］彼得·德鲁克：《管理：任务、责任、实践》，孙耀君等译，中国社会科学出版社1987年版，第484—485页。

④ Peter Drucker. *Management*：*Tasks*，*Responsiblities*，*Practices*. New York：Harper & Row, 1974. p. 454.

管理理论的核心板块"管理范式"也是随着时代的变化以及实践经验的变化而变化。德鲁克"范式"转化理论体现了这一方法。他认为，管理学的基本假设就是它的基本范式，虽然在一定时期已经"盖棺定论"，但仍需要根据变化了的情况和新的经验而重新建构。①

假设通常在理论家和实践者的潜意识中，这些假设很大程度上决定了主体的认识深度、方向。20世纪30年代时，大多数管理理论家和管理实践者对于管理有两套假设。

第一套假设是关于管理原则的假设：
（1）管理是企业管理。
（2）企业应当具有或者必须具有一种恰当的组织形式。
（3）企业应当采取一种管人的恰当方式。

第二套假设是关于管理实践的假设：
（1）技术和用户是一成不变的和已知的。
（2）管理的范围是由法律决定的。
（3）管理是对内的管理。
（4）按国家边界划分的经济体是企业和管理依托的"生态环境"。②

德鲁克认为，直到20世纪80年代，第一套假设还在运行，可是第二套假设就不再有效，"几乎成了被讽刺的对象"，因为这些假设与现实偏离太远。"现在正是审视以前的假设，提出全新假设的最佳时期。"③ 德鲁克根据时代的变化，建构了新的管理范式：把管理视作所有组织的"工具"；管理之道在于创新而不在于符合组织形式；管理假设根据情况变化而设。

7.2.1 共有的"工具"

管理曾被理解为"企业管理"，随着组织的发展，管理的范围应重新建构，它涉及所有的现代组织。泰罗的"科学管理"是生产流程管理，为了区别它，法约尔用"一般管理"把管理的范围扩大到整个企业层面。泰罗和法约尔都没有跳出企业的范围来谈论管理。由于他们著作的影响，外界也基本认定，管理

---

① ［美］彼得·德鲁克：《21世纪的管理挑战》，朱雁斌译，机械工业出版社2006年版，第1页。
② ［美］彼得·德鲁克：《21世纪的管理挑战》，朱雁斌译，机械工业出版社2006年版，第3页。
③ ［美］彼得·德鲁克：《21世纪的管理挑战》，朱雁斌译，机械工业出版社2006年版，第3页。

是企业的管理，不包括社会、行政管理。德鲁克认为，管理学创立之初有走向普遍性的苗头，后来社会上的人和研究者误解了管理理论的普遍性含义，结果就把管理局限在企业管理的层面。因为这种局限带来了随后对管理学的误解和单一的技术化发展方向。①

把管理等同于企业管理还有一个实践上的原因，即工商管理是20世纪管理成功的史实。工商企业是首先出现的现代机构（如铁路和通用银行在19世纪末作为大企业出现），显示出不同于从旧机构脱胎而来的结构。政府、军队、医院、大学都是从旧机构演变来的，带有旧式结构的特点。工商企业以效率证明了自己的成功，其运作模式被认为是管理。管理以效率为目标，只有经济领域才能在资源分配和决策成果方面加以衡量。利润率固然不是一个完善的衡量标准，但它是衡量管理的一种量度。②

管理学为什么把"公共管理"和"医院管理"这样的类别排除在管理学之外呢？德鲁克认为这是特殊原因造成的。自美国大萧条时期起，人们就认为管理是对企业的管理。因为萧条，人们就对企业管理产生了敌意，对企业主充满了敌意。公共部门又想用管理来挽救这一局面，于是公共部门的管理就开始另立门户，名称改为公共管理（public administration）。同样的原因，医院管理也另立门户。③

但是，自第二次世界大战以后，企业在恢复生产中的作用越来越大，企业管理成为时髦的词汇，政治家、普通大众和研究者给企业管理以很高的地位，把企业管理等同于管理了。于是大学也开始转向，把"商学院"变为"管理学院"。传授的课程不再局限在计量性的方法，而是原理性方面。非营利性的课程如雨后春笋般冒出来，以企业和非盈利性机构的高级管理人员为招生对象的高级管理人员课程班大量涌现。④

德鲁克认为现在的情况不同了，各种组织中相同的管理问题要占90%，只有10%是不同的。因此，管理学应重新回到它本位的假定上，这样人们对管理学的研究才能得出丰硕的成果。这个假定就是："管理是所有组织所共有的和独

---

① [美]彼得·德鲁克：《21世纪的管理挑战》，朱雁斌译，机械工业出版社2006年版，第4页。
② Peter Drucker. *Management: Tasks, Responsiblities, Practices.* New York: Harper & Row, 1974. p. 9.
③ [美]彼得·德鲁克：《21世纪的管理挑战》，朱雁斌译，机械工业出版社2006年版，第5页。
④ [美]彼得·德鲁克：《21世纪的管理挑战》，朱雁斌译，机械工业出版社2006年版，第5页。

具特色的工具。"① 除了相同的管理问题之外，不同组织对管理者也有类似的要求：管理者的工作应该以公司的目标、任务为基础，他的工作能以他的清楚的可以衡量的贡献来衡量。管理者的工作尽可能宽泛，不能排除在外的事物都应该是管理者的职责。管理者的工作应该受绩效目标的指引和控制，而不是上级指导和控制。②

德鲁克对管理有两个看似矛盾的结论："管理是一门学科"；"管理不是一门精确的学科"。"管理是一门学科"表明"表明企业管理的技巧、能力和经验是不能搬运到其他机构的"。"管理不是门精确的学科"，一个人可以不经过专业培训也能管理一个企业，而一个外科大夫却要经过严格的培训。对管理者不需要办理许可证，对专业技师却要颁发许可证。这足以证明管理不能成为一门精确的学科。③ 德鲁克这两个看似矛盾的结论是相互联系的。企业管理是以效率和成果为标准的，其他社会部门的管理不一定以成果为标准，可能以稳定来衡量。经济组织和社会组织的管理共性不能以经济组织的经济绩效来衡量，对管理人才的要求不会像对技术要求那么严格，共性的管理能够从其他途径通达，如果要求管理人员都具有某种技术文凭，那将是对经济和社会的破坏。④ 从"管理不是一门学科"到对管理人员要求的普适性，说明组织管理的共性，并非严格局限在经济领域的个性，即便经济组织的个性亦渗透社会组织的共性。

7.2.2 创新还是探求固定的组织形式？

在管理历程中，思想家一直在探求一种"恰当的组织形式"，把它理解为有待发现的客观规则，只要找到了这些普遍规则，就能管理好组织。⑤ 19 世纪末，社会组织结构已经变化了。大型组织突然来临社会，如大企业、政府行政机构、军队等。尽管组织的具体形式在变化，但是人们思维却没有变，一直在寻找固定的不变的能适合所有组织的形式。

对普遍组织形式的追求来自法约尔的影响。法约尔是首先具有这种假定的人，相反泰罗却没有这种意识。泰罗用"业主及其帮手"的管理代替组织的管

---

① ［美］彼得·德鲁克：《21 世纪的管理挑战》，朱雁斌译，机械工业出版社 2006 年版，第 6 页。
② Peter Drucker. *The Practice of Management*. Harper & Row，Publishers，1986. p. 137.
③ ［美］彼得·德鲁克：《管理的实践》，齐诺兰译，机械工业出版社 2006 年版，第 8 页。
④ ［美］彼得·德鲁克：《管理的实践》，齐诺兰译，机械工业出版社 2006 年版，第 8 页。
⑤ ［美］彼得·德鲁克：《21 世纪的管理挑战》，朱雁斌译，机械工业出版社 2006 年版，第 6 页。

理。自第一次世界大战起,大型组织越来越认识到组织结构的重要性,开始学习使用法约尔的职能组织理论。后来发现按职能划分的组织在实践中遇到一些困难,于是提出分权化管理(decentralization)的概念。最近几年又提出了团队的概念,一直没有停止过对"一种恰当的组织形式"的追求。①

德鲁克认为,与其把"普遍的组织原则"看成是一种客观的不变的,还不如把这些原则看作是主观的可变化的。在实践中按如下的原则办事,那么原来对客观原则的追求就变为对主观原则的追求。

"第一条原则:组织必须是透明的。员工要了解他们在什么样的组织结构中工作。第二条原则:在某些方面,组织里必须有人有最后拍板的权力,在面临危机时,必须有人站出来掌控全局。这条原则合情合理,同时说明权力与责任也是对等的。"②

这两条原则显示了德鲁克的经验主义方法。不把管理理解为追求客观形式的过程,而是根据经验不断解构的过程。"与其寻找恰当的组织形式,还不如学会寻找、发展和检验适合有关任务的组织形式。"③

回顾历史,任何管理理论只能对应特定的历史时期。麦格雷戈在《企业的人性面》里提出了"理论X"和"理论Y"。随后他认为只有"理论Y"才是合理的。德鲁克认为,"理论X"和"理论Y"都是正确的,只是对应的历史时期不同而已。经验随着实践的变化而变化,真理就可能转为谬误。④

在经常变化的人际关系中人不可能追求到普遍的组织原则。以前在军队组织和技术组织中,上级是层层打拼出来的,比下级更熟悉更了解情况,是下级的老师。可现在情况并不是这样,下级不再是一个技术工作者,而是一个知识工作者,在实习期过后,往往比上级更能了解他所在的领域。解决问题的方法更多的是来自下级。"换句话说,组织与雇员的关系,与其说是上下级的关系,还不如说是交响乐团的指挥与乐器演奏者之间的关系。"⑤

---

① [美]彼得·德鲁克:《21世纪的管理挑战》,朱雁斌译,机械工业出版社2006年版,第7页。
② [美]彼得·德鲁克:《21世纪的管理挑战》,朱雁斌译,机械工业出版社2006年版,第9页。
③ [美]彼得·德鲁克:《21世纪的管理挑战》,朱雁斌译,机械工业出版社2006年版,第12页。
④ [美]彼得·德鲁克:《21世纪的管理挑战》,朱雁斌译,机械工业出版社2006年版,第13页。
⑤ [美]彼得·德鲁克:《21世纪的管理挑战》,朱雁斌译,机械工业出版社2006年版,第14页。

历史上所有的管理思想家的组织原则都被实践证明过时了，事实上并不存在所谓不变的组织原则，因此管理要不断地创新，不要墨守成规。赫茨伯格在《工作中的激励因素》（*The Motivation to Work*）中认为，金钱只是满足生存、舒适的一个"保健因素"。有了金钱能换来必要保健条件，但这些却不是激励人创造性工作的因素，而只是消除不满意感。激励人创造性工作的是能满足个人自我实现需要的激励因素，包括：成就、赏识、挑战性的工作、发展的机会等。德鲁克认为这一理论虽然先进，仍要发展。由于每个人的目标价值和自我实现的意图不一样，因而对每个人的管理方法也要因人而异。就目前变化的情况来看，应该"采取管理合作者的方法来管理雇员。在地位上，所有合作者都是平等的。不能向合作者发号施令，他们需要被说服。这些管理的改变不是理论 X 和理论 Y 所能解释得了的"①。德鲁克的意思是，"理论 X""理论 Y"、双因素理论都对应过去的历史时期。以前假设只适合以前的情况，现在情况变了，需要新的假设，这就是德鲁克的经验主义逻辑。最后他根据目前的情况提出新的管理假设：

    管理不是管理人；管理是领导人；管理的目标是充分发挥和利用每个人的优势和知识。②

7.2.3　建构新范式应考虑的情况

德鲁克经验主义方法不仅批判过时的管理范式（假设），而且根据情况建构新的范式（假说）。从方法论来说，德鲁克并不提倡以后永远遵照新的范式，否则遵照新范式的方法与他批判的"追求固定的组织形式"的方法没有什么两样，德鲁克建构的新范式对应的是现有的情况。

德鲁克"管理的新范式"③（假设）主要涉及管理战略方面的假设。他在《管理：使命、任务、务实》中曾论及管理战略与战术的区分，并认为战略是管理的根本。他从管理是什么过渡到管理学科是什么，从管理学科是什么思考到管理战略和战术的区分。德鲁克以下两段论述涉及这一思维的过渡，并为下一

---

① ［美］彼得·德鲁克：《21 世纪的管理挑战》，朱雁斌译，机械工业出版社 2006 年版，第 15 页。
② ［美］彼得·德鲁克：《21 世纪的管理挑战》，朱雁斌译，机械工业出版社 2006 年版，第 16 页。
③ ［美］彼得·德鲁克：《21 世纪的管理挑战》，朱雁斌译，机械工业出版社 2006 年版，第 1 页。

步管理战略方面的新假设打下铺垫。

"管理这个词是很难理解的。首先,它是美国的一个词,很难译成其他语言,甚至难以译成英国的英语。其次,它的含义颇多。它既表明一种职能,同时又指承担职能的人。再者,它表明一种社会地位,同时又是指一门学科和一门研究领域。"①

"管理学作为一门学科的含义是,有些专门的管理技巧只适合管理学,不适用于其他学科。这些技巧之一是组织内的信息交流,另一种技巧是决策和规划。管理学作为一门特别的学科,有自己的基本问题、特殊方法和特别关系的领域。一个懂得管理学科,但不会使用管理工具的人仍不失为一个有效的管理者。而一个只会管理工具但不理解管理基本原理的人却不是一个管理者,最多只算是一个技术员。"②

按德鲁克的理解,管理可分为战略性的管理和战术性的管理。战略性的管理涉及"决策""规划",战术性的管理涉及管理的工具性方法。战术性的管理多以报告和程序的形式出现,是管理上必需的工具。战略是对战术的深层次思考和指导。如果没有战略指导,战术性的程序(工具)就可能被误用,就不再是管理工具而是"邪恶的统治手段"。③ 最常见的程序被误用的方式有三种。

(1) 把程序当作道德规范的工具。其实不然,企业制定程序依据的是经济法则。程序不会规定应该做什么,只会规定怎样做才能迅速完成。我们永远也不可能靠制定程序来规范行为。因此,正确的行为绝不可能靠程序来建立。

(2) 以为程序可以代替判断。只有在不需要判断的地方才需要程序,在经过实践检验过的地方才需要程序。西方文明十分迷信制式表格的神奇效用。而当我们用程序来对付例外的时候,迅速分辨出例外不适用于标准程序。特别处理需要的是判断,而不是程序。

(3) 最常见的误用方式是把报告和程序当作控制下属的工具。结果,管理者没有办法把注意力集中在自己的工作上,把力气花在处理表格上。④

德鲁克认为,管理的战略和战术都要根据情况变化而变化,就目前而言,

---

① Peter Drucker. *Management*: *Tasks*, *Responsiblities*, *Practices*. New York: Harper & Row, 1974. p. 5. (参阅德鲁克:《管理:使命、责任、务实》(使命篇),王永贵译,机械工业出版社 2006 年版,第 5 页)

② Peter Drucker. *Management*: *Tasks*, *Responsiblities*, *Practices*. New York: Harper & Row, 1974. p. 17.

③ [美]彼得·德鲁克:《管理的实践》,齐诺兰译,机械工业出版社 2006 年版,第 112 页。

④ Peter Drucker. *The Practice of Management*. New York: Harper & Row, 1986. pp: 133—135.

以下的情况应纳入建立管理新范式的战略考虑。

第一，技术和产品的用途处在经常的变化之中。

工业革命早期，从纺织业开始，都各自形成了本行业独特的技术。行业技术之间也没有多大的联系，顾客购买产品都是有特定的用途，一类产品只适合特定的用途。于是管理者的头脑里存在这样的假设："技术和最终用户是一成不变的。"可是，现在的情况变了。"与19世纪不同，现在的技术不再互不相干，而是你中有我，我中有你。"外行业的技术迫使本行业的人员去适应、改进，也许稍加改造就成为本行业新的材料和产品的组成要素。管理学要适应这样的变化，重新制定假说："管理学将越来越多地需要以这样的假设为基础，即技术和最终用途都不是管理政策存在的基础。它们存在局限性。在可支配收入的分配上，客户的价值和决策应该才是管理政策的基础。因此，这些基础日益成为指定管理和战略的出发点。"①

第二，企业联盟超越了法人的范围。

在规范企业的经营活动中，西方社会普遍建立了法律体系，管理的范围都是局限在法律认可的范围内。企业法人、首席执行官、董事会等都有规范化的界定，这给管理界带来了影响，造成了这样的假设："基于命令与控制的传统管理概念，是提出这条假设的原因之一。命令与控制实际上是由法律决定的。企业的首席执行官和医院的院长拥有的命令与控制权没有超出法律对这些机构的约束范围。"②

后来出现了企业联盟，即许多企业构成一个有机的管理系统，企业之间的关系是靠经济利益维系而不是靠法律上的控制关系来维系。企业联盟的最大优势就是成本较低，避免了重复生产和重叠的环节，有的企业联盟的成本优势高达30%。近来，企业的发展出现了"真正合作伙伴的身影，他们拥有平等的权力，真正具有独立性"。德鲁克认为，基于这些变化，需要重新界定管理的范围。整个联盟和合作的流程应该纳入管理的范畴。虽然这个假设具有前瞻性，仍具有指导意义。这个假设是："将来，管理，无论在理论上还是在实践上，日益需要以新的假设为存在的基础，即管理的范围不是由法律决定的。新的假设

---

① [美]彼得·德鲁克：《21世纪的管理挑战》，朱雁斌译，机械工业出版社2006年版，第21页。
② [美]彼得·德鲁克：《21世纪的管理挑战》，朱雁斌译，机械工业出版社2006年版，第22页。

应具有可操作性，应该包括整个流程，应该关注整个经济链的效益和绩效。"①

第三，管理不是由一种政治关系决定的。

传统的管理往往局限于一个国家内部，因此，管理学界和社会上大多数人都持有这样的假定："按国家疆界划分的国内经济是企业、非营利性机构赖以生存的生态环境。"传统意义上的跨国公司也基本上没有跳出这个模式。跨国公司以本国的生产为基础，一旦跨到其他国家，其经营模式就是由所在国家的政治决定。第一次世界大战时期，菲亚特奥地利公司是菲亚特意大利公司的全资子公司。除了由意大利总公司提供设备外，奥地利分公司几乎是一个独立的公司。子公司的一切原材料产品都在当地购买和销售，包括CEO在内的所有人员都是奥地利本地人，好像与意大利总公司没有什么事。②

德鲁克认为，现在的情况变了。今天的跨国公司只是把国家当作一个"成本中心"，"它不是一个组织单位、企业单位、战略单位和生产单位，而是一个错综复杂的事物"。因此，国家和管理的疆界不再重叠，管理的范围不再由政治决定。国家的疆界仍然是重要的，但管理可以超越疆域。根据这种情况，新的假设应该是："国家疆界主要作为约束机制发挥着重要的作用。决定管理实践的不是政治，而是经营方式。"③

第四，组织与外界的关系越来越重要。

所有传统假设都得出一个结论：组织内部是管理的领域。德鲁克认为，在实际的管理实践中，这种区别没有任何意义。任何企业或者组织如果没有创新，很快就会被社会淘汰，但是创新活动往往是从企业外部开始的，企业最终的活动是与外界进行某种交换，更新的信息是从外界传进来的。如果把管理活动局限于内部的管理，这与创新的过程不相符合。任何企业如果只是认为管理和创新是两回事，那么它就离关门的日子不远了。④

以实践的发展来建立管理范式的方法体现了德鲁克的经验主义方法。在建立新的管理范式中他紧扣的还是成果导向。他认为管理的第一任务是规定组织

---

① [美] 彼得·德鲁克：《21世纪的管理挑战》，朱雁斌译，机械工业出版社2006年版，第25页。
② [美] 彼得·德鲁克：《21世纪的管理挑战》，朱雁斌译，机械工业出版社2006年版，第25页。
③ [美] 彼得·德鲁克：《21世纪的管理挑战》，朱雁斌译，机械工业出版社2006年版，第27页。
④ [美] 彼得·德鲁克：《21世纪的管理挑战》，朱雁斌译，机械工业出版社2006年版，第27页。

的绩效。"管理的责任是通过协调组织的资源,在组织外取得成效。"①"管理存在的目的是帮助组织取得成效。它的出发点应该是预期的成效,它的责任是协调组织的资源取得这些成效。它是帮助组织在组织外取得成效的工具,无论这个组织是企业,还是大学或医院。"②

以成果(绩效)为导向,以实践变化为依据,现在的管理"需要建立一个最终的全新的管理范式",德鲁克把这个范式概括为:"只要能影响组织绩效和成效的,就是管理的中心和责任,无论是在组织内部还是在组织外部,无论是组织能控制的,还是不能控制的。"③

7.3 "绩效之途"与超越

前面已论及经验主义方法与具体方法之间的关系,德鲁克的具体方法只是针对他认为的目前情况,并不是指绝对不变的方法。德鲁克在《成果导向——有效的管理思路和分析方法》中把"通往绩效之途"的具体方法概括为:"关键决策、企业战略选择、有效的运行程序"④。综合德鲁克在《管理:使命、责任、实务》《21世纪的管理挑战》《管理的实践》中的相应观点,可以把德鲁克所提倡的带有哲理性的以成果为导向的实践方法概括为:对技术自觉管理、有效决策、合理升迁、自我管理、建立创新性组织。

7.3.1 对技术自觉管理

德鲁克认为,现代组织之所以存在,是由于其存在的合理性,它向社会提供了某种服务。医院存在是为了治病救人,而不是雇佣医生和护士;冶金厂的存在是为了制造高质量的金属,而不是制造噪音、排放毒气。企业在对社会做贡献的同时也带来了负面影响,但贡献是主要的,负面影响是附带的,在很大

---

① [美]彼得·德鲁克:《21世纪的管理挑战》,朱雁斌译,机械工业出版社2006年版,第28页。
② [美]彼得·德鲁克:《21世纪的管理挑战》,朱雁斌译,机械工业出版社2006年版,第28页。
③ [美]彼得·德鲁克:《21世纪的管理挑战》,朱雁斌译,机械工业出版社2006年版,第28页。
④ [美]彼得·德鲁克:《成果导向——有效的管理思路和分析方法》,霍心一译,中国财政经济出版社1990年版,第180页。

程度上是不可避免的。①

"无论是有意造成的还是无意造成的,人们必须对他们所造成的负面影响负责,这是一条规则。"② 公司认识这些应该是自发的,不要等到问题出了以后再去弥补。如果用"公众并未察觉""公众并未反对"来为造成的影响找借口,就会导致"对社会正直的侵犯",社会和企业管理当局也将付出高昂的代价。为了对社会负责和不造成无法挽回的恶果,企业应该对技术自觉管理。

第一,企业要自觉"预测新技术的影响和副作用"。

为什么要提倡企业自觉预测,而不是依靠权威质检部门去预测?因为权威部门鉴定的不可靠性早已司空见惯。③ "美国国会成立了一个技术评价局,人们希望这个机构能检测出哪些技术能发挥重要作用,哪些有长期的影响,哪些值得鼓励和禁止的新技术。这种企图最终以失败而告终。因为这种评价往往鼓励了某种不恰当的技术而阻碍了我们需要的技术,新技术的影响是未来的,超出了任何人的想象。"④

DDT是第二次世界大战期间制造出来的,用来防止美国士兵受到蚊虫的叮咬。科学家没有想到它的作用扩大到了杀虫剂,最后变成了危害环境的产品了。⑤ 如果当时有了技术监督局,肯定能审批,因为防止蚊虫的效果确实很好,局限在士兵范围内使用,又没有什么环境危害。专家预言是好的产品,其结果在变化。技术的应用、改进单靠专家是无法预测的。

同样,专家预测是坏结果的技术,其结果往往未曾发生。有些专家预言某种技术的反面影响几乎从未实现过,"私人飞机热潮"就是一例。第二次世界大战后不久,专家预测,如同T型汽车极为流行一样,私人飞机也将极为流行起来。因此建议政府不要兴建地下铁道和第二层桥面,而是兴建一些小型飞机场。只要用初等数学就可以证明对飞机使用的技术评价是行不通的,因为没有足够

---

① Peter Drucker. *Management*:*Tasks*,*Responsiblities*,*Practices*. New York:Harper & Row,1974. p. 327.
② Peter Drucker. *Management*:*Tasks*,*Responsiblities*,*Practices*. New York:Harper & Row,1974. p. 327.
③ Peter Drucker. *Management*:*Tasks*,*Responsiblities*,*Practices*. New York:Harper & Row,1974. p. 330.
④ Peter Drucker. *Management*:*Tasks*,*Responsiblities*,*Practices*. New York:Harper & Row,1974. p. 330.
⑤ Peter Drucker. *Management*:*Tasks*,*Responsiblities*,*Practices*. New York:Harper & Row,1974. p. 330.

的空间来提供。可是当时没有一个专家想到飞行空间是有限的。①

专家对自动化的预测同样不准确。20世纪40年代，每个人都知道电子计算机是一场大的科学革命，但主要是应用于科学和军事。没有人会想到它会被应用于工商企业和政府。当时的市场需求调查的结论是，到2000年全世界能接纳1000台计算机。结果却超过了15万台。后来，随着计算机的广泛应用，甚至到决策领域，专家们又预测它将取代中层管理。20世纪50年代早期《哈佛商业评论》刊登一篇论文"中层管理是否过时了？"，该文的答案是"是的"。事实上，无论是在政府还是在企业中层管理增长了三倍。如果因为有了电子计算机的帮助，而可以取消中层决策的话，很多商业学院都可以关门大吉了。可事实上，工商管理的学生每年都在增长，学习的科目也不局限在应用计算机上去进行管理。②

技术专家的预测往往局限于自己的领域，很难想到其他领域，尤其是社会因素的干扰。即使技术的影响是必然的过程，但是对必然性的预测也受偶然性因素的干扰，有时候对技术的预测比对社会发展方面的预测更难。

德鲁克不看好权威部门的审批程序，而是看重企业本身的自觉预测和良知。这是有人性和战略眼光的。企业自觉预测可以警觉可能带来的副作用，而不是依靠技术指标达标。做到这点需要整体道德水平的提升，需要经济水平的提高。

第二，自我监控和社会监控相结合。

专家的预测不可靠，企业自主预测自然也不可靠。企业自主预测仅仅是防止依靠专家预测的误导以及提倡一种自我改进的精神。提倡预测但不能以预测来规范技术行为。预测的作用在于有目的地监控和改进。

"工作中的主要危害是依靠预测而不是依靠监控。幻想我们可以通过预测来管理技术。技术的确有各种影响，有利的以及有害的影响，有的甚至是很严重的影响。我们无需对这些影响进行预测，但在一种新技术已发生作用时，要对它作必要的监控。"③

预测很大程度上靠猜测，"其中猜对的机遇只有百分之一，而更多地鼓励不

---

① Peter Drucker. *Management*: *Tasks*, *Responsiblities*, *Practices*. New York: Harper & Row, 1974. p. 331.
② [美] 彼得·德鲁克：《管理：使命、责任、实务》，孙耀君等译，中国社会科学出版社1987年版，第419页。
③ Peter Drucker. *Management*: *Tasks*, *Responsiblities*, *Practices*. New York: Harper & Row, 1974. p. 333.

恰当的技术，阻止了最新有利的技术，从而造成损失"①。当局的主要责任是监控发展中的技术，这些技术已经对生活发生了重大影响，足以有根据进行判断、衡量、评价。

对技术的监控应是双重的，它是社会监督机构的监控和自主监控的统一。在时间要求上，社会监督机构是在技术运行中进行监控，企业却是在生产之初就得监控，自我发现问题以便及时改进。否则，等到监督机构或者社会发现问题的时候，企业就将面临困境甚至破产。"最理性的办法"是把监控到的影响"转化为对企业有利的机会"。

"美国最大的化学公司之一的道化学公司，近二十年解决空气和水污染的办法就是自我管理的最好例子。道公司在第二次世界大战不久就确定，空气和水污染应当消除。早在公众强烈反对环境污染以前，道公司就采取了完全消除污染的措施。把从烟窗和下水道排放出来的有毒物质转变成可以出售的产品。另一个例子是美国杜邦工业实验室。杜邦公司早在二十年代就意识到产品的副作用，并着手消除影响。当时其他化学公司还认为副作用是在所难免的。但是杜邦公司却在着手把副作用降低到最低限度并把处理有毒物质的业务发展成一个独立的企业。杜邦公司工业毒物试验室不仅为杜邦公司服务，而且为各种各样的顾客服务，开发无毒的化合物，检测毒性，消除不利的影响。"②

第三，在法规建立之前企业自主建立行业规章。

企业关于技术的规章与法规是两回事，前者是企业主动制定，后者是基于社会要求被迫制定。行业竞争最初是没有规章，导致了问题的出现。"汽车工业的安全带问题、企业对空气的污染问题，最终导致行业危机的产生。企业最终受到的惩罚是严厉的。这一类的危机最终导致丑闻、导致政府的调查、社会的愤怒，最终对产业部门、管理当局、产品失去信心。最后是惩罚性的立法。"③

受利益驱动，企业自主建立行业的技术规章比较困难，"公众在目前还没有看出问题"这一点往往成为技术监督部门不制定规则的理由。④ 美国制药业早在 1955 年就知道，现行的检验新药的规定行不通了。但任何试图制定新规定的

---

① Peter Drucker. *Management*：*Tasks*，*Responsiblities*，*Practices*. New York：Harper & Row，1974. p. 333.
② Peter Drucker. *Management*：*Tasks*，*Responsiblities*，*Practices*. New York：Harper & Row，1974. p. 334.
③ Peter Drucker. *Management*：*Tasks*，*Responsiblities*，*Practices*. New York：Harper & Row，1974. p. 335.
④ 技术监督部门有权制定规章，但无权制定法律。规章代表行业的约束，法律代表社会的约束。

意图都被阻止了。医药行业和技术监督部门都会对试图革新的人说，"别捣乱"。一家公司曾制定出新方案，终于被说服而放弃。①

消除技术的不良影响，企业需要增加成本。除非行业的每一个企业都采用同一规则来控制技术的不良影响，否则，消除企业不利因素将成为竞争中的不利因素。前面举的例子是少数具有战略眼光的企业，且能支付成本进行研究。对那些一下子就想挣很多钱的企业来说，自我消除技术的负面影响是办不到的。这个时候就需要规章。

第四，观念"转换"。

消除技术的影响需要思维方式的"转换"。消除技术的不良影响意味着要花更多的金钱和精力，有时所得的利益不足以补偿所花费的财物。这样就必须在成本和利益之间作出最优平衡的决策，通常只有行业内部人士才能理解这一点。现实中，"绝大多数管理人员知道这一点，但他们一再地期望问题会自行消失。他们不去考虑这个问题，更谈不上行动了。他们至多口头上讲讲。而在遭受损失之后，他们才采取补救办法"②。

如果换一种思维，用"转换"（trade-off）的思维来思考，恐怕企业就能积极采取行动了。把"对技术的管理是技术监督部门的一项责任"转变为"这不仅是公共管理部门的责任，更重要的是企业的一项责任"③。最好的办法就是把消除技术副作用转化成企业发展的一种机会。如果不能利用技术副产品，那么公共管理部门设计一套规则，使所有的同类产品的生产企业都承担消除技术副作用的成本。

7.3.2 有效决策

一般认为，有效决策从收集资料开始，然后整理资料作出判断。德鲁克可不这么认为，认为有效决策始于看法，需要不同意见，需要决策勇气。

第一，有效决策始于看法。

"人们的决策并不是从事实开始，而是从看法开始的。头脑中的看法是那些

---

① Peter Drucker. *Management*: *Tasks*, *Responsiblities*, *Practices*. New York: Harper & Row, 1974. p. 335.
② Peter Drucker. *Management*: *Tasks*, *Responsiblities*, *Practices*. New York: Harper & Row, 1974. p. 337.
③ ［美］彼得·德鲁克：《管理：任务、责任、实践》，孙耀君等译，中国社会科学出版社1987年版，第426页。

未经验证的假设。"①

正因为是假设,常引起争论。有效决策并不是源自对事实取得一致的看法,而是源自不同看法的交锋、争论,通过争论和权衡之后才产生有效决策。

德鲁克之所以这样认为,基于以下的理由。首先,决策以前是不可能掌握事实的。尽管经历了某些事件,却未必能知道事实。其次,只有从看法开始,才能发现决策是关于什么事的。绝大多数决策的分歧是反映决策是针对什么的分歧,开始的时候并不是十分明朗。有效决策的第一步是确定各种可能的问题,这来源于各种意见和假设。再次,不同看法的争论是有效决策的生产性因素。因此,要求决策者首先去收集资料根本不可取,决策者往往会搜集那些符合他们已经作出结论的事实。每一个人都会找到他需要的事实。统计学家常常对自己所作的统计都不相信,更何况决策者。②

第二,决策需要不同意见。

既然决策从看法开始,"决策者应鼓励提出各种看法"。看法是一种假设,为了验证这个假设,下一步才是考虑需要什么事实。"必须有不同意见和可供选择的各种方案","经理人员所必须作出的决策,如果是大家一致鼓掌通过的,常常不是一个好决策。只有经过各种互相冲突的意见的交锋、争辩、抉择才能作出好的决策"。③

故德鲁克把"在没有不同意见之前,不要作出决策",视为"决策的第一条规则"。为什么决策必须要求有不同意见?有三点理由:"首先,保证组织者不受组织中某些利益体的束缚。每一个人在某些方面对决策者都有所求。听信一方可能会使决策不公正。其次,不同意见才能为一项决策提供可能的方案。一项没有其他可选方案的决策,无论经过怎样的仔细的思考,都是一种赌徒式的孤注一掷。一项决策被证明是错误的可能性极高,如果没有可供选择的方案来补救,很可能遭到惨重的失败。第三,尤其重要的是,不同意见是激发想象所必需的。当人们寻找一种唯一正确的答案时,可能并不需要想象力;当寻找非确定性答案时,需要创造一种新环境,在新环境下得到创造性的答案。"④

---

① Peter Drucker. *Management*:*Tasks*,*Responsiblities*,*Practices*. New York:Harper & Row,1974. p. 471.
② Peter Drucker. *Management*:*Tasks*,*Responsiblities*,*Practices*. New York:Harper & Row,1974. p. 471.
③ Peter Drucker. *Management*:*Tasks*,*Responsiblities*,*Practices*. New York:Harper & Row,1974. p. 472.
④ Peter Drucker. *Management*:*Tasks*,*Responsiblities*,*Practices*. New York:Harper & Row,1974. pp:473—474.

绝大多数管理者对各种不同意见感到害怕，担心造成分裂。但是，"任何重大的决策，都不能在一片掌声中作出。虽然最终要有一个决策，但这个决策必须建立在有各种备选方案的基础之上，而不能建立在压制不同意见的基础之上。事实上，把分歧暴露出来是十分有益的。它使得高层的成员了解分歧，更容易了解背后的原因，懂得怎样去激励和解释某一行为。如果把不同意见隐藏起来，那么反而造成信息交流上的摩擦和领导集团的分裂"①。

有了不同的看法，就创造了一种激发更好决策的环境。在这样的环境之中易于把正确的看法转化为良好的决策，再说各种可供选择的方案也为实践准备了替代方案。因此，有效决策需要不同的意见。这样可以保证不至于被表面看来是正确的，但实际上是虚假的看法所迷惑。

第三，"决策需要勇气"。

决策在争论中产生，其本身仍具有争论性。"有效的决策往往不受人欢迎，也不易实施"，要实施有效决策需要勇气。德鲁克的理由是："没有什么完美的决策。人们必须付出代价，牺牲一些愿望。人们总处在相互冲突的过程之中，并按优先顺序得到平衡。最好的决策也只是一种近似值。"②

因此，决策拒绝妥协。生活中其他事情的妥协与决策的妥协是性质完全不同的。生活中的妥协类似分面包，用一句古老的谚语来表示："半块面包总比没有面包好。"决策妥协就像把一个婴儿劈成两半。所罗门判案的故事就揭示了这个哲理："半个婴儿比没有婴儿坏。"半个婴儿不再是活生生会成长的小孩，而是分成两半的尸体。半块面包还是食物，生活中这样的妥协是可以接受的。

决策之前不应考虑"哪些是人们所不能接受的"以及"哪些最好不提出以免遭到反对"。事情的哲理往往是这样：人们担心的事往往不会发生，而没有考虑到的反对和困难却突然冒出来成为不可克服的障碍。因为担心的事在人们心目中有了应对的方法。换句话说，决策者明理是最重要的，宜人是次要的。有了这个前思维就不难拿出勇气。

7.3.3 合理升迁

德鲁克认为，"合理的升迁制度""才能塑造良好的组织精神和管理绩效"，

---

① Peter Drucker. *Management*：*Tasks*，*Responsiblities*，*Practices*. New York：Harper & Row，1974. p. 79.

② Peter Drucker. *Management*：*Tasks*，*Responsiblities*，*Practices*. New York：Harper & Row，1974. p. 479.

"合理的升迁制度"是通往绩效之途的保证。① 对于怎样合理升迁，德鲁克提倡如下方法。

第一，根据绩效来决定升迁。

危害最深的做法是把绩效不彰的员工调离原来的工作岗位而推荐其升官，却不肯让优秀的员工更上一层楼，借口是"让优秀的员工离开，我们不知道怎么办"。升迁制度涉及组织精神，应该确保具有升迁资格的员工都列在考虑的名单上，而不是只有受人瞩目的人出线。同时还必须由高层主管审慎评估，才不至于"把庸才往上推"或"把优秀人才藏起来"。②

第二，内部升迁和外部升迁相结合。

内部升迁是企业的常态，但易于造成近亲繁殖，其结果变得自鸣得意，自我封闭。公司的规模越大，就越需要局外人参加。即使是高层职位也需要定期引进外部人才，为吸引外部人员的加盟，其待遇可以和遵循正常轨道上来的"老干部"没有什么两样。③ 引进外部人才的意义在于开辟战略思维，借鉴外部成功的经验，有针对性地创新。不要等到企业遇到难题再去请求"外援"，应该把引进外部人才作为公司的共识，这样才能从战略上尽量避免危机，未雨绸缪。④

第三，重品德胜于重能力。

最终能证明管理层真诚和认真的是正直的品质。领导工作通过下属对上级品质的默认和模仿才得以贯彻实施，好的品质树立好的榜样。品质不是一个人能用来愚弄别人的东西。下属通过几周就能知道上司是否具有正直的品质。人们可以原谅上司的许多东西：无能、无知、不牢靠、行为粗鲁，但是不会原谅他的不正直。他们不会原谅高层管理者，因为他们任命了这个人。⑤

领导职务需要什么样的"好品质"难以界定，但不需要什么样的"坏品质"却很好界定。德鲁克的界定是：第一，如果一个人的注意力集中在别人的弱点上，而不是长处上，这个人不能被任命管理职务；第二，如果一个人对

---

① [美]彼得·德鲁克：《管理的实践》，齐诺兰译，机械工业出版社2006年版，第130页。
② [美]彼得·德鲁克：《管理的实践》，齐诺兰译，机械工业出版社2006年版，第130页。
③ Peter Drucker. *The Practice of Management*. Harper & Row, Publishers, 1986. p. 155.
④ [美]彼得·德鲁克：《管理的实践》，齐诺兰译，机械工业出版社2006年版，第131页。
⑤ Peter Drucker. *The Practice of Management*. Harper & Row, Publishers, 1986. p. 157. （参照彼得·德鲁克：《管理的实践》，齐诺兰译，机械工业出版社2006年版，第132页）

"谁是正确的"这一问题比"什么是正确的"这一问题更感兴趣,这个人不应予以提拔。打听"谁是正确的"是将个人的因素置于工作理性之上的一种堕落的表现,而且起着腐蚀作用,会鼓励下属谨小慎微、玩弄权术,会鼓励人们一发现错事就会立即掩盖,而不是采取纠正行为。①

管理层不应该任命一个将才智看得比品德更重要的人。一个人可能知之不多,绩效不佳,缺乏判断能力和工作能力。如果正直,他不会损害企业的利益。如果缺乏正直的品质,无论他多么学识渊博,多么聪明,多么成功,他具有破坏的作用。他破坏企业中最有价值的资源——企业员工。他败坏组织精神,损害企业的绩效。对于高层企业管理来说,尤其如此。因为组织精神是由高层管理开创的。如果一个企业有良好的风气,那是因为高层风气好;如果一个企业腐败,那是因为高层腐败,上梁不正下梁歪。除非管理层希望某个人的品质成为下属学习的典范,否则不应提拔这个人。②

第四,后备升迁计划弊大于利,应根据员工自主性和组织需要来决定升迁。

德鲁克认为,后备"升迁计划"针对是可以获得升迁的员工,后备人选的方案本身是误导人的。它暗含着公司的组织结构仍然不变,只是找人来接替现有的职务。然而,未来的工作和组织结构是不断变化的,因此,要培养的是满足明天工作的管理者,而不是完成昨日任务的人。③

德鲁克认为,为高层人员寻找后备人员这一做法,实质上是早在一个人被提升到高层管理之前,这个决定就已经作出。今天的低层管理者作为后备人员将在明天担任高层管理者,依此类推,到必须找人来掌管企业的时候,被挑选的人只剩下三四个人了。当指派人员担任领班、部门总管、地区销售经理的时候,已经做了未来高层人员人选的决定。这样,所谓挖掘有潜力、提拔值得提拔的人才的观念完全是谬论。没有一种方法可以预测一个人的长期发展。用预测一个人成长的方法来挑选管理人员,只有上帝才做得到。无论这些方法多么科学,最多只有六七成准确。没有人有权根据几率来安排或剥夺别人的职业发展。④

被圈定在可提拔的人数只占总人数的 1/10,充其量也不到 1/5,却把 9/10

---

① [美]彼得·德鲁克:《管理的实践》,齐诺兰译,机械工业出版社 2006 年版,第 133 页。
② Peter Drucker. *The Practice of Management*. Harper & Row, Publishers, 1986. pp: 157—158.
③ Peter Drucker. *The Practice of Management*. Harper & Row, Publishers, 1986. pp: 183—184.
④ [美]彼得·德鲁克:《管理的实践》,齐诺兰译,机械工业出版社 2006 年版,第 154 页。

的人弃之不顾。公司需要纳入培养计划的不是那些已经被圈定的人，而是那些还没有得到步步高升，也不会糟糕到被解雇的人。这类员工在企业中占了多数，而且他们也承担了企业大量的管理工作。公司不考虑这些管理人员的培养，而采用圈定的培养方式，无论提拔的人才是多么优秀、无论是经过怎样的慎重筛选，整个管理团队仍然不足。无论中选的少数人带来多大的好处，遭到忽略的多数人扭曲和愤慨的心态将抵消掉这些效果。提拔想提拔的人这种制度，无论怎样谨慎，整体选拨制度仍然是独断专权，偏袒徇私。①

德鲁克认为，在大型组织中"圈定式"培养管理者的活动尽管必要，却只是辅助工具，真正重要的是组织重视员工的自我发展，让员工个人靠自己的努力和才能成为一个管理者。没有任何企业有能力和义务取代员工个人自我发展的努力。"圈定式"培养不但是家长式的不当干预，也展现了愚蠢的虚荣心理。②怎样培养管理者呢？德鲁克提出两个原则。"培养管理者的第一个原则是培养所有的管理者。第二个原则是，培养管理者的过程是动态的，不能把目标放在取代今天的主管上，而是放在明天的需求上。"③

7.3.4 自我管理

自我管理源自于时代的变化。"20 世纪，制造行业的体力劳动者的生产率增长了 50 倍，这是管理作出的最重要的贡献，实际上也是真正独一无二的贡献。21 世纪，管理需要作出最重要的贡献与 20 世纪的贡献类似，它要提高知识工作和知识工作者的生产率。20 世纪，企业最有价值的资产是生产设备。21 世纪，组织（包括企业和非赢利性组织）最有价值的资产将是知识工作者及其生产率。"④ 由于生产方式的变化，发达国家知识工作者迅速成长为一支规模最大的劳动大军。在美国的劳动力总人口中，他们的比例可能达到了 2/5，其他国家的比例也在迅速增加。最重要的是，在将来，知识工作者的生产率将日益成为

---

① Peter Drucker. *The Practice of Management*. Harper & Row, Publishers, 1986. pp: 184—185.
② Peter Drucker. *The Practice of Management*. Harper & Row, Publishers, 1986. p. 187. （参阅 [美] 彼得·德鲁克：《管理的实践》，齐诺兰译，机械工业出版社 2006 年版，第 156 页）
③ [美] 彼得·德鲁克：《管理的实践》，齐诺兰译，机械工业出版社 2006 年版，第 155 页。
④ [美] 彼得·德鲁克：《21 世纪的管理挑战》，朱雁斌译，机械工业出版社 2006 年版，第 120 页。

发达国家繁荣昌盛的关键。①

德鲁克认为，21世纪的管理挑战的一个重要方面是要求知识工作者对自我进行管理。这需要提升对自我的认识。人们往往忽视对自我的认识，即使了解自己的缺陷也不以为然。"一流的工程师往往不了解任何人际关系而引以为荣。会计也常常认为没有必要了解人际关系。反观人力资源部门的人，经常因根本不懂基础会计学或定量分析法而洋洋自得。被调往国外工作的优秀管理人员经常认为他们已经掌握了足够的经营能力，而忽视了了解当地的历史、艺术、文化和传统。不料，他们发现他们高超的经营能力根本派不上用场。"② 要具备成果导向的职能性管理人才，就得从自我的反思开始，对自我管理。自我管理围绕"我是谁？我的优势是什么？我如何工作？我属于哪里？我能作出什么贡献？"③ 等问题而展开，具体涉及如下方法。

第一，分析自己是"善于阅读还是善于倾听"。

在认知方式上，一些人善于以阅读的方式了解外界，一些人则善于以倾听的方式了解世界。多数人都不知道有这两种方式存在，更不知道自己是属于哪一种方式。了解它对于自我管理很有用。

当艾森豪威尔（Dwight Eisenhower）将军出任盟军总司令时，他成为媒体追逐的对象，在每次的新闻发布会上，对记者的每一问题都游刃有余，善于用经过润色的华丽的辞藻来描述情况和阐述政策。可是10年后，当上总统的他遭到了昔日新闻记者（崇拜者）的貌视。他们抱怨说，艾森豪威尔从不专心听他们提出的问题，经常顾左右而言他，而且语无伦次、文理不通。原来，在艾森豪威尔担任盟军总司令的时候，他的副官在新闻发布会至少半小时之前以书面的形式将记者提问收集起来，艾森豪威尔通过阅读，才能从容面对记者的提问。在他之前的两任总统，罗斯福和杜鲁门，他们都善于倾听，而且这两个人都知道自己的擅长点。罗斯福总是坚持别人先将内容大声朗读给他听，然后才去看文字。杜鲁门要求他得力的内阁成员马歇尔和艾奇逊（Dean Acheson）每天给他做40分钟口头上的陈述报告，然后由杜鲁门总统提问。艾森豪威尔显然觉得他应该效仿他的两位闻名遐迩的前任。结果，他根本听不懂记者的提问。艾森豪威

---

① [美] 彼得·德鲁克：《21世纪的管理挑战》，朱雁斌译，机械工业出版社2006年版，第126页。
② [美] 彼得·德鲁克：《21世纪的管理挑战》，朱雁斌译，机械工业出版社2006年版，第119页。
③ [美] 彼得·德鲁克：《21世纪的管理挑战》，朱雁斌译，机械工业出版社2006年版，第143页。

尔显然不知道自己是属于善于阅读这一类。

肯尼迪知道自己善于阅读并掌握字里行间的意思。他的助手都是才华横溢的捉刀手，肯尼迪要求助手先写给他看，然后再口头讨论。他的下任约翰逊（Lyndon Johnson）是个参议员出身，善于倾听是国会议员必备的素质。可他师从肯尼迪，仍然让肯尼迪的助手担任助理，什么事都写给他看。这是他失去总统宝座的原因之一。①

德鲁克举例的解释，似乎牵强。原因可能有很多种，也可能有更深层次的原因。美国人探索管理思想的方法之一就是大胆假设和猜测，这符合美国的文化背景。德鲁克的这些例子是提醒人们认识到自己认知方式的长处和短处，扬长避短，对外界信息敏感。

第二，分析自己"做事的方式是什么"。

德鲁克认为，有些人最适合当下属，有些人只有作为组织的一员才能发挥最大的作用，有些人可以在教练的岗位上做出非常出色的成绩，而有些人完全不能胜任导师的工作。最好的例子是第二次世界大战时期乔治·巴顿将军。他是美国历史上最优秀的军官之一，当被人提议让他单独指挥军事行动时，美国总参谋长马歇尔将军却说，巴顿是美国陆军有史以来最优秀的下属，但他可能是最糟糕的指挥官。

组织中的二号人物在提升为一把手的时候也常常遭遇到岗位不适合的挫折。一把手需要有决策者的素质，也常把他信任的人提为二把手，担任顾问。这些人在二把手的位置上表现得非常出色。但是，当二把手成为一把手时，他们就表现得差强人意。他们往往知道应该作出什么样的决策，但他们不能承担决策的责任。②

第三，分析自己的"价值观是什么"。

20世纪初，德国驻英大使是所有强国驻英外交官中最受尊敬的外交官，只要干下去，注定要飞黄腾达，不是联邦总理也能是个外交部部长。然而，1906年，他突然辞职了。当时，爱德华七世（King Edward VII）已经当了5年的英国国王，驻英外交使团准备为他举办一个盛大的宴会。大家推选这位在外交使团中德高望重的德国大使做宴会主持。爱德华七世是个臭名昭著的风流浪子，明

---

① ［美］彼得·德鲁克：《21世纪的管理挑战》，朱雁斌译，机械工业出版社2006年版，第122页。
② ［美］彼得·德鲁克：《21世纪的管理挑战》，朱雁斌译，机械工业出版社2006年版，第126页。

确要求在节目安排中,当宴会结束时,要从蛋糕里蹦出十几个裸体的妓女。德国大使宁愿辞职,也不愿意主持这次宴会。用他自己的话说,在早上刮脸时不愿意从镜子里看到一个皮条客。①

看来价值观决定行为的导向,另一个例子也能说明这个问题。一位才华横溢的主管经理,在原来的公司被收购后,她本人晋升到更高的一级职位,也是她最擅长的工作,负责挑选最重要的职位人员。她坚信,企业应先从内部选择人选,然后考虑外部。然而,新公司认为应该优先考虑外部人才,目的是补充新的血液。表面上看,这是她与公司的分歧所在,其实,她与公司的基本矛盾不是政策上的矛盾,而是价值观上的矛盾。在组织与员工的关系问题上,在组织与员工对发展所承担的责任问题上,在员工对企业的贡献问题上,她与公司都截然不同。以致她低落的情绪持续了好几年,最后,她递交了辞呈,在待遇上也有不少损失。她的价值观与组织的价值观完全不能共处。

同样公司的经营目标是短期利益还是长期利益,这也是价值观的问题。这在根本上不是经济利益的矛盾。而是人的生存价值观的矛盾。组织有价值观,员工亦有价值观。只有两者相互接近时,员工才会创造出优异的成绩来。②

7.3.5 建立创新性组织

德鲁克把管理思想看作是根据实践经验不断变化的过程,这一过程要不断地创新,而不是被动地去总结经验。总结经验是管理理论形成的方式之一,更为重要的是要根据经验创造性研究。德鲁克提倡如下的方法。

第一,处理好创新与创新管理的关系。

"企业很少把创新作为一项特别重要的工作来予以组织",许多公司都是跟在别人后面改进,服务性机构更是如此。③ 造成这样的局面有其历史的原因,最初人们把创新理解为技术创新,看作是一种研究工作,是只有少数人才从事的工作。历史上也是这种情况,1920—1950 年期间,技术突破局限在少数人之中并没有什么突破,大多建立在第一次世界大战之前的基础之上。思想似乎有

---

① [美]彼得·德鲁克:《21世纪的管理挑战》,朱雁斌译,机械工业出版社2006年版,第126页。
② [美]彼得·德鲁克:《21世纪的管理挑战》,朱雁斌译,机械工业出版社2006年版,第128页。
③ [美]彼得·德鲁克:《管理:任务、责任、实践》,孙耀君等译,中国社会科学出版社1987年版,第961—962页。

发展，但著名的思想家如马克思、达尔文、弗洛伊德、凯恩斯都是立足于19世纪已经提出的思想基础上的创新。①

可是现在的情况不一样了，技术创新速度之快可和19世纪最后数十年相比拟。技术发明到产业应用的周期也缩短了。社会和经济方面经历了重大的创新：19世纪中叶开始的英国地方政府进行改革创立新的结构，俾斯麦德国建立现代福利国家，美国政府接受宪章限制的委托。②"现在，在社会和政治方面又迫切需要创新了。"大都市需要新的政府形式，人与环境的关系必须予以重新考虑和安排，没有一个现代政府能够继续有效地治理了，当前世界的危机要求对机构进行创新。③

所不同的是，"今后的创新必须纳入一个于现存组织之中"。大型企业或者大型机构既能从事行政事务的管理又能从事创新工作④，创新已经不是少数技术专家和思想家的事，或者说专家、思想家依靠组织管理而创新。因为大型组织所掌握的人力资本是100年前所不能想象的。创新已经不是一种技术术语，而是一种经济和社会术语。⑤

了解创新的社会性有助于理解创新的动态过程。创新不是必然属于某些人，创新也不是必然注定的，"创新是按几率分布的"。创新并不仅指技术方面的创新，对创新的管理也应斟酌。对创新的管理是属于管理方面而不是属于技术方面，管理创新的人员不一定是一个技术专家，但要深知创新的动态过程。

"为了对创新进行管理，一个管理人员不一定是一个技术专家。事实上年版，第一流的技术专家往往很少能管理好创新工作。他过于陷在其专业中了，因而很难看出其专业以外的发展。一位冶金专家往往不能看出塑料方面一些新的基本知识的重要性。而塑料方面的新发展却会在相当短的时期内使他引以自豪的许多产品成为陈旧过时。同样的，创新管理人员也不一定是一个经济学家。经济学家从其本性来讲，只是在创新大量普及后才会注意到创新的影响。创新

---

① ［美］彼得·德鲁克：《管理：任务、责任、实践》，孙耀君等译，中国社会科学出版社1987年版，第962页。
② ［美］彼得·德鲁克：《管理：任务、责任、实践》，孙耀君等译，中国社会科学出版社1987年版，第963—964页。
③ ［美］彼得·德鲁克：《管理：任务、责任、实践》，孙耀君等译，中国社会科学出版社1987年版，第964页。
④ ［美］彼得·德鲁克：《管理：任务、责任、实践》，孙耀君等译，中国社会科学出版社1987年版，第964页。
⑤ ［美］彼得·德鲁克：《管理：任务、责任、实践》，孙耀君等译，中国社会科学出版社1987年版，第961—962页。

管理人员必须预测各种要害之点和机会所在——而这却不是经济学家之所长。创新管理人员必须把创新作为创新来研究,并研究创新的动态过程、模式、可预测性。为了对创新进行管理,一个管理人员至少必须了解创新的动态过程。"①

第二,高层是创新的主要动力。

创新源在基层,高层主要是运用各种意见激发新的管理思想,从这个意义上说,高层是创新的主要动力。

"创新性组织中的高层管理是创新的主要动力,它运用组织中的各种意见来激发自己的看法,并使各种意见为整个组织所关心。创新型组织中的高层管理对新思想加以思考和加工,使之成为组织的力量和企业遵循的规范。"②

第三,在企业组织之外搭建一个研究创新的组织结构。

要做到这一点,先决条件是:要对高层管理与企业中的其他人群的关系予以重新组织,建立创新型组织。这种组织既不是官僚性组织,也不是放任民主式组织,而是在正式组织的骨架旁边搭建一个神经系统。传统的组织把注意力集中在工作的流程逻辑上,而创新型组织把注意力集中在思想的逻辑关系上,关注思想的前瞻性和激发作用。③

德鲁克把17世纪后期独立于大学之外的欧洲各国的皇家科学院、伦敦经济学院、拿破仑建立的技术学院和师范学院看作独立的创新的组织结构。独立的研究学院对学术才子没有像传统大学那样要求。17世纪的大学常受到传统和法律的限制,那些年轻的学者不得不在一种压力下站到传统派的一边,因为传统派掌握着升迁大权,创新型组织不必遵行这些教条。基于这个原因,发明原子弹的曼哈顿计划和欧洲核子研究委员会之所以在原有学术机构和政府机构之外独立建立,也正是由于它们的目的在于创新。④

日本和美国的企业类似搭建一个创新型研究机构的做法是,建立一种建议报酬制度。实施这一制度的企业都取得了成功。凡所提建议得到赏识、促进个人成就、促进合作,则付给建议者报酬。一个大企业,没有建议报酬制度,尽

---

① [美]彼得·德鲁克:《管理:任务、责任、实践》,孙耀君等译,中国社会科学出版社1987年版,第971页。

② [美]彼得·德鲁克:《管理:任务、责任、实践》,孙耀君等译,中国社会科学出版社1987年版,第980页。

③ Peter Drucker. *Management*: *Tasks*, *Responsiblities*, *Practices*. New York: Harper & Row, 1974. p. 798.

④ [美]彼得·德鲁克:《管理:任务、责任、实践》,孙耀君等译,中国社会科学出版社1987年版,第983—984页。

管采取了上层的英明决策，都不会取得长久的成功。

还有一种办法就是鼓励组织成员广泛地学习，从学习中创新。组织以一种谦虚、学习的态度不断从经验中创新。"创新型组织要求在整个组织中有一种学习气氛。它树立和维持继续学习的精神。任何时候都不允许任何人认为自己已经学会了。对组织所有成员来说，学习都是一个继续不断的过程。"①

小 结

经验主义方法提倡的是理论根据经验变化而变化，其现实根据是生产方式的变化、具体情况的变化。从经验中提炼的每一个理论都是针对目前的情况，而不能看作是固定的模式。经济关系的发展决定了管理的任务由取得最大利益向取得发展所需的利益转变。社会关系的渗透导致了工商企业的任务要考虑社会责任。组织进化出不同类型，服务性组织则不必以效率为标准。

实践产生经验，经验形成理论，管理合法性是这一经验主义逻辑的体现。管理职能化和管理人员职业化是组织发展的要求，这一要求在管理者身上体现出道德进化的集合，管理人员之所以能取得合法性在于其职能超越了个体的私欲，走向共有的利益。

经验主义方法的另一体现是，管理范式根据情况而设。管理已经超越经济组织的范围，成为所有组织的工具，管理新范式的建构应考虑技术、经济和政治关系的变化。

德鲁克从实践中形成的具体方法有：对技术的自觉管理，有效决策，合理升迁，自我管理，建立创新性组织。每一方法都体现哲理性和现实性的统一。

以成果为导向的经验主义方法强调经验对管理思想的决定作用，忽视了真理的绝对性，在借鉴这一方法时要避免滑入相对主义的思维方式。

---

① Peter Drucker. *Management*：*Tasks*，*Responsiblities*，*Practices*. New York：Harper & Row，1974. p. 799.

结　语

1. 现在西方管理思想哲学方法论、本体论、认识论是相互影响、相互制约的关系，哲学方法论在管理思想的产生和实践应用中起着重大的作用。哲学方法论引导和催化管理思想并有助于管理思想转为具体的实践方法。科学理性方法对科学管理原理、一般管理理论、组织理论起到了思想的催化作用；社会分析方法对于社会人假说、企业管理民主论等理论的形成起到了研究路径的导向作用；系统分析方法对于组织协作理论、学习型组织理论的具体方法的应用起到了概括和指导的作用；人性假设方法把"理论X"到"理论Y"的发展逻辑联系起来，使实践者借鉴"理论Y"有了方法论的导向；文化分析方法使人们更清楚了解到企业文化发展的基本规律，并能运用文化假说指导管理；有限理性方法使组织决策理论具体化为"人—机决策系统"；经验主义方法使管理理论的发展有了辩证的思维。

2. 按功能来划分，现代西方管理思想哲学方法论可分为两类：第一类是激发管理思想的思维方式；第二类是指导实践的具体管理方法。第一类与时代的哲学思潮密切相关，机械论、单一思维、复杂性思维、结构主义、系统论等都对管理思想的产生有过影响（文中有过论述）。第二类方法虽然具有哲理性的思维，但具有很强的实践操作性，如德鲁克通达绩效之途的具体方法。这些具体方法对于我国管理实践具有针对性借鉴作用。企业管理应该学习诸如"对技术的自觉管理"（德鲁克）、"私利不再主导"（圣吉）等具体方法。

3. 现代西方管理思想哲学方法论之间各自相对独立，但也有内在的联系。科学理性方法以追求管理规律、普遍性、合理的结构为目标，类似于科学追求普遍的理性知识，它的优点在于以实证的可操作的方法为导向，使理论科学化，其缺点在于具有机械主义倾向，忽视了人文理性成分。社会分析方法弥补了科学理性方法的不足，以解决社会矛盾为导向，强调人际关系对管理的影响。但这种方法的标准很难统一，常常受到忽视和攻击。系统分析方法似乎弥补了科学理性和社会分析方法的不足，它既有自然科学的基础又有社会科学的视角，系统分析方法具有很高的哲理性（如福利特的方法），但化为具体操作方法仍存在一些困难。人性假设方法融合了科学理性的成分，麦格雷戈明确强调了人性假说的自然科学基础。这一方法使管理策略有了目标，但毕竟是假说，与具体实践的结合还需探索具体的方法。

4. 现代西方管理思想哲学方法论是一种务实的、与时俱进的方法论，思想家一般都认为没有一种绝对的能被实践证明是正确的方法。沙因还明确提出文化分析方法的局限，因而把方法看作是一种设想、假说。希望管理者运用设想、假说中的思维去创造性发挥。实践者也很少声称运用了某一种正确的思想方法，把哲学方法论看作是激发管理创新的手段。实践中有效的方法来自哲学方法论的激发而不是套用。这对我国的管理有启迪作用。中国的管理思想家面对实践问题总是提出尽善尽美的理论框架，从老子的"道"，到现代的人本管理，无一不是力图解释所有的现象和指导所有的过程。有的管理理论还加以其他形式的影响力，结果在实践中思想与实践不一致的情况更多。所以我把本书看作是尝试性地对现代西方管理思想哲学方法论的探讨，希望对读者产生认识上的共鸣、评判，或激发实践的灵感。

5. 现代西方管理思想建立在效率规则之上，故其哲学方法论更适合于工业管理。以效率为标准，从严谨性来说，其可以判断管理方法是否科学。如游泳的规则以速度为标准，动作是否科学就能被判断出来；以下水持久性为标准，其动作就不遵从速度科学。标准不同，科学性就不同，这是管理科学的特点。所以运筹学、管理科学量化研究都是建立在效率标准之上的，离开了这个标准，就称不上科学。就目前而言，工业组织追求效率还不能改变，管理科学还具有效率标准的科学内涵。不过，新的苗头已经出现，对效率追求的恶果是资源的逐步枯竭，社会和人们要求的是持续、公正的发展，与企业的效率至上发生了矛盾。管理思想方法论可能面临效率标准的动摇，其科学性随着改变了的标准将被重新制定。

6. 现代西方管理思想哲学方法论非常重视外因的作用，系统分析方法、文化分析方法、社会分析方法、经验主义方法都提到了外因的作用不可忽视，把改善组织绩效的动力常归结为外力的推动。德鲁克甚至得出了管理不仅仅是对内的管理，还包括对外的管理。

7. 现代西方管理思想家考虑的主要哲学问题是劳资关系问题，也就是管理主体和管理客体的关系问题。泰罗的分红理论考虑企业劳资关系，梅奥考虑整体上的劳资关系，福利特的建设性的冲突理论亦是围绕着劳资的关系展开的。

除了文中提到的七种主要的哲学方法论之外，还有一些其他哲学方法论

（有待研究）。其他哲学方法论没有构成主流，故文中没有单独列章节来讨论。现代西方管理思想总体上可以归结为 12 种（见绪论），其中 11 种思想分别归结为七种哲学方法论。阿基里斯的组织理论应该归为哪一种哲学方法论，这在归属问题上很难划定，也难以把其作为独立的哲学方法，故在此对其哲学方法论的特点做一简单的介绍。

第一，阿基里斯的哲学方法论具有科学理性的特点，他挪用自然科学的假设、推测的方法。他把自己的以下定义看作是对组织和人格关系的假说：组织行为是一种基本的行为，组织是生命的一种基本形式；社会组织自形成之初就是两种构成成分，个人和正式组织（《人格与组织》全篇都在阐述个人与正式组织的关系）；正式组织对个体提出的要求往往与人的个性张扬不相符合，正式组织往往使个人的目标追求感到沮丧、心理冲突和失败；个人为了适应组织的作用力，以反作用力的形式作出调整，如减少对管理层的依赖和顺从感，降低当权者单方面的影响，增加自我负责的机会，使自己的压抑情绪得到发泄（方式包括正面顶撞和对抗，以及被动地自我消解）；建立一个属于自己的非正式的组织以寻找避难所和精神支柱，在平衡中找到平稳的心理状态。①

第二，阿基里斯哲学方法论具有社会分析方法的特点。由于非正式组织的介入，个人和组织的矛盾就变成了组织的非正式和正式活动之间的矛盾。阿基里斯从矛盾的相互关系出发，得出关于组织关系的结论：如果一个健康的个体要保持最低限度的心理健康，要想使自己的要求得到最大满足，他所采取的非正式组织的行为，是很有必要的。② 每一个正式组织的特征（如命令式领导、严格控制和伪善人际关系）都会导致一个组织的解体，而非正式组织可以部分地阻止正式组织的解体。③

第三，阿基里斯的哲学方法论具有人本主义的倾向。《个性与组织》的落脚点在于个性的自由，希望组织程序能够创造一个环境让个性得到自由而提高组织效率。通篇的逻辑结构体现了其人本主义倾向：正式组织的要求与健康个体的需要是不协调的；正式组织的原则会导致组织成员产生挫折感和失

---

① ［美］Chris Argyris. *Personality and Organization*: *The Conflict between System and the Individual.* New York: Harper & Brothers, 1957. p. 230.

② ［美］Chris Argyris. *Personality and Organization*: *The Conflict between System and the Individual.* New York: Harper & Brothers, 1957. p. 230.

③ ［美］Chris Argyris. *Personality and Organization*: *The Conflict between System and the Individual.* New York: Harper & Brothers, 1957. p. 232.

败感；员工为适应组织采取的行为，使自我的目标得以实现，却会妨碍正式组织的目标。

采取以实际情况为导向的领导方式，可以最大限度地减少个人和组织的矛盾。但是阿基里斯的人本主义倾向是科学化、还原化的人本主义，其对动机进行分解并说明每一动机的作用。

参考文献

一、中文著作

［奥］L.贝塔兰菲：《一般系统论》，秋同、袁嘉新译，科学文献出版社1987年版。

［比］J.M布洛克曼：《结构主义》，李幼蒸译，中国人民大学出版社2003年版。

［比］伊·普利高津：《从存在到演化——自然科学中的时间及复杂性》，曾庆宏等译，上海科学技术出版社1986年版。

［比］尼科里斯、普利高津：《探索复杂性》，罗久里、陈奎宁译，四川教育出版社1986年版。

［德］哈贝马斯：《作为"意识形态"的技术与科学》，李黎、郭官义译，学林出版社2002年版。

［德］尼采：《权力意志》，张念东、凌素心译，商务印书馆1991年版。

［德］费尔巴哈：《费尔巴哈哲学著作选集》，荫庭等译，生活·读书·新知三联书店1959年版。

［德］黑格尔：《法哲学原理》，范扬、张企泰译，商务印书馆1961年版。

［德］黑格尔：《历史哲学》，王造时译，上海：上海书店出版社1999年版。

［德］黑格尔：《哲学史讲演录》第一卷，贺麟、王太庆译，商务印书馆1983年版。

［德］莱布尼茨：《人类理智新论》，陈修斋译，商务印书馆1982年版。

［德］海德格尔：《海德格尔选集》，孙周兴选编，上海三联书店1996年版。

［德］海德格尔：《存在与时间》，陈嘉映、王庆节译，生活·读书·新知三联书店2006年版。

［德］康德：《纯粹理性批判》，蓝公武译，商务印书馆1960年版。

［德］叔本华：《作为意志和表象的世界》，商务印书馆1982年版。

马克思：《资本论》，曾令先、卞斌、金永编译，商务印书馆 2007 年版。

《马克思、恩格斯全集》第 1 卷，人民出版社 1963 年版。

《马克思、恩格斯全集》第 12 卷，人民出版社 1963 年版。

《马克思、恩格斯全集》第 19 卷，人民出版社 1963 年版。

《1844 年经济学哲学手稿》，人民出版社 2000 年版。

马克思、恩格斯：《共产党宣言》，人民出版社 1997 年版。

[德] 马克斯·韦伯：《经济与社会》（上册），林荣远译，商务印书馆 1997 年版。

[德] 马克斯·韦伯：《经济与社会》（下册），林荣远译，商务印书馆 1997 年版。

[法] 埃德加·莫兰：《复杂思想：自觉的科学》，陈一壮译，北京大学出版社 2001 年版。

[法] 萨特：《存在与虚无》，陈宣良译，生活·读书·新知三联书店 1987 年版。

[法] 伯格森：《创造进化论》，王珍丽、余习广译，长沙：湖南人民出版社 1989 年版。

[法] 勒内·托姆：《突变论：思想和应用》，周仲良译，上海译文出版社 1989 年版。

[法] 亨利·法约尔：《工业管理与一般管理》，迟力耕译，机械工业出版社 2007 年版。

[法] H·法约尔：《工业管理与一般管理》，周安华等译，中国社会科学出版社 1982 年版。

[法] 塞尔日·莫斯科维奇：《还自然之魅》，庄晨燕、邱寅晨译，生活·读书·新知三联书店 2005 年版。

联合国世界环境与发展委员会编：《我们共同的未来》，王之佳等译，吉林人民出版社 1997 年版。

[美] 彼得·德鲁克：《21 世纪的管理挑战》，机械工业出版社 2006 年版。

[美] 德鲁克：《管理实践》，毛忠明等译，上海译文出版社 1999 年版。

[美] 德鲁克：《管理的实践》，齐诺兰译，机械工业出版社 2006 年版。

[美] 彼得·德鲁克：《管理：使命、责任、实务责任篇》，孙耀君等译，中国社会科学出版社 1987 年版。

[美] 德鲁克：《成果导向——有效的管理思路和分析方法》，霍心一译，中国财政经济出版社 1990 年版。

［美］丹尼尔·A. 雷恩：《管理思想的演变》，李柱流等译，中国社会科学出版社1997年版。

［美］斯图尔特·克雷纳：《管理百年——20世纪管理思想与实践的批判性回顾》，邱琼译，海南出版社2003年版。

［美］泰罗：《科学管理原理》，马风才译，机械工业出版社2007年版。

［美］泰罗：《科学管理原理》，蔡上国译，上海科学技术出版社1982年版。

［美］梅奥：《工业文明的社会问题》，费孝通译，商务印书馆1964年版。

［美］马斯洛：《动机与人格》，许金声译，中国人民大学出版社2007年版。

［美］道格拉斯·麦格雷戈：《企业的人性面》，许是祥译，（台北）中华企业管理发展中心1979年版。

［美］布莱克、穆顿：《新管理方格》，孔令济译，中国社会科学出版社1986年版。

［美］哈德罗·孔茨：《管理学》，黄砥石译，中国社会科学出版社1987年版。

［美］卡斯特、罗森茨韦克：《组织与管理——系统方法与权变方法》，傅严等译，中国社会科学出版社2000年版。

［美］赫伯特·A. 西蒙：《管理决策新科学》，李柱流等译，中国社会科学出版社1982年版。

［美］西蒙：《管理行为——管理组织决策过程的研究》，杨砾译，北京经济学院出版社1988年版。

［美］弗雷德·鲁森斯：《组织行为学》，王垒等译，人民邮电出版社2003年版。

［美］威廉·大内：《Z理论》，朱雁斌译，机械工业出版社2007年版。

［美］克里斯·阿吉里斯：《个性与组织》，郭旭力译，中国人民大学出版社2007年版。

［美］赫茨伯格：《两因素理论：工作动机研究报告》，洪嘉盈译，（台北）实学社出版股份有限公司1998年版。

［美］玛丽·福列特：《福列特论管理》，吴晓波、郭京京等译，机械工业出版社2007年版。

［美］C. I. 巴纳德：《经理人员的职能》，孙耀君等译，中国社会科学出版社1997年版。

［美］埃德加·H. 沙因：《企业文化生存指南》，郝继涛译，机械工业出版社2004年版。

［美］圣吉：《第五项修炼：学习型组织的艺术与务实》，郭进隆译，上海三联书店1994年版。

［美］小乔治：《管理思想史》，孙耀君译，商务印书馆1985年版。

［美］托马斯·T. 彼得斯：《探索企业成功之路》，上海翻译出版公司1985年版。

［美］阿里·德赫斯：《长寿公司》，经济日报出版社1998年版。

［美］伊查克·麦迪思：《企业生命周期》，中国社会科学出版社1997年版。

［美］约翰·E. 托拍曼：《创新理念管理》，电子工业出版社2004年版。

［美］小艾尔费雷德·D. 钱德勒：《看得见的手——美国企业管理革命》，重武译，商务印书馆1987年版。

［美］乔治·S. 戴伊等编著：《动态竞争战略》，孟立慧等译，上海交通大学出版社2003年版。

［美］比斯盖特·舒尔茨：《顶尖管理思想：全球伟大管理者的14种管理思想》，赵丁译，地震出版社2002年版。

［美］W. J. 邓肯：《伟大的管理思想：管理学奠基理论与实践》，赵亚麟等译，贵州人民出版社1999年版。

［美］戴乐尔：《适用工厂学理管理法》，穆湘玥译述，中华书局1916年版。

［美］罗尔斯：《正义论》，何怀宏等译，中国社会科学出版社1988年版。

［美］阿尔温·托夫勒：《第三次浪潮》，朱志焱、潘琪、张炎译，生活·读书·新知三联书店1983年版。

［美］约翰·托夫勒：《第四次浪潮》，华龄出版社1996年版。

［美］阿尔文·托夫勒、海迪·托夫勒：《未来的战争》，阿笛、马秀芳译，新华出版社1996年版。

［美］R. K. 墨顿：《科学社会学》，鲁旭东，林聚任译，商务印书馆2003年版。

［美］塞缪尔·亨廷顿：《文明的冲突与世界秩序的重建》，周琪、刘绯、张立平、王圆译，新华出版社2002年版。

［美］丹尼尔·贝尔：《后工业社会的来临》，高铦、王宏周、魏章玲译，新华出版社1997年版。

［美］赫伯特·马尔库塞：《单向度的人》，刘继译，上海译文出版社1989年版。

［美］弗朗西斯·福山：《历史的终结及最后的人》，黄克强、许铭原译，2003年版。

［美］摩狄曼·J. 阿德勒：《六大观念：真、善、美、自由、平等、正义》，陈珠良译，团结出版社1989年版。

［美］孔恩：《科学革命的结构》，王道远译，（台北）允晨文化实业股份有限公司1985年版。

［美］米歇尔·沃尔德罗：《复杂——诞生于秩序于混沌边缘的科学》，陈玲译，生活·读书·新知三联书店1997年版。

［美］约翰·霍兰：《涌现——从混沌到有序》，陈禹等译，上海科技出版社2001年版。

［美］P. T. 诺兰：《伦理学与现实生活》，姚新中译，华夏出版社1988年版。

［美］唐纳德·沃斯特：《自然的经济体系》，侯文蕙译，商务印书馆1999年版。

［美］丹尼尔·A. 科尔曼：《生态政治——建设一个绿色的社会》，梅俊杰译，上海译文出版社2006年版。

［美］詹姆士：《实用主义》，陈羽纶等译，商务印书馆1979年版。

［日］木内多知、［美］比尔·舍耳曼：《企业的自然课》，机械工业出版社2003年版。

［匈］卢卡奇：《理性的毁灭》，王玖兴等译，山东人民出版社1997年版。

［英］A. 麦肯齐、A. S. 鲍尔、S. R. 弗迪：《生态学》，孙儒冰等译，科学出版社2004年版。

［英］密尔：《功用主义》，唐钺译，商务印书馆1962年版。

［英］凯恩斯：《就业、利息和货币通论》，徐毓枬译，商务印书馆1983年版。

［英］大卫·李嘉图：《政治经济学及原理赋税》，郭大力、王亚南译，商务印书馆1976年版。

［英］休谟：《人性论》，关文运译，商务印书馆1980年版。

［英］波普尔：《科学知识进化论》，纪树立译，生活·读书·新知三联书店1987年版。

［英］波普尔：《科学发现的逻辑》，查汝强、邱宗仁译，科学出版社1986年版。

［英］乔纳森·沃尔夫：《诺齐克》，王天成、张颖译，黑龙江人民出版社1999年版。

［英］亚当·斯密：《国富论》，唐日松等译，商务印书馆2007年版。

［英］汤因比：《历史的研究》，林绿译，（台北）源成文化图书供应社 1978 年版。

［英］约翰·洛克：《政府论》，杨思派译，九州出版社 2006 年版。

［英］洛克：《政府论》（下篇），叶启芳、瞿菊农译，商务印书馆 1964 年版。

［英］伯特兰·罗素：《西方哲学史》（下册），马元德译，商务印书馆 1988 年版。

［英］达尔文：《物种起源》，周建人等译，商务出版社 1981 年版。

［英］保罗·格里斯利：《管理学方法论批判——管理理论效用与真实性哲学探讨》，刘庆林译，人民邮电出版社 2006 年版。

［英］马克·布劳格：《经济学方法论》，黎明星等译，北京大学出版社 1990 年版。

［英］J. S. 密尔：《代议制政府》，汪瑄译，商务印书馆 1982 年版。

安维、孙健升：《现代企业管理》，中国经济出版社 2005 年版。

陈启伟：《现代西方哲学论著选读》，北京大学出版社 1992 年版。

陈先达：《静圆夜语》，中国人民大学出版社 2006 年版。

丁圣彦：《生态学》，科学出版社 2004 年版。

高乾源：《简易管理》，东方出版社 2006 年版。

戈峰：《现代生态学》，科学出版社 2002 年版。

郭成纲：《管理天机》，经济出版社 2005 年版。

何兴元：《应用生态学》，科学出版社 2004 年版。

黄志斌：《绿色和谐管理论》，中国社会科学出版社 2004 年版。

付保荣、惠秀娟：《生态环境安全与管理》，化工工业出版社 2005 年版。

洪谦：《现代西方哲学论著选集》（上册），商务印书馆 1993 年版。

何宗思：《中国人格病态批判》，中国社会出版社 2003 年版。

金锡万：《管理创新与应用》，经济出版社 2005 年版。

李德顺：《价值论》，中国人民大学出版社 1987 年版。

李怀祖：《管理研究方法轮》，西安交通大学出版社 2004 年版。

刘敬鲁：《经济哲学导论》，中国人民大学出版社 2003 年版。

刘敬鲁：《海德格尔人学思想研究》，中国人民大学出版社 2001 年版。

刘大椿：《科学哲学通论》，中国人民大学出版社 1998 年版。

刘大椿：《比较方法论》，中华文化书院内部稿 1987 年版。

刘思华：《生态马克思主义经济学原理》，人民出版社 2006 年版。

罗克全:《最小国家最大值——诺齐克国家观研究》,社会科学文献出版社2005年版。

兰邦:《人本管理》,广东经济出版社2000年版。

MBA必修核心课程编译组:《管理创新》,中国国际广播出版社1999年版。

毛卫平、韩庆祥:《管理哲学》,中共中央党校出版社2003年版。

欧阳志远:《最后的消费》,人民出版社2000年版。

孙耀君:《西方管理思想史》,山西人民出版社1987年版。

唐代兴:《生态理性哲学导论》,北京大学出版社2005年版。

唐伟:《管理方法论》,中国广播电视出版社1991年版。

田力苗:《亚里士多德（政治学卷)》,中国人民大学出版社1999年版。

吴照云:《管理学》,经济出版社2003年版。

魏杰:《企业哲学》,中国发展出版社2005年版。

王鸿生:《世界科学技术史》,中国人民大学出版社2001年版。

王鸿生:《历史的瀑布与峡谷》,中国人民大学出版社2007年版。

王如松、周鸿:《人与生态学》,云南人民出版社2004年版。

王慧明:《儒家文化与中国当代管理》,中国言实出版社2002年版。

王士舫、董自励:《科学技术发展间史》,北京大学出版社1997年版。

王德清:《中外管理思想史》,重庆大学出版社2005年版。

魏宏森、曾国屏: 《系统论——系统科学哲学》,清华大学出版社1995年版。

余谋昌:《生态哲学》,陕西人民教育出版社2000年版。

余谋昌:《生态文化论》,河北教育出版社2001年版。

杨伍栓:《管理哲学新论》,北京大学出版社2003年版。

杨文士、张雁:《管理学原理》,中国人民大学出版社1994年版。

尤克强:《知识管理与企业创新》,清华大学出版社2003年版。

宗浩:《生态学原理》,电子科技大学出版社1996年版。

张金屯、李素清:《应用生态学》,科学出版社2003年版。

周三多、蒋俊、陈传明:《管理原理》,南京大学出版社1998年版。

周鸿人类生态学》,高等教育出版社2001年版。

曾士强、刘君政:《管理思维》,东方出版社2005年版。

赵敦华:《现代西方哲学新编》,北京大学出版社2001

赵秀臣、刘立新:《管理哲学》,中国经济出版社1990年版。

赵红州:《大科学观》,人民出版社1988年版。

郑师章：《普通生态学》，复旦大学出版社 1994 年版。

二、中文期刊

［英］克·霍德金森：《为什么要对管理进行哲学探讨》，刘林平译，载《国外社会科学》，1986 年第 3 期。

刘敬鲁：《整体思维在现代管理理论中的凸现及其知识论定位》，载《中国人民大学学报》，2006 年第 4 期。

刘敬鲁：《从管理的社会历史规定看管理哲学的问题领域》，载《哲学动态》，2007 年第 2 期。

刘敬鲁：《谢尔登管理的社会责任理论及其现实意义》，载《湖南科技大学学报》，2008 年第 1 期。

张银岳、黄慧琴：《西方管理理论发展的哲学方法论》，载《管理科学文摘》，2004 年第 6 期。

高玉贵：《论现代管理方法论的发展趋势——科学管理与人本管理的融合》，载《郑州航空工业管理学院学报》，2007 年第 6 期。

张长立：《古典组织理论创新的方法论探悉》，载《管理科学文摘》，2003 年第 6 期。

罗珉：《德鲁克管理学方法论评析》，载《外国经济与管理》，2005 年第 12 期。

崔瑗民：《关于建立"现代管理方法论学科"体系的构想》，载《软科学研究》，1997 年第 4 期。

蒋显荣：《管理创新功能方法论反思》，载《桂海论丛》，2004 年第 4 期。

蒋显荣：《管理创新的历史渊源与本质属性的哲学思考》，载《中国人民大学书报资料中心》，2005 第 10 期。

张帅：《马克斯·韦伯社会科学方法的理性类型方法》，载《山西煤炭管理干部学院学报》，2007 年第 3 期。

范冬平：《面向管理复杂性的元系统方法论》，载《自然辩证法研究》，2008 年第 9 期。

黄速建、黄群慧：《企业管理科学化及其方法论问题研究》，载《管理学前沿》，2005 年第 20 期。

杨桦：《文化管理：引领管理革命的新范式——价值观和方法论探讨》，载《商场现代化》，2007 年第 1 期。

蒋显荣：《唯物辩证法视阈下智能城市治理的动力—实时分析—内在矛盾》，

载《湖南社会科学》，2015 年第 6 期。

蒋显荣、杨柳：《基于唯物主义一元论对科学"第三条道路"的分析与批判——兼评鲁伯特的〈从唯物主义中解放科学〉》，载《科学技术哲学研究》，2018 年第 6 期。

蒋显荣：《科学判断的方法论：元启发式对启发式的提升》，载《科学学研究》，2018 年第 10 期。

蒋显荣：《深刻认识习近平新时代中国特色社会主义思想的科学性——"马克思主义基本原理概论"课的教学内容优化研究》，载《思想理论教育导刊》，2018 年第 9 期。

蒋显荣、刘保国：《论马克思主义理论自信的依据——从高校信仰培育谈起》，载《教学与研究》，2017 年 9 月。

蒋显荣、郭霞：《居民经验知识与城市绿色治理——基于迈亚的理论和芬兰的实践》，载《自然辩证法研究》，2017 年第 2 期。

蒋显荣、杨柳：《"似真性"说明科学进步及其争论——兼评尼尼鲁托与罗伯顿的对立》，载《科学技术哲学研究》，2017 年第 2 期。

蒋显荣、郭霞：《信息技术女性用户对信息技术设计的影响》，载《自然辩证法研究》，2016 年第 3 期。

蒋显荣、洪源渤：《国际间城市合作治理的理论、案例与启示》，载《城市发展研究》，2015 年第 8 期。

蒋显荣、戴素芳：《管理创新的历史渊源和本质属性的哲学思考》，载中国人民大学复印报刊资料《管理科学》，2005 年第 10 期。

蒋显荣：《社会学习隐喻的系统性与城市的系统适应性治理》，载《系统科学学报》，2015 年第 2 期。

蒋显荣：《三大历史性事件与社会发展的辩证法——学习习近平总书记在庆祝改革开放 40 周年大会上的讲话》，载《思想理论教育导刊》，2019 年第 8 期。

三、英文著作（按阅读顺序排列）

Chris Argyris. *Personality and Organization：The Conflict between System and The Individual*. New York：Harper & Brothers，1957.

Frederick Herzberg, Bernard Mausner, Barbara Bloch Snyderman. *The Motivation to Work*. 2nd ed. New York：John Wiley & Sons，Inc，1959.

Peter M, Senge. *The Fifth Discipline：The Art and Practice of the Learning Organization*. Doubleday/Currency，1990.

Peter M, Senge. *The Fifth Discipline Fieldbook: Strategies and Tools for Building a Learning Organization.* Currency, Doubleday, 1994.

Chester I. Barnard. *The Functions of the Executive.* Harvard University Press, 1960.

Herbert A Simon. *Administrative Behavior: A Study of Decision-making Processes in Administrative Organization.* Free Press, 1976.

Max Weber. *The Theory of Social and Economic Organization.* tr. by A. M. Henderson and Talcott Parsons, Oxford University, 1947.

Peter Drucker. *Management: Tasks, Responsiblities, Practices.* New York: Harper & Row, 1974.

Peter Drucker. *The Practice of Management.* Harper & Row, Publishers, 1986.

A. Toauebile. *Democracy of America.* New York, 1946.

Collected Papers of Peirce. ed by C. Hartshrone and P. Wiss. Harbvard, 1935.

Bentham. *Introduction to the Principle of Morals and Legislation.* London, 1923.

James. *The Mening of Truth.* New York, 1910.

Anderw Sharp. *The English Levelers.* Universityof Cambridge Press, 1998.

Stepen P. Robbins. *Organization Theory.* 3d ed., Prentice Hall, Upper Saddle River, N. J., 1990.

Cary Hamel & Ck Prahalad. US/UK, *Competing for the Future.* Harvard Business School Press, 1995.

David Pepper. *The Root of Modern Environmentalism.* Croom Helm, London, 1984.

Edgar H. Schein. *The Corporate Culture Survival Guide: Sense and Nonsense about Change.* John Wiley Son, Inc, 1999.

四、英文期刊

Tom Kramlinger. "Training's Roll in a Learning Oragantization". *Trainjing*, July 1992, p. 48.

Thomas J Hackett and Donald G. McDermott. "Seven Steps to Successful Performance-Based Rewards", *HR Focus.* September 1999. pp. 11—12.

Beyond Reengineering. "How the Reengineering Revolution is Shapping Our World and Lives". 1996, US/UK: Harpercollins.

Mark Bedau. "Goal-Directed Systems and the Good". *The Monist.* Vol. 75,

January 1992. pp. 31—54.

Jeffrey Goldstein. "Emergence as a Construct: History and Issues, Emergence". *The Journal of Complexity in Manage-ment and Organization*, 1999. Vol. 1.

J. Kim. "Making Sense of Emergence". *PhilosophicalStudies*, 95, 1999.

Jackson M C. "Creative Holism: A Critical Systems Approach to Complex Problem Situations". *Systems Research and Behavioral Science*, No. 23, 2006. pp. 647—657.

Zhu Zhichang. "Complementarism versus Pluralism: Are They Different and Does IT Matter?" *Systems Research and Behavioral Science*, No. 23, 2006. pp. 757—770.

Brandon R, Beatty J. "The Propensity Interpretation of 'Fitness'". *Philosophy of Science*, 1984 (51): 334—341.

Rosenberg A, Williamsm. "Fitness as Primitive and Propensity", *Philosophy of Science*. 1986 (53): 412—418.

Tom M. Van Rensburg. "Commonage Land and Farmer Uptake of the Rural Environment Protection Scheme in Ireland (pdf)". *Land Use Policy*, Vol. 26, Issue 2, April 2009, pp: 345—355.

Elisabeth Jangsten RN, RM. "*Management of the Third Stage of Labour—focus group Discussions with Swedish midwives*". Copyright 2008 Elsevier Ltd (All rights reserved), 2008. 12. 004.

附录　现代管理思想名著及相关大事年表

年份	事件
1733—1844	英国工业革命，用机器代替了手工，人类进入蒸汽时代，英国成为"世界工厂"；从社会关系来说，自耕农阶级消失了，社会分化为工业资产阶级和工业无产阶级。
1776	美国发表独立宣言。英国亚当·斯密发表《国富论》。
1789	法国资产阶级革命。
1798	英国马尔萨斯发表《人口论》。
1817	英国李嘉图发表《政治经济学及赋税原理》。
1840	英国发动侵华鸦片战争。
1848	英国约翰·穆勒发表《经济学原理》，探讨控制幅度、命令统一、劳动力及材料控制等。
1857	欧美各国发生经济危机。
1861	美国南北战争爆发。
1866	美国成立全国劳工联盟。
1867	马克思发表《资本论》第一卷。
1868	日本开始明治维新。
1869	美国建成横贯大陆铁路。苏伊士运河建成。
1871	法国成立巴黎公社。
1872	日本建成新桥—横滨铁路。
1873	欧美等国发生经济危机。
1874	英国制定工厂法。
1876	美国贝尔发明实用电话机。
1878	美国泰罗进入米德维尔钢铁公司。

续表

年份	事件
1879	美国美孚石油公司首次组成托拉斯；爱迪生发明电灯泡。
1880	美国成立美国机械工程师学会，该学会在推动科学管理上作用很大，泰罗曾向其提交论文。
1881	美国泰罗在米德维尔钢铁公司进行动作工时和动作研究；约瑟夫·沃顿在学院中开设工商管理课程。
1884	美国泰罗制定差别工资制。
1886	美国劳工联合会成立。
1888	法国法约尔任康门塔里——福尔香包（也译成科芒特里——富香博）采矿冶金公司总经理，实施其管理理论，取得成功。
1891	美国生铁产量超过英国。
1893	美国通用电气公司改行按职能建立的直线制组织。
1894—1895	中日甲午战争。
1895	美国泰罗发表《计件工资制》。
1898	美国泰罗进入贝瑟利恩钢铁公司，进行工时研究。
1900	英国成立工人代表委员会。
1901	英国全国灯泡制造商协会成立（托拉斯）；克拉克发表《托拉斯的管理》。
1903	美国泰罗发表《工场管理》。
1904	日俄战争（1904—1905）。
1905	爱因斯坦发表狭义相对论。
1907	美国杜邦公司因违反谢尔顿反托拉斯法被控告并被判罚。法国煤矿实行八小时工作制。
1908	英国煤矿实行八小时制。
1910	美国国会参议院举行关于科学管理特别听证会。
1911	泰罗发表《科学管理原理》。哈洛·珀森发起召开美国第一次科学管理大会，促进学术界承认科学管理。
1912	美国国会众议院举行关于科学管理的特别听证会。
1913	美国劳联大会拒绝接受科学管理。美国管理者协会成立。
1914—1918	第一次世界大战。
1915	泰罗协会成立。

续表

年份	事件
1916	法国法约尔发表《工业管理和一般管理》。美国国会禁止使用科学管理。美国煤矿实行八小时工作制。爱因斯坦发表广义相对论。
1917	俄国十月革命。
1919	甘特发表《工作的组织》。美国400万钢铁、煤矿工人大罢工。国际劳工组织成立。
1920	美国胡佛委员会决定采纳"科学管理"。美国通用汽车公司采取分权的事业部制。法国成立传播法约尔主义的科学方法会,并成立管理方法协会。国际联盟成立。
1921	日本成立劳动总同盟。
1922	美国管理协会成立。《哈佛商业评论》杂志创刊。福特汽车公司采用科学方法。
1923	谢尔登发表《管理的基本原理》。第一届国际科学管理会议在布拉格召开。
1924	美国的霍桑试验开始,为以后行为科学的创立准备了条件。国际科学管理理事会在日内瓦成立。
1927	梅奥开始在霍桑工厂进行试验。
1928	国际标准化协会成立。
1929	发生世界性经济危机。美国汽车年产量达530万辆,其后20年未超过此数。
1930	美国玛丽·福利特倡导以个人激励为基础的管理哲学。
1931	日本发动侵华的"九·一八"事变。
1932	美国成立管理者协会。英国进行分解动作研究。
1933	美国罗斯福总统实行新政。全国管理委员会成立。梅奥发表《工业文明的人类问题》。康芒斯发表《工业经济学》。英国厄威克发表《科学管理在英国的发展》。日本松下电器公司引进事业部制。
1935	美国公布《全国劳动关系法》《社会保障法》。
1937	古利克和厄威克发表《管理学论文集》。
1938	美国巴拉德发表《经理人员的职能》。英国莱克特等人从事运筹学研究。
1939	第二次世界大战爆发。美国穆尼发表《组织原理》。
1943	斯洛发表《人类动机的理论》。

续表

年份	事件
1944	英国厄威克《管理要素》出版。
1945	联合国成立。世界工会联合会成立。美国梅奥的《工业文明的社会问题》出版。西蒙的《管理行为》出版。
1947	国际标准化组织在日内瓦成立。
1948	马歇尔计划开始实行。诺伯特·维纳发表了著名的《控制论——关于在动物和机器中控制和通讯的科学》。
1949	北大西洋公约组织成立。德鲁克出版《新社会》。
1953	美国成立管理科学协会。阿基里斯出版《经理人员的领导》。
1954	美国德鲁克发表《管理的实践》。马斯洛发表《激励与个人》。穆尼发表《组织原理》。
1955	美国孔茨和奥唐奈发表《管理原理》。
1956	美国贝塔朗菲发表《一般系统论》。
1957	阿基里斯发表《个性与组织》。西蒙《人的模式》出版。
1959	欧洲经济共同体成立。邓肯出版《质量管理和工业统计》。
1960	美国麦格雷戈出版《企业的人性面》。西蒙出版《管理决策新科学》。
1964	阿基里斯的《个人与组织的结合》、德鲁克的《成果管理》出版。
1965	沙因的《组织心理学》出版。
1966	赫茨伯格的《工作和人的性质》出版。
1967	戴尔的《组织》、麦格雷戈的《职业经理》出版。
1968	罗马俱乐部在意大利开始活动。
1972	罗马俱乐部《增长的极限》发表。
1973	明茨伯格的《管理工作的性质》出版。
1973	1969年哈肯提出协同学这一名称,1971年与格雷厄姆合作撰文介绍了协同学,1973年国际会议论文集《协同学》出版,协同学随之诞生。
1977	小钱德勒的《看得见的手:美国企业中的管理革命》发表。
1978	布赖特和穆顿的《新管理方格》出版。
1979	罗森茨韦克出版《组织与管理:系统方法与权变方法》第三版。雷恩出版《管理思想的演变》。明茨伯格出版《组织的结构》。

续表

年份	事件
1980	自然资源保护大会在伦敦举行。伯法的《现代生产管理》，孔茨、奥唐纳和韦里克的《管理学》第七版出版。
1981	七十七国集团开始制定一项保护经济合作全面发展的全球计划。威廉·大内出版《Z理论》。
1982	联合国环境理事会通过《内罗毕宣言》。一百余国家在《联合国海洋公约》上签字。
1990	圣吉出版《第五项修炼：艺术与实践》。
1999	沙因《企业文化生存指南》出版。

后　记

很荣幸我成为中国人民大学首届管理哲学博士，本书基本取材于我的博士论文。我试图把有幸遇到的名师之智慧化入我的笔墨中，力图融会贯通这些大师的深邃哲理于我的思维之中，决心作一篇"宏作"，以圆多年想写出管理创新哲学思维之梦想。

"对真理的阐释"（陈先达教授）、"对天地人的视角"（方立天教授）、"对中国文化和合学的诠释"（张立文教授）、"比较方法论"（刘大椿教授）、"历史的瀑布"（王鸿生教授）、"多元文化"（欧阳志远教授）、"罗尔斯的正义论评说"（段忠桥教授）、"马克思主义的脉络"（安启念教授）、"形式逻辑的推论"（陈慕泽教授）、"西方科学精神"（何立松教授）、"百川归海"（何光沪教授）都曾化为我的"神经末梢"。

思忖与创新的遐想飞驰于西方管理思想那纷繁杂乱的丛林之中，思绪在乱麻中穿梭，力图捕捉主线，带出深层的本质。导师刘敬鲁教授以科学精神和推理逻辑帮助我定位了丛林中管理思想的主线——哲学方法论。这一概念的理性具体化是在无线电波和电子邮件助力下激发所致，经过多次长时间的通话，占满空间的电子邮件，辩论式的请教，终于以思想产生的方法和实践方法来深究西方管理思想的脉络，其理论意义在于管理创新，现实意义在于实践借鉴，目标读者可理论者亦可实践者。心中的目标和写作的意图在研究中逐一清晰，动力日增。创新、根据、结论与意义一直是刘敬鲁教授关注的焦点，我起初一些猜想式推论被质疑、驳回，灵感却从另一侧激发：原著联系历史，结论针对现实，演绎着我这本书的意图。

在科学技术哲学名师欧阳志远教授的督导下，我逐一与黑格尔、斯密、马克思、库恩、波普尔、亨廷顿、马尔库塞、哈贝马斯等思想家"握手"；在管理哲学名师（导师）刘敬鲁教授的"引见"下，我逐一"拜会"泰罗、韦伯、法约尔、西蒙等管理思想家。这为论文打下了前期基础。此外，博士论文的构思与技巧还得益于刘大椿教授、王鸿生教授的指导。论文得到了郭湛教授、孙伟平教授、鉴传今教授、毛卫平教授、韩庆祥教授、叶险明教授、刘敬东教授的肯定与指导，在此深表谢意。此外，我还要感谢教育部高等学校社会科学发展研究中心对本书的支持，感谢中心的专家、学者对本书的斧正。